新HSK
词汇突破

外研社国际汉语研究发展中心 编

6级

外语教学与研究出版社
北 京

图书在版编目(CIP)数据

新HSK词汇突破. 6级 / 外研社国际汉语研究
发展中心编. — 北京:外语教学与研究出版社,
2013.9
(外研社·新HSK课堂系列)
ISBN 978-7-5135-3607-3

Ⅰ. ①新… Ⅱ. ①外… Ⅲ. ①汉语-词汇-对外
汉语教学-水平考试-自学参考资料 Ⅳ. ①H195.4

中国版本图书馆CIP数据核字(2013)第223863号

出 版 人　蔡剑峰
选题策划　李彩霞 于 辉
责任编辑　谢丹凌
装帧设计　姚 军
出版发行　外语教学与研究出版社
社　　址　北京市西三环北路19号(100089)
网　　址　http://www.fltrp.com
印　　刷　北京铭传印刷有限公司
开　　本　889×1194 1/64
印　　张　8
版　　次　2013年9月第1版 2013年9月第1次印刷
书　　号　ISBN 978-7-5135-3607-3
定　　价　39.00元

购书咨询: (010)88819929 电子邮箱: club@fltrp.com
如有印刷、装订质量问题,请与出版社联系
联系电话: (010)61207896 电子邮箱: zhijian@fltrp.com
制售盗版必究 举报查实奖励
版权保护举报电话: (010)88817519
物料号: 236070001

编写说明

　　"外研社·新HSK课堂系列"是一套训练学生听、说、读、写各方面技能的综合性考试教材，包括"21天征服新HSK教程"、"新HSK专项突破"、"新HSK词汇"以及"新汉语水平考试HSK全真模拟试题（含试卷和试题详解）"四个子系列。本册《新HSK词汇突破·6级》是"新HSK词汇突破"中的一本。"新HSK词汇突破"是一套词汇手册，共含四本：《新HSK词汇突破·1–3级》、《新HSK词汇突破·4级》、《新HSK词汇突破·5级》以及《新HSK词汇突破·6级》。本套手册由具备丰富新HSK教学经验的教师编写，内容涵盖了新HSK大纲中的1–6级词汇。

　　《新HSK词汇突破·6级》由新HSK 6级词汇组成，词汇均按音序排列，以方便考生查找。为更加贴近汉语的实际使用情况，"一"、"不"的拼音均按实际发音进行标注。

　　本手册在内容和编排上充分考虑到学习者的需求。在内容上，严格按照新HSK 6级大纲选取收录词汇，可以满足新HSK 6级考试的备考需要。在体例设计上，为生词加注了汉语拼音、英文翻译、常用词汇搭配及例句，部分生词还列出了其同义词或反义词。其中，常用词汇搭配源于新HSK真题中常出现的考点，便于考生提前熟悉考试；例句尽量不出现超纲词，但为准确说明生词的意义和用法，句子中会出现少量超纲词，不过因都是生活常用词，又配有拼音和英文翻译，所以，不会增加考生的学习难度，考生还可以此扩大自己的词汇量；同义词和反义词也均为常用词语，可帮助考生通过联想记忆来加深对生词的理解。需要特别说明的是，为了突出汉语学习的实用性，现代汉语中不太常用或较为生僻的词性和义项不予收列。

本手册采用口袋书的形式，便于携带，可方便读者使用。

作为便携式的小词典，本套手册不仅适合参加新HSK的考生进行考前强化训练时使用，也适合对汉语感兴趣的读者随时查阅，可帮助读者迅速掌握日常生活中经常遇到的汉语词汇。

在编写过程中，研究生褚秀丽、谈琛、覃春红、宾蓉、张妮、周冠男收集了大量资料，做了很多工作，在此表示诚挚的谢意！

由于时间仓促，本手册中的缺点和错误在所难免，恳请读者批评指正，以便我们及时修订。

外研社国际汉语研究发展中心

A

哎哟 āiyō *int.* expressing astonishment, pain, regret, etc.

【配】哎哟一声

【例】①哎哟！真疼！②他哎哟一声，跳了起来。

挨 ái *v.* suffer, endure, delay ~打挨骂 = suffer abuse

take a beating, got scolded / stall

【配】挨打，挨骂，挨时间

【例】①他挨骂了。②她坐在那里挨时间。

癌症 áizhèng *n.* cancer

contract

【配】患上癌症，得了癌症

【例】①他得癌症了。②癌症很难治好。

---

release

爱不释手 àibúshìshǒu be so fond of sth. that one will not let it out of one's hand / part with

【例】①这本书他爱不释手。②同学们对这幅画爱不释手。

爱戴 àidài *v.* love and esteem

receive in no small measure

【配】深受爱戴

【例】①他得到战士们（zhànshìmen; soldiers）的爱戴。②王老师深受同学们的爱戴。

【同】尊敬

暧昧 àimèi *adj.* ambiguous, shady

【配】态度暧昧，关系暧昧

【例】①他的态度很暧昧。②他们俩关系暧昧。 *shady/ affair*

安居乐业 ānjū-lèyè live and work in peace and contentment

【例】①他向往安居乐业的生活。②人民生活幸福，安居乐业。 *yearn for*

安宁 ānníng *adj.* peaceful, tranquil

【配】安宁的生活，安宁的世界

【例】①这地方十分安宁。②为了祖国的安宁，他决定从军（cóngjūn; enlist）。

安详 ānxiáng *adj.* serene, composed

【配】目光安详，神态安详

【例】①爷爷安详地睡着了。②老人的神态很安详。

安置 ānzhì *v.* find a suitable place (position, job, etc.) for, arrange for the placement of

【配】房屋安置，安置人员

【例】①这些灾民（zāimín; victims of a natural calamity）得到了安置。②她把妹妹安置在一家旅馆。

【同】安排

按摩 ànmó *v.* massage

【配】按摩全身，做按摩

【例】①他在按摩头部。②按摩可以使身心得到放松。

【扩】按摩师

案件 ànjiàn *n.* case, law case

【配】法律案件，处理案件

【例】①这起案件发生在昨天。②警察正在处理案件。

案例 ànlì *n.* case, example of case

【配】典型案例

【例】①他在查找相关案例。②这个案例给了他很多启示。

暗示 ànshì *v.* hint, suggest

【配】给他暗示，自我暗示

【例】①他暗示我这里刚发生了一些事情。②老师暗示他离开。

昂贵 ángguì *adj.* expensive, costly

【配】价格昂贵，代价昂贵

【例】①这件衣服太昂贵了。②为了事业，他付出了昂贵的代价。

凹凸 āotū *adj.* full of bumps and holes, uneven

【配】凹凸不平

【例】这条山路凹凸不平。

熬 áo *v.* cook on a slow fire, endure

【配】熬粥，熬夜

【例】①奶奶正在熬粥呢！②他昨晚熬夜了。

奥秘 àomì *n.* profound mystery

【配】地球的奥秘，自然的奥秘

【例】①这其中的奥秘，你知道吗？②弟弟很想知道大自然的奥秘。

B

巴不得 bābude *v.* eagerly look forward to

【例】①他巴不得出去玩呢！②请她吃饭？她巴不得呢！

巴结 bājie *v.* fawn on, curry favour with

【配】巴结老师，巴结领导

【例】①他为了通过考试而巴结老师。②别巴结我，我可帮不了你。

扒 bā *v.* strip off, dig up, push aside

【配】扒开，扒土

【例】①他扒下衣服，跳进河里。②她扒开草<u>丛</u>
(cǎocóng; a clump of grass)。

疤 bā *n.* scar

【配】一道疤，疤痕，伤疤

【例】①他的头上有道疤。②他的伤好了，可是留下了疤。

拔苗助长 bámiáo-zhùzhǎng try to help the shoots grow by pulling them upwards—artificially help the growth of a thing only to do it great harm

【例】①不要对孩子要求太高，否则只会拔苗助长。②企业改革应该循序渐进，不能"拔苗助长"。

把关 bǎguān *v.* check on, guard a pass

【配】层层把关，把好关

【例】①工人们对产品质量层层把关。②这次面试由他把关。

把手 bǎshou *n.* handle, knob

【配】转动把手，门把手

【例】①他弄坏了门把手。②奶奶转动把手，打开门，走进屋里。

把戏 bǎxì *n.* cheap tricks, acrobatics
【配】鬼把戏，耍把戏
【例】①你这是什么骗人的把戏呀？②一群小孩儿在看他变把戏。

罢工 bàgōng *v.* strike, go on strike
【配】举行罢工
【例】①工人们已经罢工一天了。②听说那里的出租车司机正在举行罢工。

霸道 bàdào *adj.* overbearing, high-handed
【配】横行霸道，霸道样儿
【例】①他真霸道！②你别再横行霸道了。

掰 bāi *v.* break off with hands, separate with fingers
【配】掰开，掰手腕
【例】①他掰开了橘子。②别再掰你的手指了！

百分点 bǎifēndiǎn *n.* percentage point
【配】十个百分点
【例】①经济增长了三个百分点。②税下降了一个百分点。

摆脱 bǎituō *v.* shake off, cast off, break away from
【配】摆脱困境，摆脱束缚

【例】①他成功摆脱了敌人。②我想帮助你摆脱困境。

败坏 bàihuài *v./adj.* corrupt; badly corrupted

【配】败坏名誉（míngyù; fame），道德败坏

【例】①你别做这种败坏名誉的事情。②丧失诚信（chéngxìn; honest and trustworthy）是社会道德败坏的根源。

拜访 bàifǎng *v.* pay a visit (to), call on

【配】拜访朋友，正式拜访

【例】①明天我去你家拜访。②他想正式拜访你。

拜年 bàinián *v.* pay a New Year call, extend New Year greetings

【配】给您拜年，拜大年

【例】①新年好，给您拜个年！②拜年是中国的传统风俗。

拜托 bàituō *v.* request sb. to do sth.

【配】拜托您

【例】①小王，这件事就拜托了。②我想拜托您一件事儿。

颁布 bānbù *v.* issue, publish, promulgate

【配】颁布法令（fǎlìng; decree），颁布政策

【例】①最近政府颁布了新法令。②会议颁布了新章程（zhāngchéng; regulation）。

颁发 bānfā *v.* issue, award
【配】颁发法令，颁发奖章（jiǎngzhāng; medal）
【例】①校长为同学们颁发了毕业证书。②下面由我来为大家颁发奖金。

斑纹 bānwén *n.* stripe, streak
【配】黑色斑纹，布满斑纹
【例】①老虎身上有黑色的斑纹。②石头上布满了斑纹。

版本 bǎnběn *n.* edition, version
【配】不同版本，原版本
【例】①这本书有不同的版本。②这套教材有新旧两个版本。

半途而废 bàntú'érfèi give up halfway, leave sth. unfinished
【例】①学习不可以半途而废。②你如果不继续做下去，不是半途而废吗？
【反】锲而不舍

扮演 bànyǎn *v.* play (the part of), act as
【配】扮演者，扮演角色

【例】①公主的扮演者是一个年轻女孩儿。②这个角色由他来扮演。

伴侣 bànlǚ *n.* partner, companion, mate

【配】一对伴侣，终身伴侣

【例】①他俩是一对幸福的伴侣。②一对伴侣正在湖边散步。

伴随 bànsuí *v.* accompany, follow

【配】伴随他，伴随着音乐

【例】①爷爷伴随奶奶走过一生。②她伴随着节奏跳起了舞。

绑架 bǎngjià *v.* kidnap

【配】绑架案，绑架事件

【例】①他被人绑架了。②他们绑架这个小孩儿是为了钱。

榜样 bǎngyàng *n.* example, model

【配】好榜样，做榜样

【例】①你是班长，应该做个榜样。②她常常帮助别人，是我们的好榜样。

磅 bàng *m./n.* pound; scales

【配】几磅，过磅

【例】①这个东西的重量是六磅。②她用磅称了称手里的水果。

包庇 bāobì *v.* shield, cover up
【配】包庇坏人，包庇罪
【例】①不要包庇你的朋友！②他因包庇罪犯而被逮捕了。

包袱 bāofu *n.* bundle wrapped in cloth, burden, load
【配】沉重的包袱，思想包袱
【例】①这个包袱太重了！②你应该放下思想包袱，自信地应对考试。

包围 bāowéi *v.* surround, encircle
【配】包围敌人，包围圈
【例】①他们被敌人包围了。②他被欢迎的人群（rénqún; crowd）包围了。

包装 bāozhuāng *n./v.* package; pack
【配】产品包装，包装礼物
【例】①这件礼物的包装真漂亮。②请把东西包装好！

饱和 bǎohé *adj.* saturated
【配】饱和溶液（róngyè; solution），市场饱和

【例】①这杯盐水快饱和了。②这种商品在市场上已经饱和。

饱经沧桑 bǎojīng-cāngsāng have experienced many vicissitudes of life

【配】饱经沧桑的老人

【例】①爷爷是一位饱经沧桑的老人。②他的一生饱经沧桑。

保管 bǎoguǎn *v./adv.* take care of; surely

【配】保管资料，保管满意

【例】①请保管好您的随身物品！②这是我给你的礼物，保管你满意。

保密 bǎomì *v.* keep secret

【配】保密工作，替某人保密

【例】①这件事的保密工作做得真好，我们都不知道。②这件事情请你保密，别告诉别人。

保姆 bǎomǔ *n.* housemaid, housekeeper

【配】请保姆

【例】①奶奶请了一个保姆。②保姆去做饭了。

保守 bǎoshǒu *v./adj.* guard, keep; conservative

【配】保守秘密，思想保守

【例】①请保守这个秘密。②他的思想太保守了。
【反】开明

保卫 bǎowèi *v.* defend, safeguard
【配】保卫祖国，保卫和平
【例】①这家商场加强了保卫工作。②战士们日夜保卫祖国的和平。

保养 bǎoyǎng *v.* take good care of one's health, maintain
【配】保养身体，保养费
【例】①她很注重保养自己的皮肤。②他正在保养机器。

保障 bǎozhàng *v./n.* ensure, safeguard; guarantee
【配】保障生命安全，保障生活质量，重要保障
【例】①国家依法保障公民（gōngmín; citizen）的权利。②安全是生产的保障。

保重 bǎozhòng *v.* take care of oneself
【配】多保重，保重身体
【例】①再见，请多保重！②你要保重身体，别太累了。

报仇 bàochóu *v.* revenge, avenge
【配】为某人报仇
【例】①别忘了向敌人报仇。②他发誓（fāshì; swear）为朋友报仇。

【反】报恩（bào'ēn）

报酬 bàochóu *n.* reward, remuneration, pay
【配】提高报酬，报酬太低
【例】①这份工作的报酬很高。②他给你多少报酬？
【同】薪水，工资

报答 bàodá *v.* repay, requite
【配】报答父母
【例】①我们不能忘了报答父母的养育之恩。②他是来报答你的。
【反】报复

报到 bàodào *v.* check in, report for duty
【配】新生报到，去学校报到
【例】①请大家在这里登记报到。②你今天去学校报到了吗？

报复 bàofù *v.* take reprisals, retaliate
【配】报复社会，报复某人
【例】①老师警告（jǐnggào; warn）他不要打击报复别人。②他的报复心太强了。
【反】报答

报社 bàoshè *n.* newspaper office

【配】一家报社

【例】①我在报社工作。②北京有多少家报社？

报销 bàoxiāo *v.* submit an expense account, apply for reimbursement

【配】报销费用

【例】①车票可以报销。②公司能报销出差费用。

抱负 bàofù *n.* ambition, aspiration

【配】远大抱负，有抱负

【例】①他有远大的抱负。②她是个有抱负的人。

【同】理想

抱怨 bàoyuàn *v.* complain, grumble

【配】抱怨她，抱怨工作

【例】①他不停地抱怨这儿的服务不好。②你别抱怨了，好不好？

暴力 bàolì *n.* violence, force

【配】暴力集团，实施暴力

【例】①这个暴力集团的出现影响人民的安全。②警察正在调查这起暴力事件。

暴露 bàolù *v.* expose, reveal

【配】暴露想法，暴露身份

【例】①这件事最终暴露在媒体面前。②敌人一不小心暴露了身份。

曝光 bàoguāng *v.* expose, make (sth. bad) public

【配】胶卷（jiāojuǎn; film）曝光，曝光丑闻（chǒuwén; scandal）

【例】①这卷胶卷曝光了，他拍的照片全丢了。②这位明星的丑闻被多次曝光。

爆发 bàofā *v.* break out, erupt, burst

【配】火山（huǒshān; volcano）爆发，爆发阵阵掌声

【例】①听说那里有一座火山爆发了。②教室里爆发出一阵掌声。

爆炸 bàozhà *v.* explode, blow up, detonate

【配】核（hé; nuclear）爆炸，宇宙爆炸

【例】①附近一家工厂爆炸了。②一颗原子弹（yuánzǐdàn; atom bomb）爆炸了。

卑鄙 bēibǐ *adj.* mean, contemptible

【配】卑鄙的手段，卑鄙小人

【例】①这种行为太卑鄙了。②他是个卑鄙的人。

悲哀 bēi'āi *adj.* grieved, sorrowful

【配】神情悲哀，感到悲哀

【例】①他露出悲哀的眼神。②我们为她的行为感到悲哀。

【同】悲痛（bēitòng）

悲惨 bēicǎn *adj.* miserable, tragic

【配】悲惨世界，悲惨遭遇

【例】①他们过着悲惨的生活。②他挨饿受冻，十分悲惨。

北极 běijí *n.* North Pole

【配】北极熊，北极圈

【例】①他想去北极探险（tànxiǎn; explore）。②北极熊生活在北极。

【反】南极（nánjí）

贝壳 bèiké *n.* shell

【配】几个贝壳，美丽的贝壳

【例】①沙滩上有许多贝壳。②他捡了几个贝壳带回家。

备份 bèifèn *v./n.* copy; backup

【配】备份文件，软件备份

【例】①为了避免数据丢失（diūshī; lose），我们需要备份这些文件。②这个文件有备份。

备忘录 bèiwànglù *n.* memorandum

【配】一本备忘录

【例】①别忘了带备忘录！②他负责管理会谈备忘录。

背叛 bèipàn *v.* betray, forsake

【配】背叛祖国，背叛朋友

【例】①他背叛了祖国，背叛了人民。②他背叛了我们之间的友情。

背诵 bèisòng *v.* recite, repeat sth. from memory

【配】背诵课文，背诵诗歌

【例】①这篇课文他背诵完了。②妹妹正在背诵古诗。

被动 bèidòng *adj.* passive, unfavourable

【配】被动句，被动地位

【例】①工作要主动，不要被动。②这场比赛他一直处于被动。

【反】主动

被告 bèigào *n.* defendant, the accused

【配】被告席，被告人

【例】①证据表明被告有罪。②被告方今天没有出现。

【反】原告

奔波 bēnbō *v.* rush about

【配】来回奔波，为生活奔波

【例】①他奔波于上海和北京之间。②她为了工作四处奔波。

奔驰 bēnchí *v.* run quickly

【配】在路上奔驰

【例】①白马奔驰在草原上。②汽车在马路上奔驰。

本能 běnnéng *n./adv.* instinct; by instinct

【配】生存的本能，一种本能

【例】①哭是婴儿的本能。②对面的车奔驰而过，他本能地从窗口缩回了头。

本钱 běnqián *n.* capital

【配】做生意的本钱

【例】①做买卖需要有本钱。②健康的身体是学习的本钱。

本人 běnrén *pron.* oneself, in person

【配】本人的东西，本人的观点

【例】①他知道这件事，你问他本人吧。②本人也认为这件事是对的。

本身 běnshēn *pron.* itself

【配】事情本身

【例】①生活本身就是丰富多彩的。②公司要发挥本身的潜力。

本事 běnshi *n.* skill, ability

【配】有本事

【例】①这个人没什么本事。②你不会连这点儿本事都没有吧?

【同】本领

本着 běnzhe *prep.* in conformity with, in line with

【例】①我们本着实事求是的精神处理这件事。②服务员本着良好的态度为顾客服务。

笨拙 bènzhuō *adj.* clumsy, awkward

【配】十分笨拙,笨拙的动作

【例】①他走路的样子很笨拙。②熊笨拙地爬上树。

崩溃 bēngkuì *v.* collapse, crumble

【配】精神崩溃,彻底崩溃

【例】①听到这个消息后,他快要崩溃了。②这个国家的经济濒临崩溃。

甭 béng *adv.* don't, needn't

【配】甭想，甭问

【例】①你甭问了，他不想说。②甭担心，会有办法的。

迸发 bèngfā *v.* burst out, burst forth

【配】真情迸发，迸发火花

【例】①观众中迸发出一阵热烈的掌声。②爱能使人迸发出强大的动力。

蹦 bèng *v.* jump, leap, spring

【配】蹦起来，蹦蹦跳跳

【例】①他高兴得蹦了起来。②皮球掉在地上，又蹦了起来。

逼迫 bīpò *v.* force, compel

【配】在压力的逼迫下，逼迫某人

【例】①在环境的逼迫下，他变得坚强了。②生活逼迫我们努力工作。

鼻涕 bítì *n.* nasal mucus

【配】流鼻涕，擦鼻涕

【例】①妈妈帮孩子擦鼻涕。②她感冒了，流着鼻涕。

比方 bǐfang *v./n./conj.* take for example; analogy; if

【配】打比方，比方说

【例】①北京有许多著名的公园，比方颐和园。②这只不过是个比方，不一定恰当。③比方删除这几个字，是否会更好？

比喻 bǐyù *n./v.* metaphor, analogy; compare

【配】打比喻，比喻义

【例】①"他的脸像红苹果"是个比喻句。②诗歌中常用玫瑰花（méiguihuā; rose）比喻爱情。

比重 bǐzhòng *n.* proportion

【配】所占比重

【例】①工业在国家经济中的比重上升了。②在我们班，男生占很小的比重。

必定 bìdìng *adv.* must, be sure to

【配】必定会来

【例】①他必定会来参加这次会议。②这项任务必定能完成。

闭塞 bìsè *v./adj.* block; hard to get to, ill-informed

【配】道路闭塞，消息闭塞

【例】①房间通风口闭塞，要马上找人来修理。②这个地方的交通很闭塞。③你的消息真闭塞。

碧玉 bìyù *n.* jasper

【配】一块碧玉

【例】①湖水像碧玉一样绿。②他有一块珍贵的碧玉。

弊病 bìbìng *n.* drawback, malpractice, malady

【配】社会弊病，消除弊病

【例】①这种方法有很多弊病。②政府正想办法消除这些社会弊病。

弊端 bìduān *n.* abuse, corrupt practice

【配】避免弊端，种种弊端

【例】①这样做可以避免这件事带来的弊端。②大家发现了这种方法的种种弊端。

臂 bì *n.* arm

【配】臂膀，臂力

【例】①他的臂力很大。②运动员的臂膀很结实。

边疆 biānjiāng *n.* border area, frontier

【配】保卫边疆，边疆的战士

【例】①战士们保卫边疆。②边疆的人民很热情。

边界 biānjiè *n.* boundary, border

【配】划定边界，边界地区

【例】①敌人们越过边界逃跑了。②签订这份协议的目的在于解决两国边界问题。

边境 biānjìng *n.* border, frontier

【配】越过边境，边境贸易

【例】①两国开展边境贸易。②这座山横跨（héngkuà; stretch over）两国边境。

边缘 biānyuán *n./adj.* edge, fringe; marginal

【配】大陆边缘，边缘学科

【例】①他处在崩溃的边缘。②他学的是一门边缘学科。

编织 biānzhī *v.* weave, knit, plait

【配】编织毛衣，编织品

【例】①工人们在编织毛衣。②这个书包是手工编织的。

鞭策 biāncè *v.* spur on, urge on

【配】鞭策自己

【例】①我们要时刻鞭策自己努力学习。②她时刻鞭策自己不要懒惰。

贬低 biǎndī *v.* belittle, depreciate

【配】贬低别人，随意贬低

【例】①请你不要贬低别人。②任意贬低这部电影的说法都是不客观的。

贬义 biǎnyì *n.* derogatory sense
【配】贬义词
【例】①这个词带有贬义色彩。②这种说法是贬义的。
【反】褒义（bāoyì）

扁 biǎn *adj.* flat
【配】扁嘴，扁平
【例】①鸭子的嘴很扁。②盒子被压扁了。

变故 biàngù *n.* unforeseen event, accident, misfortune
【配】一场变故，发生变故
【例】①经过这场变故，他更加成熟了。②他的家庭遭遇变故了。

变迁 biànqiān *v.* change
【配】乡村的变迁，社会变迁
【例】①经过几十年的变迁，他的家乡变化很大。②随着社会的变迁，人们的生活也发生了变化。

变质 biànzhì *v.* go bad, deteriorate
【配】牛奶变质，变质食品

【例】①这块肉不能吃，变质了。②商店不能卖已经变质的食物。

便利 biànlì *adj./v.* convenient; facilitate

【配】交通便利，生活便利

【例】①这里的交通很便利。②为了便利群众，政府打算在这里修条铁路。

【同】方便

便条 biàntiáo *n.* informal note

【配】写便条，一张便条

【例】①他给你留了一张便条。②她正在给老师写便条。

便于 biànyú *v.* be easy to, be convenient for

【配】便于记忆，便于计算

【例】①这种方法便于记忆。②这个包便于携带。

遍布 biànbù *v.* spread all over

【配】遍布全球

【例】①网络遍布全世界。②这座山野草遍布。

辨认 biànrèn *v.* recognize, identify

【配】难以辨认，辨认方向

【例】①天太黑了，我辨认不出前面的道路。②你的字写得不清楚，老师很难辨认。

辩护 biànhù *v.* speak in defense of, argue in favour of
【配】辩护律师，辩护人
【例】①我是她的辩护律师。②谁为他的行为辩护？

辩解 biànjiě *v.* provide an explanation, try to defend for oneself
【配】进行辩解
【例】①你怎么辩解也没有用了。②小偷不停地为自己辩解。

辩证 biànzhèng *adj.* dialectical
【配】辩证统一，辩证法
【例】请你辩证地看待这个问题。

辫子 biànzi *n.* braid, plait
【配】梳辫子，扎辫子
【例】①她梳着一条辫子。②我妹妹的辫子很长。

标本 biāoběn *n.* specimen, sample
【配】制作标本，标本室
【例】①同学们在观察生物标本。②那个蝴蝶标本昨天被他弄丢了。

标记 biāojì *v./n.* mark; sign, symbol

【配】标记日期，英文标记

【例】①照片上标记着拍照 (pāizhào; take photos) 日期。②她在本子上做了一个标记。

标题 biāotí *n.* caption, heading, headline

【配】文章标题

【例】①我看不懂课文的标题。②别忘了写上标题！

飙升 biāoshēng *v.* rise violently

【配】飙升到，一路飙升

【例】①这件商品的价格由十五元飙升到三十元。②这位明星的人气 (rénqì; popularity) 一路飙升。

表决 biǎojué *v.* decide by vote

【配】表决权，投票表决

【例】①为了选出代表，他们正在进行表决。②我建议分组进行举手表决。

表态 biǎotài *v.* clarify one's position

【配】拒绝表态，明确表态

【例】①他拒绝对这个问题表态。②她明确表态说，她支持我们。

表彰 biǎozhāng *v.* cite (in dispatches), commend

【配】表彰大会，受到表彰

【例】①校长打算表彰全体同学。②他见义勇为的行为受到了表彰。

憋 biē *v./adj.* hold back; oppressed

【配】憋住，憋气

【例】①他憋了一肚子话，不愿说出来。②打开窗户吧，屋里很憋气。

别墅 biéshù *n.* villa

【配】一幢别墅，高级别墅，别墅区

【例】①他住在别墅里。②那边有一个高级别墅区。

别致 biézhì *adj.* novel, unique

【配】造型别致，样式别致

【例】①这件毛衣真别致。②她戴了一朵别致的小花。

别扭 bièniu *adj.* uncomfortable, disagreeable

【配】闹别扭，觉得别扭

【例】①他俩正闹别扭呢。②这首歌听起来真别扭。

濒临 bīnlín *v.* be on the verge of, be close to

【配】濒临灭绝，濒临死亡

【例】①这种动物已经濒临灭绝了。②这个国家濒临太平洋（Tàipíngyáng; Pacific）。

冰雹 bīngbáo *n.* hailstone
【配】下冰雹
【例】①冰雹啪啪地落在屋顶上。②天气预报今天会下冰雹。

并存 bìngcún *v.* exist side by side
【配】希望与困难并存
【例】①这是一个机遇与挑战并存的时代。②信心与希望是并存的。

并非 bìngfēi *v.* be actually not
【配】并非如此，并非这样
【例】①事情并非你想的那样。②并非我不喜欢这件衣服，是它实在太贵了。

并列 bìngliè *v.* stand side by side
【配】并列第一
【例】①他们并列坐在桌子后面。②在这次比赛中，英国队与法国队并列第二。

拨打 bōdǎ *v.* dial
【配】拨打电话，拨打手机

【例】①您拨打的电话已关机。②请您拨打这个电话号码。

波浪 bōlàng *n.* wave
【配】波浪线，层层波浪
【例】①这两个数字中间有一个波浪线。②层层波浪击打着岩石。

波涛汹涌 bōtāo-xiōngyǒng waves surging turbulently
【配】波涛汹涌的大海
【例】①海面上波涛汹涌。②他表面平静，内心却波涛汹涌。

剥削 bōxuē *v.* exploit
【配】剥削人民，剥削阶级
【例】①在旧社会，农民处于被剥削的地位。②这个老板残酷地剥削员工。

播放 bōfàng *v.* broadcast
【配】播放歌曲，播放音乐
【例】①音乐开始播放了。②他们正在播放电影。

播种 bōzhòng *v.* grow by sowing seeds
【配】播种土豆

【例】①这些种子应该在四月播种。②农民们在春天播种玉米。

伯母 bómǔ *n.* aunt
【配】一位伯母
【例】①今天她的伯母来看她了。②他有两位伯母。

博大精深 bódà-jīngshēn extensive and profound
【例】①这门科学真是博大精深。②中国的文化博大精深。

博览会 bólǎnhuì *n.* fair
【配】世界博览会，举行博览会
【例】①今年的世界博览会在这个城市召开。②她在博览会上发表讲话。

搏斗 bódòu *v.* fight, wrestle
【配】进行搏斗，与他搏斗
【例】①他在搏斗中受伤了。②警察与罪犯进行搏斗。

薄弱 bóruò *adj.* weak
【配】薄弱环节，意志薄弱
【例】①这是这个系统中最薄弱的一环。②这个国家的防御系统太薄弱了。

不顾 búgù *v.* be regardless of

【配】不顾一切，不顾别人的感受

【例】①他不顾河水冰冷，跳了下去。②她完全不顾别人的看法，想做就做。

不愧 búkuì *adv.* be worthy of, prove (oneself) to be

【配】真不愧，不愧是

【例】①她不愧是专家。②他成绩优秀，不愧为李老师的学生。

不料 búliào *v.* happen unexpectedly

【例】①我正打算走，不料他来了。②本子我以为带来了，不料忘在家里了。

不像话 búxiànghuà outrageous, unreasonable

【配】太不像话

【例】①你这么做太不像话了。②才开学几天你就不想上学了，真不像话。

不屑一顾 búxiè-yígù be beneath one's notice

【例】①他对我不屑一顾。②她对别人的建议不屑一顾。

补偿 bǔcháng *v.* compensate, make up

【配】补偿损失，补偿办法

【例】①他没有得到任何补偿。②我一定会补偿你的损失。

补救 bǔjiù *v.* remedy

【配】补救措施，补救方法

【例】①他们不得不立刻采取补救措施来处理这个问题。②请您告诉我们如何补救。

补贴 bǔtiē *v./n.* subsidize; subsidy

【配】补贴生活费，增加补贴

【例】①学校每个月补贴老师的生活费用。②我们除了工资外还有补贴。

捕捉 bǔzhuō *v.* seize, catch

【配】捕捉猎物，捕捉笑容

【例】①猎人（lièrén; hunter）正在捕捉猎物。②摄影师捕捉到了她的笑容。

哺乳 bǔrǔ *v.* breast-feed

【配】哺乳动物，哺乳幼儿

【例】①兔子是哺乳动物。②母猫正给猫仔儿哺乳。

不得已 bùdéyǐ *adj.* have to do

【配】迫不得已，万不得已

【例】①我们也是不得已才告诉他的。②不到不得已的时候，千万别把秘密说出来！

不妨 bùfáng *adv.* may/might as well

【配】不妨说说，不妨试试

【例】①你不妨去试一下。②咱们不妨问问他，他应该知道。

不敢当 bùgǎndāng I really don't deserve this

【配】愧不敢当

【例】①这么高的荣誉，我可不敢当。②您这么盛情款待我，我实在不敢当。

不禁 bùjīn *adv.* can't help (doing sth.)

【例】①听到这个消息，这个孩子不禁流下了眼泪。②他不禁爱上她了。

不堪 bùkān *v./adv.* cannot stand, be unable (to); extremely

【配】不堪入目，不堪回首（huíshǒu; look back），陈旧不堪

【例】①额外的生活费用让他不堪重负（zhòngfù; heavy burden）。②这间屋子破旧不堪。

不可思议 bùkě-sīyì inconceivable

【配】让人不可思议，不可思议的事情

【例】①他这个人很不可思议。②发生这种事真是让人不可思议。

不时 bùshí *adv.* often

【例】①他不时跑出去看看。②天空中不时有飞机飞过。

不惜 bùxī *v.* not stint, not hesitate (to do sth.)

【配】不惜一切，不惜代价

【例】①他不惜一切代价帮助我们。②她不惜花大笔钱为自己建造别墅。

不相上下 bùxiāng-shàngxià be equally matched

【例】①他们的身高不相上下。②这两名选手在比赛中一直不相上下。

不言而喻 bùyán'éryù it goes without saying

【例】①他的聪明是不言而喻的。②那种美好的感觉真是不言而喻。

不由得 bùyóude *adv./v.* as a natural consequence; can't help

【配】不由得哭了，不由得你作主

【例】①冷风吹过来，他不由得哆嗦了一下。②他态度十分诚恳，不由得你不信。

不择手段 bùzé-shǒuduàn by hook or by crook
【例】①他为了金钱不择手段。②她是个不择手段的人。

不止 bùzhǐ *v.* exceed, not stop
【配】不止两个，奋斗不止
【例】①他比我不止大一岁。②生命不息，奋斗不止。

布告 bùgào *n./v.* notice, bulletin; post
【配】一张布告，布告天下
【例】①这张布告贴得太高了。②晚上七点在会议室举行研讨会，特此布告。

布局 bùjú *n./v.* layout, arrangement, composition; distribute
【配】房间的布局，布局合理
【例】①他们正在设计房屋的布局。②这个花园布局得很合理。

布置 bùzhì *v.* fix up, arrange
【配】布置会场，布置房间
【例】①他的弟弟正在布置会场。②你的房间布置得很好。

步伐 bùfá *n.* pace, step
【配】整齐的步伐，步伐一致

【例】①她加快了步伐。②战士们迈着坚定的步伐走了过去。

部署 bùshǔ *v.* dispose, deploy

【配】财政部署，部署军队

【例】①总司令把军队部署在西边。②政府正在研究现代化建设的战略部署工作。

部位 bùwèi *n.* position, place

【配】身体部位，关键部位

【例】①你知道身体有哪些关键部位吗？②注意不要碰你受伤的部位。

C

才干 cáigàn *n.* ability, competence

【配】有才干，杰出的才干

【例】①他是一个有才干的人。②我们相信他的领导才干。

【同】才能 (cáinéng)

财富 cáifù *n.* riches, wealth

【配】共有财富，财富中心

【例】①成功和财富改变了他的性格。②自信心是一种宝贵的财富。

财务 cáiwù *n.* financial affairs

【配】财务制度，财务公司

【例】①他们遇到一些财务困难。②我们公司应该注意财务问题。

财政 cáizhèng *n.* finance

【配】财政管理，财政状况

【例】①他被任命为财政部长。②妹妹在财政部门工作。

裁缝 cáifeng *n.* tailor, dressmaker

【配】一个裁缝，裁缝店

【例】①他姐姐是个裁缝。②那家裁缝店在当地很有名。

裁判 cáipàn *v./n.* decide; referee

【配】裁判胜负，裁判员

【例】①这场比赛由他裁判胜负。②他是这场篮球比赛的裁判。

裁员 cáiyuán *v.* reduce the staff

【例】①这家公司正在裁员。②为了缓解公司财政压力，老板决定裁员。

采购 cǎigòu *v./n.* purchase; purchaser

【配】负责采购，采购员

【例】①她采购了大量化妆品。②他是公司的采购。

采集 cǎijí *v.* gather, collect

【配】采集数据

【例】①为了完成报告，大家到处采集信息。②他正在采集数据。

采纳 cǎinà *v.* accept, adopt

【配】采纳建议

【例】①他的意见被采纳了。②我们应该积极采纳别人的建议。

彩票 cǎipiào *n.* lottery

【配】买彩票，一张彩票

【例】①我的彩票中奖了。②咱们去买彩票吧！

参谋 cānmóu *n./v.* staff officer; give advice

【配】参谋人员，请你参谋

【例】①他在军队里担任作战参谋。②让我来给你参谋这事儿吧。

参照 cānzhào *v.* refer to as a reference, consult and follow

【配】参照对象，参照标准

【例】①请参照你们的课本来回答这个问题。②我们参照原文做了修改。

残酷 cánkù *adj.* cruel

【配】残酷无情，残酷的手段

【例】①他遭受了敌人残酷的迫害。②妹妹的死对他来说是一个残酷的打击。

【同】残忍

残留 cánliú *v.* remain

【配】残留物，残留的食物

【例】①桌子上还残留着面包屑。②残留的碎片 (suìpiàn; fragment) 散落一地。

残忍 cánrěn *adj.* merciless, bloody

【配】十分残忍，手段残忍

【例】①他本性 (běnxìng; natural instinct) 残忍。②敌人残忍地杀害了他。

【同】残酷

灿烂 cànlàn *adj.* bright, brilliant

【配】笑容灿烂，灿烂的阳光

【例】①他笑得很灿烂。②今天的阳光真灿烂。

仓促 cāngcù *adj.* hurried

【配】很仓促，仓促之间

【例】①他们仓促地采取了行动。②他走得很仓促。

仓库 cāngkù *n.* warehouse, storehouse

【配】一个仓库，大仓库

【例】①这个仓库里有很多老鼠。②他们把食品放在仓库里。

苍白 cāngbái *adj.* pale

【配】脸色苍白，苍白的皮肤

【例】①他面色苍白，可能不太舒服。②你的脸色有些苍白，生病了吗？

舱 cāng *n.* cabin

【配】机舱，船舱

【例】①船舱里有食物，你去拿吧。②他迅速走出机舱。

操劳 cāoláo *v.* work hard, take care of

【配】日夜操劳，操劳一生

【例】①别太操劳了，注意身体！②这件事请多操劳吧。

操练 cāoliàn *v.* drill, practice

【配】操练士兵

【例】①战士们操练了很长时间。②我们在广场上操练。

操纵 cāozòng *v.* operate, control
【配】操纵灵活，操纵机器
【例】①在这只小船上，由他负责操纵方向。②我怀疑他受人操纵。

操作 cāozuò *v.* operate
【配】操作人员，易于操作
【例】①这台机器易于操作。②老师给了我们许多实际操作的机会。

嘈杂 cáozá *adj.* noisy, clamorous
【配】人声嘈杂，嘈杂声
【例】①咱们走吧，这里人声嘈杂。②他来到农村，逃避城市的嘈杂。
【反】安静

草案 cǎo'àn *n.* draft
【配】一个草案，准备草案
【例】①草案准备好了吗？②这条法律草案已经通过了。

草率 cǎoshuài *adj.* careless, not serious
【配】办事草率，草率从事
【例】①你这样做太草率了！②他草率地做了决定。

侧面 cèmiàn *n.* profile, side aspect
【配】侧面头像，侧面打听
【例】①从侧面看，他很像你。②我从侧面打听到了一些消息。
【反】正面 (zhèngmiàn)

测量 cèliáng *v.* survey
【配】测量温度
【例】①我们测量了河水的温度。②工程师正在测量这座桥的长度。

策划 cèhuà *v./n.* scheme, plot, bring about; plotter
【配】策划活动，策划人
【例】①他们好像在策划一个阴谋。②王先生是这部电影的策划。

策略 cèlüè *n./adj.* tactics, policy; tactful
【配】战斗策略，产品策略
【例】①这家公司的价格策略很灵活。②处理这个问题应该策略一些。

层出不穷 céngchū-bùqióng emerge in an endless stream
【例】①我们班好人好事层出不穷。②现在的商品种类真是层出不穷。

层次 céngcì *n.* level, gradation, administrative level
【配】不同层次，层次结构
【例】①他和你的文化层次不同。②这本书适合不同层次的学生。
【同】条理

差距 chājù *n.* disparity, gap
【配】差距很大，存在差距
【例】①这个国家的贫富差距很大。②理想和现实总是存在差距。

查获 cháhuò *v.* hunt down and seize
【配】查获毒品
【例】①警方查获了一批毒品。②海关查获了大量走私物品。

岔 chà *n./v.* branch, fork; interrupt the topic (of conversation)
【配】分岔，岔路，把话岔开
【例】①路在这里分了岔。②他有意岔开话题。

刹那 chànà *n.* instant
【配】一刹那，刹那间
【例】①光一刹那就消失了。②刹那间我想到了他。

诧异 chàyì *adj.* surprised, astonished

【配】感到诧异

【例】①他露出诧异的表情。②她的做法让我们很诧异。

【同】惊奇

柴油 cháiyóu *n.* diesel oil

【配】柴油机，柴油价格

【例】①你知道柴油的生产方法吗？②最近柴油价格不断上涨（shàngzhǎng; rise）。

搀 chān *v.* help sb. by the arm, support

【配】搀扶，搀着他

【例】①他们两人互相搀着走了过去。②女孩跑过来搀住老人。

馋 chán *v./adj.* be gluttonous; greedy, envious

【配】嘴馋，馋人

【例】①香味馋得我直流口水。②一看见漂亮的衣服，她就特别眼馋。

缠绕 chánrào *v.* intertwine, bother

【例】①绳子缠绕在箱子上。②他一直被思念缠绕着。

产业 chǎnyè *n.* industry, property, estate

【配】信息产业，产业结构

【例】①信息产业的发展意义重大。②国家正在积极推进产业结构的调整。

阐述 chǎnshù *v.* expound, elaborate

【配】阐述理论，阐述观点

【例】①请你阐述一下这一理论。②她明确阐述了自己的观点。

【同】论述（lùnshù）

颤抖 chàndǒu *v.* quiver, thrill

【配】有点儿颤抖，声音颤抖

【例】①他感到心在颤抖。②因为紧张，她的声音有些颤抖。

昌盛 chāngshèng *adj.* prosperous

【配】繁荣昌盛

【例】①国家日益昌盛。②为了祖国的繁荣昌盛，我们要努力工作。

猖狂 chāngkuáng *adj.* savage, furious

【例】①敌人正在猖狂进攻。②这个人太猖狂了。

尝试 chángshì *v.* try, attempt

【配】一次尝试，失败的尝试

【例】①他尝试着多吃一些。②他勇敢地尝试了一下。

常年 chángnián *n./adv.* average year; all the year round

【配】常年刮风，常年干旱

【例】①今年小麦的产量（chǎnliàng; output）比常年高。②他常年在两地奔波。

常务 chángwù *n.* day-to-day business, routine

【配】常务委员会，常务委员

【例】①他是这个协会的一名常务委员。②他在学校担任常务副校长。

偿还 chánghuán *v.* repay

【配】偿还贷款，加倍偿还

【例】①欠你的钱，我会尽快偿还。②他说自己太穷，偿还不起欠银行的钱。

场合 chǎnghé *n.* occasion

【配】正式场合，不分场合

【例】①不管什么场合他总是穿那身衣服。②请你注意一下场合，不要乱说话！

场面 chǎngmiàn *n.* occasion, scene

【配】感人的场面，场面隆重

【例】①当时场面特别感人。②这个话剧的场面太壮观了。

场所 chǎngsuǒ *n.* location, place

【配】公共场所，居住场所

【例】①别在公共场所乱扔垃圾。②这里是居住场所，请保持安静。

敞开 chǎngkāi *v.* open wide

【配】敞开窗户，敞开心扉（xīnfēi; heart）

【例】①请你把房门敞开。②他终于向我们敞开了心扉。

畅通 chàngtōng *adj.* unblocked, unimpeded

【配】畅通无阻，道路畅通

【例】①这里交通畅通无阻。②请保持道路畅通。

畅销 chàngxiāo *adj./v.* be in great demand; sell well

【配】畅销书

【例】①这种书包在市场上特别畅销。②这部小说畅销海内外。

倡导 chàngdǎo *v.* initiate, advocate

【配】倡导者，倡导低碳（dītàn; low-carbon）生活

【例】①他率先（shuàixiān; first）倡导素质教育。②政府倡导大家乘坐公共交通工具出行。

倡议 chàngyì *v./n.* suggest, propose; first proposal

【配】倡议和平，倡议书，响应倡议

【例】①我们要倡议和平，反对战争。②同学们积极地响应学校的倡议，捐赠（juānzèng; contribute）了大量书籍。

钞票 chāopiào *n.* paper money

【配】数钞票，一张钞票

【例】①他正在数钞票。②我有一张五美元的钞票。

超级 chāojí *adj.* super

【配】超级大国，超级明星

【例】①他是一名超级足球明星。②这里有个超级市场。

超越 chāoyuè *v.* surpass, exceed, transcend

【配】超越梦想，超越对手

【例】①只有超越自己，才能实现梦想。②我们要努力超越对手，取得胜利。

嘲笑 cháoxiào *v.* jeer, mock

【配】嘲笑别人

【例】①请你们别嘲笑他。②他没有把他人的嘲笑放在心上。

【同】讥笑

潮流 cháoliú *n.* trend, tide, current

【配】时代潮流，一股潮流

【例】①他对时尚潮流很感兴趣。②你这样做是违反时代潮流的。

潮湿 cháoshī *adj.* moist, damp

【配】潮湿的天气，土地潮湿

【例】①今天空气很潮湿。②食物在潮湿的环境里容易变质。

撤退 chètuì *v.* retreat

【配】军队撤退，迅速撤退

【例】①我们的军队撤退到了河边。②敌人正在迅速撤退。

撤销 chèxiāo *v.* repeal

【配】撤销合同

【例】①学校撤销了他的教师资格。②这项决定被撤销了。

沉淀 chéndiàn *n./v.* sediment; form a sediment

【配】沉淀物

【例】①杯子里有一层沉淀物。②水比较混浊，沉淀一下再喝。

沉闷 chénmèn *adj.* depressed

【配】沉闷的气氛

【例】①他是一个很沉闷的人，不爱说话。②屋里的气氛太沉闷了，出去走走吧!

沉思 chénsī *v.* ponder, contemplate

【配】静静地沉思

【例】①他静静地沉思了一个小时。②女孩儿陷入了沉思。

沉重 chénzhòng *adj.* heavy, hard

【配】心情沉重

【例】①听了这个消息，他的心情很沉重。②教室里的气氛有点儿沉重。

沉着 chénzhuó *adj.* calm, self-possessed

【配】沉着冷静，很沉着

【例】①他是个沉着冷静的人。②你一定要沉着面对考试。

陈旧 chénjiù *adj.* old-fashioned

【配】陈旧的建筑，样式陈旧

【例】①这些家具太陈旧了。②他的思想很陈旧。

陈列 chénliè *v.* display, exhibit

【配】陈列展品，陈列物品

【例】①博物馆里陈列着珍贵的展品。②荣誉证书陈列在奖品室里。

陈述 chénshù *v.* declare, state

【配】陈述事实，个人陈述

【例】①原告正在陈述事实。②请你做十分钟的个人陈述。

称心如意 chènxīn-rúyì have sth. as one wishes

【配】称心如意的生活

【例】①他们的生活称心如意。②愿你称心如意！

称号 chēnghào *n.* name, title

【配】一个称号，荣誉称号

【例】①她赢得"优秀学生"的光荣称号。②他获得了三个冠军称号。

成本 chéngběn *n.* cost

【配】增加成本，生产成本

【例】①这次投资成本很高。②工厂应该降低生产成本。

成交 chéngjiāo *v.* complete a contract, reach a deal

【配】买卖成交，顺利成交

【例】①这笔生意顺利成交了。②请问什么价格可以成交？

成天 chéngtiān *adv.* all day long

【配】成天睡觉

【例】①他家电视成天开着。②她成天玩游戏。

成效 chéngxiào *n.* result, effect

【配】(没) 有成效，成效显著

【例】①尽管他们很努力，但还是没有成效。②这种药物服用 (fúyòng; take) 后很见成效。

成心 chéngxīn *adv.* deliberately, with deliberate intent

【配】成心骗人

【例】①他这么做不是成心的。②你这是成心气我！

成员 chéngyuán *n.* member

【配】一名成员，全体成员

【例】①一些成员反对这项决定。②他是学生会的成员。

呈现 chéngxiàn *v.* present, appear, demonstrate

【配】呈现出，精彩呈现

【例】①画面上呈现出清晰的图片。②我们会为您呈现一场精彩的演出。

诚挚 chéngzhì *adj.* sincere

【配】诚挚的友谊，诚挚的祝福

【例】①他向我表达了诚挚的感激。②向您献上我们最诚挚的祝福。

承办 chéngbàn *v.* undertake, accept an assignment

【配】承办案件，承办单位

【例】①这场晚会是由我们公司承办的。②这个项目他终于承办下来了。

承包 chéngbāo *v.* contract

【配】承包工程，承包食堂（shítáng; canteen）

【例】①那个工程已经承包出去了。②她承包了我们学校的食堂。

承诺 chéngnuò *v./n.* promise to undertake; promise

【配】承诺不使用暴力，做出承诺

【例】①两国已经承诺不会使用暴力解决争端。②他不想做出任何承诺。

城堡 chéngbǎo *n.* castle

【配】一座城堡，美丽的城堡

【例】①王子住在一座美丽的城堡里。②这座城堡历史悠久。

乘务员 chéngwùyuán *n.* attendant on an airplane, train, boat, etc.

【配】飞机乘务员，一名乘务员

【例】①她在飞机上当乘务员。②我的弟弟是一名火车乘务员。

盛 chéng *v.* fill

【配】盛饭，盛水

【例】①我在盛粥，没时间接电话。②这个杯子是用来盛水的。

惩罚 chéngfá *v.* punish

【配】惩罚小偷，惩罚学生

【例】①老师正在惩罚那个坏学生。②如果你再犯错，我就要惩罚你了。

澄清 chéngqīng *v./adj.* clarify; clear

【配】澄清事实，澄清的湖水

【例】①请你澄清一下这件事。②透过澄清的湖水，我看到了许多鱼。

橙 chéng *n.* orange
【配】橙子，橙色
【例】①农民正在摘橙子。②我喜欢橙色的衣服。

秤 chèng *n.* scale, steelyard
【配】一杆秤，秤砣
【例】①我的秤很精准（jīngzhǔn; accurate）。②他有个体重秤。

吃苦 chīkǔ *v.* bear
【配】学会吃苦，吃苦耐劳（nàiláo; able to endure hard work）
【例】①他是个能吃苦的孩子。②只有不怕吃苦，才能取得好成绩。

吃力 chīlì *adj.* strenuous, arduous, laborious
【配】说话吃力，感到吃力
【例】①他说话很吃力。②走了一段山路后，我感到很吃力。

池塘 chítáng *n.* pond, pool
【配】小池塘

【例】①这个池塘的水很脏。②小池塘里有许多荷花 (héhuā; lotus)。

迟缓 chíhuǎn *adj.* sluggish, slow

【配】动作迟缓，进展迟缓

【例】①他动作迟缓。②这个项目进展迟缓。

迟疑 chíyí *v.* hesitate

【配】迟疑不决

【例】①别迟疑了，快走吧。②她没有迟疑，马上答应了。

持久 chíjiǔ *adj.* lasting

【配】持久和平，旷日持久 (kuàngrì-chíjiǔ; long-drawn-out)

【例】①我们希望世界持久和平。②这种药的效果很持久。

赤道 chìdào *n.* equator

【配】赤道以南

【例】①这个国家在赤道以南。②赤道附近非常热。

赤字 chìzì *n.* deficit

【配】财政赤字

【例】①这个国家财政赤字严重。②今年经济出现了预算赤字。

冲动 chōngdòng *n./v.* impulse; get excited, be impetuous

【配】创作冲动，一时冲动

【例】①看着眼前的景色，他一下就有了创作的冲动。②她一时冲动，摔了杯子。

冲击 chōngjī *v.* beat, shock

【配】冲击很大，文化冲击

【例】①海浪冲击着岩石。②这件事情对他冲击很大。

冲突 chōngtū *v.* conflict, clash, collide

【配】发生冲突，激烈冲突

【例】①双方发生了激烈冲突。②边境冲突导致战争的爆发。

充当 chōngdāng *v.* serve as, play the role of

【配】充当内行

【例】你来充当我们的导游。

充沛 chōngpèi *adj.* abundant, plentiful

【配】雨水充沛，精力充沛

【例】①今年雨水充沛。②运动使他精力充沛。

【同】丰沛 (fēngpèi)

充实 chōngshí *adj./v.* rich, substantial; enrich, replenish

【配】充实的生活，充实自己

【例】①他现在的生活很充实。②阅读可以充实我们的生活。

充足 chōngzú *adj.* adequate, sufficient, abundant

【配】粮食充足，充足的时间

【例】①仓库里有粮食充足。②学生们应该保证充足的睡眠。

重叠 chóngdié *v.* overlap

【配】互相重叠

【例】①这两个部门的工作有些重叠。②历史和文学这两个学科有些内容是重叠的。

重阳节 Chóngyángjié *n.* Double Ninth Festival

【配】重阳节

【例】①重阳节是中国的传统节日。②你知道重阳节有什么习俗吗？

崇拜 chóngbài *v.* worship, adore

【配】崇拜英雄，十分崇拜

【例】①孩子们从小就崇拜英雄。②那个男孩儿十分崇拜他的父亲。

崇高 chónggāo *adj.* noble, sublime

【配】崇高的理想，崇高的敬意（jìngyì; respect）

【例】①教师是一个很崇高的职业。②他的理想很崇高。

崇敬 chóngjìng *v.* admire, revere

【配】崇敬某人，值得崇敬

【例】①她很崇敬她的母亲。②我们怀着崇敬的心情，与那位老人道别（dàobié; bid farewell）。

抽空 chōukòng *v.* find the time to do sth.

【配】抽空外出

【例】①你抽空来找我吧。②抽空来我家吧！

稠密 chóumì *adj.* dense

【配】人口稠密

【例】①这一片树林枝叶稠密。②亚洲是世界上人口稠密的地区。

筹备 chóubèi *v.* make preparations, get ready for

【配】筹备工作，筹备婚礼

【例】①我们已经完成了会议筹备工作。②他在筹备一场婚礼。

踌躇 chóuchú *adj./v.* hesitant; hesitate

【配】踌躇满志 (chóuchú-mǎnzhì; be self-satisfied)，踌躇不前

【例】①到了正式填表的时候，她又开始踌躇了。②我们不能踌躇不前，必须马上决定。

丑恶 chǒu'è *adj.* ugly, repulsive

【配】十分丑恶，丑恶的嘴脸

【例】①他露出一副丑恶的嘴脸。②这幅画的内容表现了人性丑恶的一面。

【同】丑陋 (chǒulòu)

出路 chūlù *n.* way out (of a difficult situation, etc.)

【配】没有出路，一条出路

【例】①眼前我们没有出路，只能等待救援。②他不知道出路在哪里。

出卖 chūmài *v.* sell (off), betray

【配】出卖机密，出卖朋友

【例】①他出卖了军事机密！②他不会出卖朋友。

出身 chūshēn *n./v.* family background, class origin; be born from

【配】平民出身，出身农民

【例】①他的出身是工人。②他出身于农民家庭。

出神 chūshén *v.* be in a trance
【配】听得出神
【例】①他看着水杯出神。②她出神地望着窗外。

出息 chūxi *n./v.* future prospects; make progress
【配】有出息，出息多了
【例】①那个孩子真没出息。②现在他出息多了。

出洋相 chūyángxiàng make an exhibition of oneself
【配】出洋相
【例】①快走，别在这儿出洋相！②他在朋友面前出了个洋相。

初步 chūbù *adj.* preliminary, initial
【配】初步制定，初步计划
【例】①这只是初步计划。②他初步打算过年回家看望父母。

处分 chǔfèn *v./n.* punish; punishment
【配】处分某人，受到处分
【例】①你再犯错我就要处分你了！②学校撤销了原先给他的处分。

处境 chǔjìng *n.* situation

【配】处境危险

【例】①他的处境很危险。②请你考虑一下我们目前的处境。

处置 chǔzhì *v.* punish, handle

【配】处置罪犯，合理处置

【例】①我们有权依法处置罪犯。②我们应该合理处置这些资金。

储备 chǔbèi *v./n.* store for future use; stockpile, reserve

【配】储备资源，粮食储备

【例】①军队储备了大量粮食。②我们应该增加自己的知识储备。

【同】储存

储存 chǔcún *v./n.* store; stockpile

【配】储存食物，储存量

【例】①请把食物储存在冰箱里。②仓库里还有少量储存。

【同】储备

储蓄 chǔxù *n./v.* one's savings; save, deposit

【配】储蓄银行，在银行储蓄

【例】①老人把他的储蓄捐给了灾区 (zāiqū; disaster

area）。②他一点一点地储蓄下来，终于还清了欠款。

触犯 chùfàn *v.* offend

【配】触犯法律

【例】①他真的触犯了法律吗？②你的行为触犯了他的尊严。

川流不息 chuānliú-bùxī flow past in an endless stream

【配】川流不息的车辆

【例】①大街上的车辆来来往往，川流不息。②广场上人群川流不息。

穿越 chuānyuè *v.* traverse, travel through

【配】穿越森林，穿越时空

【例】①我们穿越森林，来到河边。②这块草地禁止行人穿越。

传达 chuándá *v./n.* convey; reception and registration of callers at a public establishment

【配】传达消息，传达室

【例】①我把消息传达给他了。②老人在这个单位当了一辈子传达。

传单 chuándān *n.* leaflet

【配】发传单，一张传单

【例】①他帮我们发传单。②请你把这些传单送过去。

传授 chuánshòu *v.* impart

【配】传授知识，传授本领

【例】①传授知识是老师的责任。②他将自己的本领传授给徒弟。

船舶 chuánbó *n.* ship, boat

【配】船舶业

【例】①船舶停靠在码头旁。②这个国家的船舶工业很发达。

喘气 chuǎnqì *v.* breathe (deeply), pant

【配】喘口气

【例】①我们听到了他的喘气声。②他停下来喘了口气。

串 chuàn *m./v./n.* string; string together; string of things

【配】一串，串起来，肉串儿

【例】①他送给我一串项链（xiàngliàn; necklace）。②她把这些珍珠用线串了起来。③这家餐厅的羊肉串儿很好吃。

床单 chuángdān *n.* sheet

【配】干净的床单，洗床单

【例】①洗洗你的床单吧！②他不小心弄脏了床单。

创立 chuànglì *v.* found, establish
【配】创立公司，创立协会
【例】①这家公司是他创立的。②他创立了科学家协会。

创新 chuàngxīn *v./n.* bring forth new ideas; innovation
【配】创新观点，改革创新
【例】①科技只有不断创新，才能更好地服务人类。②今年他又有了两项创新。

创业 chuàngyè *v.* begin an undertaking, start a major task
【配】决定创业，创业之初
【例】①他决定创业。②创业之初，他的资金十分紧缺（jǐnquē; in short supply）。

创作 chuàngzuò *v./n.* create, produce; literary or artistic work
【配】创作歌曲，新创作
【例】①这首歌是他创作的。②我们一起欣赏了他的新创作。

吹牛 chuīniú *v.* throw the bull, brag
【例】①他喜欢吹牛，大家都不喜欢他。②你别吹牛

了，我不信。

吹捧 chuīpěng *v.* flatter, lavish praises on sb.

【配】吹捧某人，互相吹捧

【例】①这幅画被吹捧为名画。②他们俩总是互相吹捧。

垂直 chuízhí *v.* perpendicular (to sth.)

【配】垂直线

【例】① 这条线是垂直的。②请让尺子与地面保持垂直。

【反】平行

锤 chuí *n./v.* hammer; hammer into shape

【配】锤子，锤打

【例】①我想买一把锤子。②这只锅是手工锤打出来的。

纯粹 chúncuì *adv./adj.* purely; pure

【例】①你这么做纯粹是胡闹。②他是纯粹的法国人。

纯洁 chúnjié *adj./v.* pure, clean and honest; purify

【配】思想纯洁，纯洁无瑕（wúxiá; flawless）

【例】①她是一个很纯洁的孩子。 ②阅读可以纯洁心灵。

词汇 cíhuì *n.* vocabulary

【配】英语词汇，词汇量

【例】①我们正在学习汉语六级词汇。②你的词汇量不大。

慈祥 cíxiáng *adj.* kindly

【配】非常慈祥，慈祥的面容

【例】①这位老人的笑容非常慈祥。②奶奶露出了慈祥的微笑。

雌雄 cíxióng *n.* male and female, victory and defeat

【配】雌雄同体，一决雌雄

【例】①这是一种雌雄同体的动物。②他俩打算在这次比赛中一决雌雄。

次品 cìpǐn *n.* defective product

【配】残次品，出次品

【例】①这批货里有次品。②我们商场从不卖次品。

【反】精品（jīngpǐn）

次序 cìxù *n.* sequence, order

【配】按次序

【例】①这些页码的次序不对。②请大家把书本按次序放好！

伺候 cìhou *v.* serve, act as a valet

【配】伺候某人，难伺候

【例】①他正在伺候生病的奶奶。②他什么都不爱吃，真难伺候！

【同】侍候（shìhòu）

刺 cì *v./n.* sting; thorn

【例】①他被针刺到了。②你要小心仙人掌（xiānrén-zhǎng; cactus）的刺啊！

从容不迫 cóngróng-búpò calm and unhurried

【例】①他做事一向从容不迫。②战士们从容不迫地走向战场（zhànchǎng; battlefield）。

【反】迫不及待

丛 cóng *n./v.* thicket, cluster; grow together

【配】草丛，杂草丛生

【例】①你看见那边的草丛了吗？②那片树丛后面有一条小路。

凑合 còuhe *v./adj.* make do with sth.; not too bad

【配】凑合一下

【例】①只有这些吃的，你就凑合一下吧。②这里的环境还凑合。

粗鲁 cūlǔ *adj.* crude, coarse, rough

【配】很粗鲁，举止粗鲁

【例】①他是个粗鲁的人。②她说话粗鲁，不像个女孩儿。

窜 cuàn *v.* flee, make alterations in wording

【配】逃窜，窜改

【例】①敌人四处逃窜。②这份文件是被人窜改过的。

摧残 cuīcán *v.* ravage, ruin

【配】摧残身体，严重摧残

【例】①这个消息对他的心理来说是一种严重摧残。②刚开的花被大风摧残了一天。

脆弱 cuìruò *adj.* weak

【配】身体脆弱，感情脆弱

【例】①她的病刚好，身体很脆弱。②你别太脆弱了，要坚强起来！

【反】顽强

搓 cuō *v.* rub with hands

【配】搓手，搓衣服

【例】①他冷得不停地搓手。②冬天搓衣服的时候记得戴手套。

磋商 cuōshāng *v.* discuss seriously, exchange views, confer

【配】反复磋商，进行磋商

【例】①经磋商，双方终于达成了一致的意见。②在开会磋商之前我想见见他。

【同】协商

挫折 cuòzhé *v.* set back, defeat

【配】遇到挫折，严重挫折

【例】①他遇到挫折时表现得很坚强。②你要多表扬孩子，不要挫折了他的积极性。

D

搭 dā *v.* set up, travel by, hang

【配】搭积木（jīmù; toy bricks），搭车

【例】①你跟我搭车过去吧。②绳子上搭着一条毛巾。

搭档 dādàng *n./v.* partner; pair up

【配】好搭档，一对搭档

【例】①我需要和我的搭档商量一下。②我们俩搭档多年了。

搭配 dāpèi *v./adj.* combine proportionally, cooperate; match
【配】词语搭配，搭配衣服
【例】①这两个词可以搭配在一起使用。②这两件衣服的颜色很不搭配。

达成 dáchéng *v.* reach (an agreement, etc.)
【配】达成共识（gòngshí; consensus），达成一致
【例】①他们终于达成协议了。②两国在和平问题上达成共识。

答辩 dábiàn *v.* defend one's thesis, defend oneself
【配】论文答辩，答辩权
【例】①她正在进行毕业答辩。②请您注意答辩时间！

答复 dáfù *v./n.* reply; answer
【配】答复某人，得到答复
【例】①他现在就能答复你。②我明天给你答复。

打包 dǎbāo *v.* pack, bale
【配】打包下载，打包带走
【例】①剩下的菜咱们打包吧，别浪费。②你把这些东西打包之后放在车上。

打官司 dǎguānsi go to court, engage in a lawsuit

【配】和某人打官司

【例】①他们两家在打官司。②我不想和你打官司。

打击 dǎjī *v.* hit, strike, attack

【配】沉重的打击

【例】①国家依法打击扰乱市场秩序的行为。②这件事对她来说是一次沉重的打击。

打架 dǎjià *v.* fight

【配】和某人打架

【例】①两个孩子正在打架。②你不要为这点小事跟人打架。

打量 dǎliang *v.* look sb. up and down, size up

【配】打量某人，上下打量

【例】①他仔细地打量着这个人。②我们俩互相打量着。

打猎 dǎliè *v.* hunt

【配】去打猎

【例】①我看见他打猎回来了。②这里禁止打猎。

打仗 dǎzhàng *v.* fight

【配】准备打仗

【例】①他打仗回来后，一条腿受伤了。②这两个国家正在打仗。

大不了 dàbuliǎo *adj./adv.* terrible; at the worst
【例】①不就是第一名吗？没什么大不了的。②他想怎么样？我大不了不干了！

大臣 dàchén *n.* cabinet minister (of a monarchy)
【配】一位大臣，财政大臣
【例】①好几位大臣被皇帝免了职。②他是新任命的财政大臣。

大伙儿 dàhuǒr *pron.* everyone, all of us
【例】①大伙儿在等你！②大伙儿一起出去玩儿怎么样？

大厦 dàshà *n.* mansion, large building
【配】高楼大厦，一座大厦
【例】①北京有很多高楼大厦。②我在这座大厦里上班。

大肆 dàsì *adv.* wantonly, without any constraint
【配】大肆传播，大肆渲染（xuànrǎn; exaggerate）
【例】①他们大肆传播这条假新闻。②关于这件事情，请你不要大肆渲染。

大体 dàtǐ *adv./n.* in general, on the whole; general principle

【配】大体上，识大体

【例】①这幅画大体上画得还可以。②你应该识大体，顾大局。

大意 dàyi *adj.* careless

【配】粗心大意

【例】①你太大意了，让小偷逃跑了。②这件事大意不得！

大致 dàzhì *adj./adv.* rough, approximate; roughly, approximately, more or less

【例】①他向老师大致汇报了事情发生的经过。②完成这项工作大致需要三小时。

歹徒 dǎitú *n.* evil person who commits crimes

【配】一个歹徒，残忍的歹徒

【例】①这些歹徒已经被逮捕了。②歹徒绑架了他的儿子。

【同】匪徒

代价 dàijià *n.* price, cost

【配】付出代价，沉重的代价

【例】①为了和平，我们不惜一切代价。②他们为这次失误付出了沉重的代价。

代理 dàilǐ　*v.* act on behalf of sb., act as agent
【配】代理工作，代理商
【例】①他出差期间，我会代理他的工作。②他的律师一直代理他的业务。

带领 dàilǐng　*v.* lead, guide
【配】带领大家，带领团队
【例】①队长带领大家取得了胜利。②老师带领学生过马路。

怠慢 dàimàn　*v.* neglect, show indifference (to sb.)
【配】怠慢某人
【例】①招待不周，怠慢大家了。②别怠慢了客人。

逮捕 dàibǔ　*v.* arrest
【配】逮捕小偷
【例】①小偷终于被逮捕了。②警察正在逮捕犯罪嫌疑人。

担保 dānbǎo　*v.* guarantee, vouch for
【配】担保某人
【例】①我们担保你不会有危险。②她担保对方一定同意这份合同。

胆怯 dǎnqiè *adj.* timid

【配】很胆怯，胆怯的人

【例】①他胆怯地说："对不起。"②他面对凶狠的歹徒毫不胆怯。

【同】胆小

【反】勇敢

诞辰 dànchén *n.* birthday (of a respected person or senior)

【配】诞辰日

【例】①我们庆祝祖国诞辰六十周年。②今天是王先生 90 岁的诞辰。

诞生 dànshēng *v.* be born, come into being

【例】① 1949 年 10 月 1 日，中华人民共和国诞生了。②新的国王诞生了。

淡季 dànjì *n.* off season, slack time

【配】旅游淡季

【例】①现在是旅游淡季。②淡季票价比旺季的便宜得多。

【反】旺季（wàngjì）

淡水 dànshuǐ *n.* fresh/sweet water
【配】淡水湖
【例】①我们喝的水是淡水。②科学家在考察淡水湖的水质。

蛋白质 dànbáizhì *n.* protein
【配】补充蛋白质
【例】①豆类食品里含有蛋白质。②你应该补充一些蛋白质。

当场 dāngchǎng *n.* on the spot, at the scene
【配】当场抓住，当场揭发
【例】①小偷被当场抓住了。②他当场给大家做了演示。

当初 dāngchū *n.* beginning, outset, time when sth. happened
【配】想当初
【例】①你当初是怎么想的？②我当初就不同意这种做法。

当面 dāngmiàn *adv.* face to face, in sb.'s presence
【配】当面说
【例】①你应该当面问清楚。②有什么话请当面说。

当前 dāngqián *n./v.* present (time); be faced with
【配】当前的情况，大敌当前

【例】①当前的情况对我们很有利。②大敌当前，我们应该团结一致。

当事人 dāngshìrén *n.* person involved or in charge

【配】事件当事人

【例】①我们可以跟事件当事人商量一下。②他是当事人，应该知道这件事的全过程。

当务之急 dāngwùzhījí thing of top priority

【例】①当务之急是找到他本人。②保护环境是当务之急。

当心 dāngxīn *v.* take care, look out

【配】当心点儿，当心感冒

【例】①当心！有辆车开过来了。②降温了，要当心感冒，多穿点儿。

【同】小心

当选 dāngxuǎn *v.* be elected

【配】当选总统，当选主席

【例】①他当选为下一届主席。②你不用告诉我，我知道她已经当选了。

党 dǎng *n.* party, society

【配】党派，入党

【例】①他们的党派在选举中失败了。②他刚入党，有些原则还不清楚。

档案 dàng'àn *n.* file, record, archive

【配】管理档案，学生档案

【例】①我负责管理档案。②学生档案由学校保管。

档次 dàngcì *n.* quality, level, grade

【配】档次低，一个档次

【例】①我的店里有不同档次的服装。②这家餐厅的档次不高。

导弹 dǎodàn *n.* guided missile

【配】导弹实验，一枚导弹

【例】①那艘船被导弹击中了。②科学家们正在进行导弹实验。

导航 dǎoháng *v.* navigate

【配】导航系统，导航台

【例】①信号灯是用来导航的。②他是一名飞行导航员。

导向 dǎoxiàng *n./v.* guidance, orientation; lead to

【配】舆论导向，导向性

【例】①我们应该引导正确的舆论导向。②这次争论将使两国关系导向恶化。

岛屿 dǎoyǔ *n.* island

【配】一座岛屿，美丽的岛屿

【例】①他看见远处有一座岛屿。②这座岛屿风景迷人。

捣乱 dǎoluàn *v.* create a disturbance, make trouble

【配】别捣乱

【例】①他成心捣乱。②你是来捣乱的还是来帮忙的？

倒闭 dǎobì *v.* go bankrupt, close down

【配】工厂倒闭

【例】①这家工厂倒闭了。②几家大银行在经济危机中倒闭了。

盗窃 dàoqiè *v.* steal

【配】入室盗窃，盗窃罪

【例】①他因入室盗窃被逮捕。②法律禁止一切盗窃行为。

【同】偷盗（tōudào）

稻谷 dàogǔ *n.* paddy

【配】种植稻谷

【例】①我们种植了大量稻谷。②稻谷可以制作成面粉（miànfěn; flour）。

得不偿失 débùchángshī the loss outweighs the gain
【例】①他这样做得不偿失。②这次交易得不偿失。

得力 délì *adj./v.* able, competent; benefit from
【配】得力助手，得力于
【例】①他是我的得力助手。②我能成功，得力于他的帮助。

得天独厚 détiān-dúhòu be particularly favoured by nature
【配】得天独厚的条件
【例】①这里的工作条件真是得天独厚。②我们拥有得天独厚的地理环境。

得罪 dézuì *v.* offend, give offence to
【配】得罪某人，得罪不起
【例】①我得罪领导了。②他因为坚持原则，得罪了一些人。

灯笼 dēnglong *n.* lantern
【配】一盏灯笼，红灯笼
【例】①大门上挂着灯笼。②孩子们正在用南瓜(nánguā; pumpkin) 做灯笼。

登陆 dēnglù *v.* land, (of a commodity) enter the market of an area or region

【配】登陆作战，台风登陆

【例】①部队已经在这个地点登陆。②这种新产品已在我市登陆。

登录 dēnglù *v.* log on, enter, log in

【配】登录系统，用户登录

【例】①你可以通过手机登录这个网站。②登录系统，你就可以搜索到想要的信息。

蹬 dēng *v.* press down or push with the foot, step on

【配】蹬自行车，蹬腿

【例】①风太大了，他只能用力蹬自行车。②只要一蹬腿，你就能跳起来了。

等级 děngjí *n.* grade, degree, rate

【配】等级标准，不同等级

【例】①我们的工资等级不一样。②等级标准不同，考试难度也不同。

瞪 dèng *v.* stare at

【配】瞪眼

【例】①我走进教室的时候，她瞪了我一眼。②你瞪我干嘛?

堤坝 dībà *n.* dykes and dams
【配】修建堤坝，一道堤坝
【例】①政府为农民修建堤坝。②一道堤坝拦住了洪水。

敌视 díshì *v.* be antagonistic to
【配】敌视某人，敌视态度
【例】①请不要对他采取敌视的态度。②他用敌视的眼神瞪着我。

抵达 dǐdá *v.* arrive in/at, reach
【配】抵达机场，抵达目的地
【例】①总统在今天下午抵达机场。②他已经平安抵达目的地。

抵抗 dǐkàng *v.* resist
【配】顽强抵抗，抵抗到底
【例】①他们英勇地抵抗敌人的侵略。②经常锻炼可以提高人们抵抗疾病的能力。
【同】反抗

抵制 dǐzhì *v.* boycott, resist, refuse (to cooperate)

【配】抵制腐败，贸易抵制

【例】①我们要坚决抵制腐败行为。②他们对新政策加以抵制。

地步 dìbù *n.* condition, plight

【配】悲惨的地步，危险的地步

【例】①你怎么落到如此悲惨的地步！②他们已经发展到了公开对抗的地步。

地势 dìshì *n.* physical features of a place

【配】地势很低，地势平坦

【例】①这里地势高，水向下流。②这个高原地势平坦，一望无际。

地质 dìzhì *n.* geology

【配】地质学，地质构造，考察地质

【例】①这个地方的地质条件很复杂。②这所大学的地质学专业很有名。

递增 dìzēng *v.* steadily increase

【配】逐年递增，递增趋势

【例】①该地区人口逐年递增。②随着经济的发展，人们的收入递增趋势十分明显。

颠簸 diānbǒ *v.* shake, jolt

【配】上下颠簸

【例】①小船在风浪中颠簸。②汽车在山路上颠簸了一天。

颠倒 diāndǎo *v.* confuse, put upside down, reverse

【配】颠倒黑白，是非颠倒

【例】①你俩出场的顺序颠倒一下。②这只盒子应该颠倒过来放。

典礼 diǎnlǐ *n.* ceremony, celebration

【配】开学典礼，毕业典礼

【例】①典礼在歌声中结束了。②校长出席了开学典礼。

典型 diǎnxíng *adj./n.* typical; typical case

【配】典型例子，艺术典型

【例】①他是典型的中国人。②这个人物形象是中国现代文学中的艺术典型。

点缀 diǎnzhuì *v.* beautify

【配】点缀风景

【例】①洁白的衣服上点缀着两朵小花。②野花点缀了春天。

电源 diànyuán *n.* electric/power source

【配】电源开关（kāiguān; switch），打开电源

【例】①走之前别忘了切断（qiēduàn; cut off）电源。
②麻烦你把电源开关打开。

垫 diàn *n./v.* pad, cushion; fill up, insert

【配】床垫，垫高

【例】①这张床垫睡起来很舒服。②他在脚下垫了一块砖。

惦记 diànjì *v.* remember with concern, worry about

【配】惦记某人

【例】①妈妈总是惦记着在外地读书的我。②这件事我惦记了很长时间。

奠定 diàndìng *v.* establish, settle

【配】奠定基础

【例】①这项政策为经济发展奠定了基础。②我们现在应该好好学习，才能为将来的发展奠定基础。

叼 diāo *v.* hold in the mouth

【配】叼着鱼，叼着烟

【例】①这只猫的嘴里叼着一条鱼。②他站在那里，嘴里叼着一支烟。

雕刻 diāokè *v./n.* engrave; sculpture

【配】精心雕刻，雕刻展览

【例】①这座雕像（diāoxiàng; statue）是用石头雕刻的。②他正在欣赏雕刻展览。

雕塑 diāosù *n./v.* sculpture; carve

【配】一座雕塑，雕塑家

【例】①博物馆里展出了几件著名雕塑。②艺术家们用大理石（dàlǐshí; marble）雕塑了一件工艺品。

吊 diào *v.* hang

【配】吊灯，吊上来

【例】①一盏灯吊在屋顶上。②他从井里吊了一桶水上来。

调动 diàodòng *v.* transfer

【配】工作调动，调动情绪

【例】①由于工作调动，他去了另一个部门。②我们应该调动同学们的积极性。

跌 diē *v.* drop, fall

【配】跌落，跌下去

【例】①你要小心，别跌下去。②最近商品价格下跌了。

叮嘱 dīngzhǔ *v.* repeatedly warn or urge

【配】反复叮嘱，叮嘱某人

【例】①妈妈叮嘱我路上小心。②他转过身来再三叮嘱自己的学生。

盯 dīng *v.* stare, gaze

【配】盯着某人

【例】①他双眼盯着黑板。②他一直盯着我看。

定期 dìngqī *v./adj./n.* fix a time; regular; term

【配】定期开会，定期检查

【例】①哪天举行毕业典礼还未定期。②领导定期检查工作。③他把银行里的存款由活期改为定期。

定义 dìngyì *n./v.* definition; define

【配】下定义，数学定义

【例】①老师让学生们背诵定义。②他的行为可以被定义为犯罪。

丢人 diūrén *v.* lose face

【配】真丢人，丢人现眼

【例】①我不想在公开场合丢人。②他这么做真丢人了。

丢三落四 diūsān-làsì be forgetful and always leaving things behind

【例】①他总是丢三落四的。②这人做事丢三落四。

东道主 dōngdàozhǔ *n.* host
【例】①英国是这届运动会的东道主。②我们受到了东道主的热情招待。

东张西望 dōngzhāng-xīwàng look in every direction
【例】①别东张西望的，认真听讲！②孩子们东张西望，寻找自己的父母。

董事长 dǒngshìzhǎng *n.* chairman of the board
【配】一位董事长
【例】①他是这家公司的董事长。②董事长正在开会。

动荡 dòngdàng *v./adj.* undulate; (social or political) unrest, upheaval
【配】社会动荡，动荡不安
【例】①一阵风吹来，湖水动荡。②经济危机容易引发社会动荡。

动机 dòngjī *n.* motive, motivation, intention
【配】动机不纯，良好动机
【例】①我可以看出他们动机不纯。②他的动机很明显。

动静 dòngjing *n.* sound of action, activity
【配】有动静，动静太大

【例】①下课了吗？怎么没动静？②他们的动静太大，邻居都受不了了。

动力 dònglì *n.* motion, power
【配】动力系统，有动力
【例】①弟弟学习很有动力。②经济是社会发展的动力。

动脉 dòngmài *n.* artery
【配】动脉系统，动脉血管
【例】①血液在动脉血管（xuèguǎn; blood vessel）中循环。②铁路是经济的动脉。

动身 dòngshēn *v.* leave, go on a journey
【配】准备动身，动身启程
【例】①他收拾一下就动身了。②妹妹动身去上海了。

动手 dòngshǒu *v.* start work, hit with hands or fists
【配】动手做饭，动手打架
【例】①他一回到家就马上动手做饭。②你别跟他动手，他太厉害了。

动态 dòngtài *n.* movement, dynamic state, development
【配】动态图，动态过程
【例】①这种平衡是动态的平衡。②我们要注意观察经济发展的动态。

【反】静态（jìngtài）

动员 dòngyuán *v.* mobilize, arouse

【配】动员大家

【例】①学生们都被动员起来了。②你去动员他们，让他们也来参加比赛。

冻结 dòngjié *v.* freeze (wages, prices, etc.)

【配】冻结存款（cúnkuǎn; bank deposit）

【例】①他的银行存款被冻结了。②政府冻结了他的财产。

栋 dòng *m.* [used for housing]

【配】一栋楼

【例】①那栋房子太旧了。②这栋楼是教学楼。

洞穴 dòngxué *n.* cave, hole

【配】一个洞穴，很深的洞穴

【例】①这个洞穴的入口在哪？②我们在山下发现了一个很深的洞穴。

兜 dōu *n./v.* pocket; move around, wrap up and let hang in piece of cloth

【配】衣兜，裤兜，兜风

【例】①他从衣兜里掏出钱来。②今天天气不错，我开车带你兜风吧！③你口袋里兜着什么？

陡峭 dǒuqiào *adj.* steep

【配】陡峭的山路

【例】①因为这里山势陡峭，所以我们走得很慢。②我们要走一段陡峭的山路才能到达目的地。

斗争 dòuzhēng *v.* struggle, fight

【配】艰苦斗争，长期斗争

【例】①我们为了和平而斗争。②他们经过长期斗争，终于取得了胜利。

都市 dūshì *n.* metropolis, city

【配】热闹的都市，都市生活

【例】①上海是个热闹的都市。②有些人厌烦都市生活，渴望回归（huíguī; return）宁静的乡村。

督促 dūcù *v.* urge sb. to complete a task

【配】督促某人

【例】①老师督促我们赶紧写作业。②他督促我立即处理这件事。

毒品 dúpǐn *n.* drugs, poison, narcotics

【配】买卖毒品，走私毒品

【例】①买卖毒品是犯罪行为。②他因走私毒品而被逮捕。

独裁 dúcái *v.* exercise dictatorship (over)

【配】独裁者，独裁统治

【例】①人们反对独裁者。②这位国王实行独裁统治。

堵塞 dǔsè *v.* block, stop up

【配】管道（guǎndào; pipe）堵塞，交通堵塞

【例】①管道被泥土堵塞了。②这里交通堵塞的情况很严重。

赌博 dǔbó *v.* gamble

【配】禁止赌博，赌博活动

【例】①他喜欢赌博，这不是一件好事。②学生不可以参与赌博。

杜绝 dùjué *v.* put an end (to)

【配】杜绝腐败，杜绝赌博

【例】①我们要杜绝任何形式的腐败。②政府制定这条政策是为了杜绝盗窃行为。

端 duān *v./n.* hold sth. level with both hands, carry; end, extremity, beginning

【配】端水，开端

【例】①帮我端一杯水来，谢谢！②南极是地球的最南端。

端午节 Duānwǔjié *n.* Dragon Boat Festival
【例】①今天是端午节。②你知道端午节的起源吗？

端正 duānzhèng *adj./v.* regular, upright; rectify
【配】五官端正，品行端正，端正作风
【例】①他的字写得很端正。②请你端正态度！

短促 duǎncù *adj.* of very short duration, brief
【配】时间短促，呼吸短促
【例】①时间太短促了！②他呼吸短促，脸色苍白。

断定 duàndìng *v.* conclude, judge
【例】①我断定这件事是他做的。②他断定这不是一件简单的事情。

断断续续 duànduàn-xùxù *adj.* intermittent
【例】①他断断续续地看完这本书。②雨断断续续地下着。

断绝 duànjué *v.* break off
【配】断绝关系，断绝来往

【例】①这两个国家已经断绝了外交关系。②他与朋友断绝了来往。

堆积 duījī *v.* accumulate

【配】堆积起来，堆积如山

【例】①让我们把石头堆积起来！②这里的垃圾堆积如山。

队伍 duìwu *n.* troops

【配】专业队伍，带领队伍

【例】①我们的队伍继续前进。②学生们排成整齐的队伍向前走去。

对策 duìcè *n.* counter-measure for dealing with a situation

【配】适当的对策，研究对策

【例】①你想出适当的对策了吗？②我们正在研究这个问题的对策。

对称 duìchèn *adj.* symmetrical

【配】对称的布局

【例】①这件衣服的两边不对称。②只有对称的图形才好看。

对付 duìfu *v.* handle, deal with, make do

【配】对付某人，对付敌人

【例】①他这人很难对付。②生活虽然有困难，但他还可以对付。

对抗 duìkàng *v.* oppose, resist, confront
【配】对抗某人
【例】①这样对抗下去，对双方都不利。②我们应该共同对抗敌人。

对立 duìlì *v.* be antagonistic
【配】对立起来，对立统一
【例】①不要把学习和工作对立起来。②质量和数量既对立又统一。

对联 duìlián *n.* antithetical couplet
【配】写对联，贴对联
【例】①我们俩正在写对联呢！②春节的时候，家家户户都要贴对联。

对应 duìyìng *v.* match, correspond
【配】一一对应，相互对应
【例】①汉语里的"桌子"和英语里的"desk"对应吗？②这两种现象是相互对应的。

对照 duìzhào *v.* contrast
【配】对照例子，对照一下

【例】①你对照一下就会发现这两个词的差别。②请对照例子完成以下练习。

兑换 duìhuàn *v.* convert, exchange
【配】兑换美元，兑换现金
【例】①他把人民币兑换成美元。②这种货币不能自由兑换。

兑现 duìxiàn *v.* cash a check, fulfill
【配】兑现支票，兑现承诺
【例】①支票可以在这里兑现。②答应别人的事情就应该兑现。

顿时 dùnshí *adv.* at once, immediately
【例】①一听到这个消息，她顿时哭了。②那团白烟顿时消失了。

多元化 duōyuánhuà *v.* become pluralistic
【配】多元化社会
【例】①现在是多元化社会。②我国的文化是多元化的。

哆嗦 duōsuo *v.* tremble, shiver
【配】哆嗦一下，打哆嗦
【例】①天气寒冷，他直哆嗦。②她听到这个消息哆嗦了一下。

堕落 duòluò *v.* morally degenerate, sink into depravity

【配】思想堕落

【例】①他竟然堕落到了这个地步！②他再穷也不会堕落到去偷钱。

E

额外 éwài *adj.* extra

【配】额外收入

【例】①这是我的额外工作。②她这个月有很多额外收入。

恶心 ěxin *v.* feel nauseated, feel sick

【配】真恶心，让人恶心

【例】①你真让我恶心！②我恶心得想吐。

恶化 èhuà *v.* worsen

【配】关系恶化，病情恶化

【例】①两国关系进一步恶化。②他的病情开始恶化了。

遏制 èzhì *v.* check, contain

【配】遏制发展，遏制病情

【例】①这个地方的传染病总算得到了遏制。②他遏制不住自己的急切心情。

恩怨 ēnyuàn *n.* resentment, grudge

【配】个人恩怨，恩怨情仇

【例】①让我们忘记个人恩怨吧！②他俩的恩怨我怎么知道？

嗯 éng *int.* [expressing question]

【例】①"嗯，这是什么东西？"②嗯，你说什么？

而已 éryǐ *aux.* that's all, nothing more

【例】①我只是睡了一觉而已。②她只是开玩笑而已。

耳环 ěrhuán *n.* earring, earbob

【配】一对耳环，戴耳环

【例】①她的耳环很漂亮。②我买了一对银耳环。

二氧化碳 èryǎnghuàtàn *n.* carbon dioxide

【配】二氧化碳中毒，排放二氧化碳

【例】①这家工厂经常向空气中排放二氧化碳。②二氧化碳是一种有刺激性气味的无色气体。

F

发布 fābù *v.* release, issue

【配】发布会，发布消息

【例】①我们在等待新闻发布会的开始。②这是刚刚发布的消息。

发财 fācái *v.* get rich

【配】发大财

【例】①他好像突然就发财了。②恭喜 (gōngxǐ; congratulate) 发财!

发呆 fādāi *v.* be in a daze

【例】①他站在那里发呆。②别发呆了,快工作!

发动 fādòng *v.* start, launch, mobilize

【配】发动战争,发动汽车

【例】①这里的农民刚刚发动了一场暴乱 (bàoluàn; riot)。②那辆汽车发动不起来了。

发火 fāhuǒ *v.* ignite, get angry

【配】别发火

【例】①为了这件小事你不应该发火。②他没错,别对他发火。

发觉 fājué *v.* discover, detect, find

【配】发觉上当

【例】①他发觉自己上当受骗了。②我发觉这件事情没那么简单。

发射 fāshè *v.* launch, shoot, fire

【配】发射卫星，发射导弹

【例】①中国发射了一颗人造卫星。②导弹发射升空了。

发誓 fāshì *v.* vow, pledge, swear

【配】对天发誓

【例】①他对天发誓，一定要专心准备考试。②叔叔发誓要戒烟。

发行 fāxíng *v.* issue, publish

【配】发行货币，出版发行

【例】①国家计划发行新货币。②这本书将于下个月出版发行。

发炎 fāyán *v.* get inflamed

【配】伤口发炎，嗓子发炎

【例】①小心伤口发炎。②他的嗓子发炎了。

发扬 fāyáng *v.* make full use of, develop

【配】发扬光大，发扬精神

【例】①我们应该把优秀的文化传统发扬光大。②我们要发扬艰苦奋斗的精神。

发育 fāyù *v.* develop, grow

【配】发育成熟，生长发育

【例】①这本书对儿童的智力发育有帮助。②他已经到了生长发育的年龄。

法人 fǎrén *n.* legal entity/body

【配】企业法人

【例】①他是这家公司的法人。②他被选举为法人代表。

番 fān *m.* [for actions, deeds, etc.]

【配】一番

【例】①他上下打量了我一番。②他误会了，你得给他解释一番。

繁华 fánhuá *adj.* prosperous, bustling

【配】繁华的都市，十分繁华

【例】①香港是一个很繁华的城市。②北京的前门十分繁华。

【反】偏僻

繁忙 fánmáng *adj.* busy, bustling

【配】繁忙的工作，特别繁忙

【例】①他的工作一直很繁忙。②我不喜欢繁忙的生活。

繁体字 fántǐzì *n.* traditional Chinese characters

【配】写繁体字

【例】①我们正在学习写繁体字。②这个字是繁体字。
【反】简体字 (jiǎntǐzì)

繁殖 fánzhí *v.* propagate, reproduce, breed
【配】人工繁殖，生物繁殖
【例】①炎热的天气使牛奶中的细菌迅速繁殖。②植物在这种情况下不能繁殖。

反驳 fǎnbó *v.* retort, refute
【配】反驳某人
【例】①你敢反驳我？②不少人反驳他的理论。

反常 fǎncháng *adv.* unusual, abnormal
【配】反常的举动
【例】①你怎么了？怎么有些反常？②真奇怪，学校里竟然出现了这种反常现象。
【反】正常

反倒 fǎndào *adv.* on the contrary, instead
【例】①出了这么大的事，你反倒不奇怪。②我还没批评你呢，你反倒指责我了！

反动 fǎndòng *adj./n.* reactionary; reaction
【配】反动思想，反动言论

【例】①他经常发表反动言论。②暴政（bàozhèng; tyranny）是对自由的反动。

反感 fǎngǎn *v./n.* (strongly) dislike; antipathy

【配】感到反感，引起反感

【例】①我对这一行为感到反感。②他不礼貌的行为举止引起了大家的反感。

反抗 fǎnkàng *v.* revolt, resist

【配】反抗统治，奋起反抗

【例】①人民纷纷反抗国王的残暴 (cánbào; cruel) 统治。②敌人已经无力反抗了。

【同】抵抗

【反】投降

反馈 fǎnkuì *v.* feed back

【配】反馈信息

【例】①我们希望顾客能反馈一些有用的信息。②你如果有意见，请及时反馈给我们。

反面 fǎnmiàn *n.* reverse side of sth., opposite side of a topic

【配】事情的反面，反面教材

【例】①镜子的反面是什么？②在这件事中，他起了反面作用。

反射 fǎnshè *v.* reflect

【配】条件反射，光的反射

【例】①月亮靠反射发光。②光是从镜子那边反射过来的。

反思 fǎnsī *v.* think back to sth. that happened, recollect

【配】反思历史，反思过去

【例】①他正在反思刚才的行为。②你真该好好反思反思！

反问 fǎnwèn *v.* ask back, ask (a question) in reply

【配】反问句

【例】①他不回答这个问题，却反问我。②我反问了一句，她没说话。

反之 fǎnzhī *conj.* on the other hand …, conversely …

【配】反之亦然（fǎnzhīyìrán; and vice versa）

【例】①我认为勤劳是优点，反之，懒惰就是缺点。②虚心使人进步，反之，骄傲会导致失败。

泛滥 fànlàn *v.* flood, (of bad ideas or unhealthy tendencies) spread unchecked

【配】洪水泛滥

【例】①这个村庄在洪水泛滥时被淹没了。②市场上

<u>盗版</u>（dàobǎn; copyright piracy）光盘泛滥。

范畴 fànchóu *n.* category
【配】基本范畴，工作范畴
【例】①这件事属于他的工作范畴。②这两件事不属于同一范畴。

贩卖 fànmài *v.* peddle, sell
【配】贩卖货物，贩卖毒品
【例】①法律禁止贩卖毒品。②他因非法贩卖枪支（qiāngzhī; gun）被捕。

方位 fāngwèi *n.* direction, position, orientation
【配】判断方位，方位词
【例】①我们在雾天很难确定自己的方位。②他在地图上找到了自己的方位。

方言 fāngyán *n.* dialect
【配】讲方言，方言区
【例】①他们讲的是方言。②我听不懂这个地区的方言。

方针 fāngzhēn *n.* policy, guideline
【配】路线方针，方针政策，制定方针
【例】①现阶段的方针政策在一段时期内不会改变。②目前的教育方针是什么？

防守 fángshǒu *v.* defend, protect (against)
【配】防守球门
【例】①他负责防守球门。②战士们防守边关 (biān-guān; frontier pass)。

防疫 fángyì *v.* prevent epidemics
【配】防疫工作，卫生防疫
【例】①政府制定了卫生防疫措施。②医院给学生打防疫针。

防御 fángyù *v.* defend
【配】防御工程
【例】①军队由防御转向进攻。②他们在修建防御工事。
【反】进攻

防止 fángzhǐ *v.* prevent, guard against
【配】防止传染，防止混乱
【例】①政府采取这项措施是为了防止犯罪行为。②我们要努力防止事故的发生。

防治 fángzhì *v.* provide prevention and cure
【配】防治疾病，防治污染
【例】①药品是防治疾病的有力武器。②环境污染该怎样防治？

纺织 fǎngzhī *v.* spin and weave

【配】纺织厂，纺织业

【例】①她在纺织厂上班。②这个国家的纺织业很发达。

放大 fàngdà *v.* enlarge

【配】放大照片，放大音量（yīnliàng; volume）

【例】①这张照片被放大了。②这台显微镜（xiǎnwēi-jìng; microscope）将物体放大了 100 倍。

【扩】放大镜（fàngdàjìng; magnifying glass）

放射 fàngshè *v.* radiate

【配】放射光芒，放射治疗

【例】①宝石（bǎoshí; precious stone）放射出耀眼的光芒。②医生对病人进行放射治疗。

放手 fàngshǒu *v.* release one's control, have a free hand, let go one's hold

【配】放手一搏

【例】①事到如今，只能放手一搏。②他对你没有感情，放手吧！

飞禽走兽 fēiqín-zǒushòu birds and beasts

【例】①动物园里，飞禽走兽，什么动物都有。②这里植物多，飞禽走兽也多。

飞翔 fēixiáng *v.* fly

【配】展翅飞翔

【例】①一群天鹅 (tiān'é; swan) 在湖面上飞翔。
②鸟儿在天空飞翔。

飞跃 fēiyuè *v.* leap, jump

【配】飞跃黄河

【例】①他曾经驾驶摩托车飞跃黄河。②这是认识过程中的一次飞跃。

非法 fēifǎ *adj.* illegal

【配】非法经营，非法占有

【例】①法律打击非法经营活动。②你这么做是非法的。

肥沃 féiwò *adj.* fertile

【配】肥沃的土壤，土地肥沃

【例】①我们生活在这片肥沃的土地上。②这里土壤肥沃，适宜播种。

匪徒 fěitú *n.* gangster, bandit

【配】逮捕匪徒，一群匪徒

【例】①这群匪徒已经被消灭了。②我们与匪徒展开了激烈的斗争。

【同】歹徒

诽谤 fěibàng *v.* slander, defame, speak evil of
【配】诽谤某人，诽谤罪
【例】①诽谤他人是违法的。②这是诽谤，请你不要相信。

废除 fèichú *v.* repeal, abolish, abrogate
【配】废除法律，废除条约
【例】①这项法律被废除了。②政府废除了不平等条约。

废墟 fèixū *n.* ruins
【配】一片废墟，变成废墟
【例】①这栋房子被烧成了一片废墟。②他从废墟中走了出来。

沸腾 fèiténg *v.* boil over, seethe with excitement
【配】水沸腾
【例】①锅里的水沸腾了。②听说要放假，整个教室顿时沸腾了。

分辨 fēnbiàn *v.* distinguish, differentiate
【配】分辨真假，分辨是非
【例】①天黑了，我们难以分辨方向。②我们应该具备分辨是非的能力。

分寸 fēncun *n.* sense of proportion

【配】把握分寸，注意分寸

【例】①做事情请把握好分寸。②说话要注意分寸。

分红 fēnhóng *v.* distribute bonus

【配】年底分红

【例】①这项工作会年底分红吗？②这家公司按股份分红。

分解 fēnjiě *v.* break down, resolve

【配】分解动作，化学分解

【例】①我们把公式分解一下。②糖和淀粉（diànfěn; starch）在消化时被分解。

分裂 fēnliè *v.* split, divide

【配】分裂国家

【例】①犯罪分子企图分裂国家，破坏稳定。②一个细胞分裂成了两个。

分泌 fēnmì *v.* secrete

【配】分泌唾液（tuòyè; saliva）

【例】①眼泪是由眼部器官分泌出来的。②奶牛在听音乐时可以分泌更多乳汁。

分明 fēnmíng *adj./adv.* clear; clearly
【例】①这个团队责任分明，效率很高。②这件事分明是你负责，怎么又换成我了？

分歧 fēnqí *n./adj.* difference (of opinion, position); different, divergent
【配】消除分歧，有分歧
【例】①我们之间应该消除分歧。②他们在这件事上意见分歧。

分散 fēnsàn *v./adj.* divert, distribute; scattered
【配】分散注意力，住得分散
【例】①他们负责分散敌人的注意力。②村子里的人们住得很分散。

分手 fēnshǒu *v.* split up, part
【例】①分手时，她没有哭。②我们在汽车站分手了。

吩咐 fēnfù *v.* tell, instruct, command
【配】吩咐某人，按照吩咐
【例】①他吩咐我们不要说话。②请你按照吩咐去做。

坟墓 fénmù *n.* grave, tomb
【配】一座坟墓，挖坟墓

【例】①这是一座古代公主的坟墓。②这座坟墓里埋藏着一位战士。

粉末 fěnmò *n.* powder
【配】金属粉末，粉末污染
【例】①这些白色粉末是什么？②我倒了点热水让粉末溶解。

粉色 fěnsè *n.* pink
【配】粉色的衣服，粉色的杯子
【例】①粉色和蓝色搭配起来很好看。②这双鞋子是粉色的。

粉碎 fěnsuì *adj./v.* turn/fall into pieces; smash, shatter
【配】摔得粉碎，粉碎阴谋
【例】①这个瓶子被摔得粉碎。②我们彻底粉碎了敌人的阴谋。

分量 fènliàng *n.* weight
【配】分量很足，有分量
【例】①这些肉分量很足。②他的话对我们来说很有分量。

丰满 fēngmǎn *adj.* abundant, well-developed, plump
【配】身材丰满，羽翼（yǔyì; wing）丰满

【例】①她的身材很丰满。②小鸟的羽翼逐渐丰满了。

丰盛 fēngshèng *adj.* sumptuous, rich

【配】丰盛的午餐

【例】①这顿饭很丰盛。②主人准备了一桌丰盛的宴席（yànxí; banquet）。

丰收 fēngshōu *v.* have a bumper harvest

【配】粮食丰收，丰收的果实

【例】①今年我们的粮食丰收了。②农民们正在庆祝丰收。

风暴 fēngbào *n.* storm

【配】一场风暴，大风暴

【例】①风暴终于在夜里停了下来。②船在风暴中颠簸。

风度 fēngdù *n.* bearing, mien

【配】风度翩翩（piānpiān; elegant），有风度

【例】①他风度翩翩，很受欢迎。②他有学者风度。

风光 fēngguāng *n.* scenery, view

【配】风光无限，美丽的风光

【例】①乡村的风光真美。②这里的草原风光很独特。

风气 fēngqì *n.* general mood, atmosphere, common practice

【配】学习风气，社会风气

【例】①我们应该形成良好的学习风气。②勤俭节约的社会风气已经形成。

风趣 fēngqù *adj./n.* witty, humorous; wit

【配】很风趣，风趣的话语

【例】①他是个很风趣的人。②她的演讲不够风趣。

【同】幽默

风土人情 fēngtǔ-rénqíng local conditions and customs

【例】①他很想了解乡村的风土人情。②这次旅行我们见识了各地不同的风土人情。

风味 fēngwèi *n.* special flavor

【配】北京风味，四川风味

【例】①这道菜是意大利风味的。②我喜欢具有老北京风味的炸酱面（zhájiàngmiàn; noodles with soybean paste）。

封闭 fēngbì *v.* close, seal off

【配】封闭机场

【例】①他把自己封闭起来。②政府下令立即封闭机场。

【反】开放

封建 fēngjiàn *n./adj.* feudalism; feudal

【配】反对封建，封建社会

【例】①中国古代是封建社会。②他的思想太封建了。

封锁 fēngsuǒ *v.* blockade, seal off

【配】封锁消息，封锁边境

【例】①报社迅速封锁了消息。②警察封锁了这条路。

锋利 fēnglì *adj.* sharp, keen

【配】锋利的刀子，目光锋利

【例】①这是一把锋利的刀。②猫有锋利的爪子。

逢 féng *v.* meet, come upon

【配】逢人，重逢，逢年

【例】①他逢人就说他的故事。②她每逢新年都会买新衣服。

奉献 fèngxiàn *v.* devote, dedicate

【配】奉献生命，无私奉献

【例】①他为祖国和平奉献了自己的生命。②我奶奶是一个无私奉献的人。

否决 fǒujué *v.* veto

【配】否决权，否决提议

【例】①会议代表有否决权。②这项提议被她否决了。

夫妇 fūfù *n.* husband and wife, a (married) couple
【配】一对夫妇，夫妇俩
【例】①他们是一对夫妇。②夫妇俩在河边散步。
【同】夫妻（fūqī）

夫人 fūrén *n.* wife, Madame
【配】总统夫人
【例】①这位是总统夫人。②夫人，请这边走。

敷衍 fūyǎn *v.* act in a perfunctory manner, make do with
【配】敷衍某人，敷衍几日
【例】①他随便敷衍了几句便走开了。②剩下的粮食还能敷衍几日。

服气 fúqì *v.* feel convinced
【配】不服气
【例】①他这样做你服不服气？②在事实面前，你不服气不行。

俘虏 fúlǔ *v./n.* capture; captive
【配】战争俘虏，交换俘虏
【例】①我军俘虏了五名敌军战士。②两国打算交换俘虏。

符号 fúhào *n.* mark, sign, symbol

【配】标点符号，一个符号

【例】①这个符号代表什么意思？②他在背诵化学元素符号。

幅度 fúdù *n.* width, extent

【配】大幅度，动作幅度

【例】①国家经济大幅度增长。②该产品价格上涨的幅度不大。

辐射 fúshè *v./n.* radiate; radiation

【配】有辐射，防辐射

【例】①这个工厂的工人受到了大量辐射。②这个面具可以防辐射。

福利 fúlì *n.* welfare, well-being

【配】社会福利，福利院

【例】①这份工作的福利很好。②他们不关心社会福利问题。

福气 fúqi *n.* good luck, good fortune

【配】有福气

【例】①有这样优秀的朋友是你的福气。②她相信自己是一个有福气的人。

抚养 fǔyǎng *v.* foster, bring up, raise

【配】抚养后代，抚养权，抚养费

【例】①你有责任抚养这个孩子。②他是由奶奶抚养长大的。

俯仰 fǔyǎng *v.* bend or lift one's head

【配】俯仰之间，俯仰自得

【例】①在小船上请勿前后俯仰。②他坐在草地上，俯仰自得。

辅助 fǔzhù *v./adj.* assist, aid; auxiliary

【配】辅助某人，辅助材料

【例】①他辅助我完成了任务。②这个辅助疗法（liáofǎ; treatment）很有效。

腐败 fǔbài *adj./v.* corrupt, rotten; decompose

【配】贪污腐败，食物腐败

【例】①他因为腐败行为被逮捕了。②这些食物已经腐败了。

腐烂 fǔlàn *v.* decompose, decay

【配】食品腐烂，生活腐烂

【例】①苹果已经腐烂了。②伤口周围开始腐烂。

腐蚀 fǔshí *v.* corrode, corrupt

【配】腐蚀性，腐蚀作用

【例】①酸是有腐蚀性的。②社会上的不良风气腐蚀了他的心灵。

腐朽 fǔxiǔ *adj./v.* corrupt, decadent; rot, decay

【配】腐朽的社会，腐朽没落（mòluò; decline）

【例】①封建社会日趋（rìqū; gradually）腐朽没落。②被砍倒的树林很快就腐朽了。

负担 fùdān *n./v.* burden; bear (a burden)

【配】沉重的负担，负担责任

【例】①政府减轻了农民的负担。②他负担了全家人的生活费用。

附和 fùhè *v.* echo, chime in with

【配】随声附和

【例】①他只会随声附和，没有自己的观点。②我不想去附和他们的意见。

附件 fùjiàn *n.* enclosure, attachment

【配】文件的附件

【例】①他们签订了协议与附件。②你把汽车的附件拿过来。

附属 fùshǔ *v./adj.* be affiliated to; auxiliary, subsidiary
【配】附属中学，附属品
【例】①这所中学是附属于师范大学的。②这是一条附属条约。

复活 fùhuó *v.* come back to life, resurrect
【配】复活节
【例】①白雪公主（Báixuě gōngzhǔ; Snow White）复活了。②新技术使这家快要倒闭的企业得以复活。

复兴 fùxīng *v.* revive
【配】复兴国家，文艺复兴
【例】①民族复兴要靠我们年轻的一代。②这一措施使我们的传统文化得以复兴。

副 fù *adj./n./m.* assistant, deputy; assistant post; [measure word for a pair]
【配】副经理，大副，一副手套
【例】①他是我们队的副队长。②他是这艘轮船的大副。③他写了一副对联。

副作用 fùzuòyòng *n.* side effect
【配】（没）有副作用
【例】①这种药没有副作用。②这种物质没有辐射，对人体不会产生副作用。

赋予 fùyǔ *v.* endow, grant

【配】赋予权利

【例】①这是时代赋予我们的重任。②公司赋予了我特殊的权利。

富裕 fùyù *adj.* prosperous, rich

【配】生活富裕

【例】①这个国家很富裕。②他过着富裕的生活。

【反】贫困，贫穷（pínqióng）

腹泻 fùxiè *v.* have diarrhoea

【例】①他昨天腹泻了。②他刚到机场就开始腹泻。

覆盖 fùgài *v./n.* cover; plant cover

【配】覆盖地面，覆盖全国

【例】①庄稼（zhuāngjia; crops）被厚厚的白雪覆盖了。②没有覆盖，土壤容易流失。

G

改良 gǎiliáng *v.* improve

【配】改良品种，改良技术

【例】①这种土壤需要改良。②自从改良技术后，该产品的性能得到进一步提升。

盖章 gàizhāng *v.* affix a seal (to)

【配】盖个章，在文件上盖章

【例】①请您在文件上盖个章。②这份合同需要盖章才生效。

干旱 gānhàn *adj.* droughty, arid, dry

【配】天气干旱，干旱季节

【例】①这种蔬菜是抗干旱的。②干旱地区的水资源很宝贵。

干扰 gānrǎo *v.* obstruct, interfere

【配】干扰某人，干扰信号

【例】①他正在学习，不要去干扰他。②这里的信号受到了干扰。

干涉 gānshè *v.* interfere

【配】干涉某事

【例】①家长常常干涉子女恋爱。②请你不要干涉别人的事情。

干预 gānyù *v.* intervene, meddle

【配】干预政治，干预某事

【例】①请你不要干预别国政治。②你认为警察应该干预这件事吗？

甘心 gānxīn *v.* be willing, be content with
【配】不甘心
【例】①我甘心做平凡的工作。②他不达目的决不甘心。

尴尬 gāngà *adj.* awkward, embarrassed
【配】非常尴尬，感到尴尬
【例】①我现在的处境非常尴尬。②谎话 (huǎnghuà; lie) 被识破 (shípò; see through) 了，他感到非常尴尬。

感慨 gǎnkǎi *v.* sigh with emotion
【配】感慨万千，发出感慨
【例】①同学聚会上他感慨道："好怀念从前啊！"②故宫的雄伟让我们不禁感慨万千。

感染 gǎnrǎn *v.* affect, infect
【配】感染疾病，感染细菌
【例】①在夏天，伤口容易感染细菌。②他的热情感染了我们。

干劲 gànjìn *n.* enthusiasm, vigor
【配】有干劲，干劲十足

【例】①工人们很有干劲。②他很聪明，但缺少干劲。

纲领 gānglǐng *n.* (of a party, organization, etc.) programme, guiding principle
【配】革命纲领，党的纲领
【例】①这是这次行动的纲领。②人们不太赞成那个政党的政治纲领。

岗位 gǎngwèi *n.* post, job
【配】工作岗位，领导岗位
【例】①他在这个工作岗位上工作了三十年。②请不要随便离开岗位。

港口 gǎngkǒu *n.* port, harbour
【配】港口城市，一个港口
【例】①香港是一个港口城市。②那艘船正在寻找港口。

港湾 gǎngwān *n.* bay, harbour
【配】一个港湾，优良港湾
【例】①港湾里停靠着很多船。②阅读为心灵提供港湾。

杠杆 gànggǎn *n.* lever
【配】杠杆原理，杠杆作用
【例】①你会使用杠杆吗？②他把筷子当杠杆用。

高超 gāochāo *adj.* excellent, super

【配】技术高超，高超的本领

【例】①演员的表演很高超。②他有着高超的游泳技能。

高潮 gāocháo *n.* high tide, (of a drama, story, film, etc.) climax

【配】创作高潮，高潮期

【例】①表演进入了高潮阶段。②宴会正处于高潮。

高峰 gāofēng *n.* summit, peak, height

【配】科学高峰，交通高峰

【例】①登山队准备攀登世界第一高峰。②现在是交通高峰，咱们暂时别出门了。

高考 gāokǎo *n.* college entrance examination

【配】高考题，高考试卷，通过高考

【例】①他高考没考好。②一年一度的高考又要开始了。

高明 gāomíng *adj./n.* smart, wise, brilliant; brilliant person

【配】高明的方法，另请高明

【例】①他的手段很高明。②这件事我解决不了，还麻烦您另请高明。

高尚 gāoshàng *adj.* noble, lofty

【配】高尚的品德，高尚的人

【例】①他品德高尚。②高尚的人是我们学习的榜样。

高涨 gāozhǎng *v.* upsurge, run high

【配】情绪高涨，热情高涨

【例】①物价高涨，使他的生活越来越困难。②人们对这项运动的兴趣持续高涨。

稿件 gǎojiàn *n.* manuscript, contribution

【配】阅读稿件，修改稿件

【例】①他已经把这些稿件寄出去了。②我偶尔写一些新闻稿件。

告辞 gàocí *v.* say goodbye to, bid farewell to

【配】起身告辞

【例】①我正要起身告辞，他进来了。②我们谈了很长时间他才告辞。

告诫 gàojiè *v.* warn, admonish

【配】告诫某人

【例】①老师告诫我们不要懒惰。②父亲告诫孩子要认真学习。

疙瘩 gēda *n.* lump, swelling on skin, pimple

【配】鸡皮疙瘩，小疙瘩

【例】①他被蚊子咬了一个疙瘩。②地上有几个土疙瘩。

搁 gē *v.* place, add, put aside

【配】搁置，搁放

【例】①我把花瓶搁在窗台上了。②他在饺子馅儿里多搁了点儿肉。

割 gē *v.* cut, separate

【配】割草，割裂

【例】①他正在田里割稻子。②碎玻璃割伤了他的手。

歌颂 gēsòng *v.* sing the praise (of), extol, eulogize

【配】歌颂祖国

【例】①他作诗歌颂祖国。②她喜欢看歌颂爱情的文章。

格局 géjú *n.* structure, pattern

【配】房子的格局

【例】①这间房子的格局很不合理。②政府打算设计新的工业格局。

格式 géshì *n.* format, pattern, (standard) form

【配】写作格式，书写格式

【例】①你的文章格式不对。②论文有固定的写作格式。

隔阂 géhé *n.* estrangement

【配】产生隔阂，有隔阂

【例】①多年没见面，他们之间有了很深的隔阂。②我认为两代人之间不应该有隔阂。

隔离 gélí *v.* separate, isolate

【配】隔离审查

【例】①这个病人接受了隔离治疗。②这类罪犯应该隔离审查。

个体 gètǐ *n.* individual

【配】学生个体，个体买卖

【例】①个体离不开群体。②他经营的是个体买卖。

各抒己见 gèshūjǐjiàn each stands his ground

【例】①同学们各抒己见，教室里一下子变得很热闹。②请大家各抒己见。

根深蒂固 gēnshēn-dìgù be deeply rooted, have vigorous root

【例】①这种思想根深蒂固。②不少人在社会地位问题上存在着根深蒂固的偏见。

根源 gēnyuán *n.* root, origin

【配】事情的根源

【例】①这次火灾的根源是什么？②不开心是他生病的根源。

跟前 gēnqián *n.* area/place in front of sb./sth.

【配】走到跟前

【例】①我走到他跟前向他问好。②大楼跟前停着一辆车。

跟随 gēnsuí *v.* follow, come after

【配】跟随某人

【例】①我跟随队伍走了很长时间。②男孩跟随他父亲出去了。

跟踪 gēnzōng *v.* follow the tracks of, tail, shadow

【配】跟踪某人，跟踪报道，跟踪监视

【例】①他偷偷地跟踪我们。②这件事我们将跟踪调查。

更新 gēngxīn *v.* update, replace, renew

【配】更新观念，更新设备，更新换代

【例】①我们必须不断更新观念。②你的电脑该更新了。

更正 gēngzhèng *v.* correct
【配】更正错误，更正缺点
【例】①文章中有一处错误，你来更正一下。②我要更正刚才的说法。

耕地 gēngdì *n./v.* arable land; plough
【配】占用（zhànyòng; occupy and use）耕地，耕地播种
【例】①随意占用耕地是一种违反法律的行为。②他们正在辛勤耕地。

工夫 gōngfu *n.* (a period of) time, work, effort
【配】一会儿工夫，白费工夫
【例】①他刚出去一会儿工夫。②我忙得没工夫吃饭。

工艺品 gōngyìpǐn *n.* handicraft (article), handiwork
【配】制作工艺品，精美（jīngměi; exquisite）的工艺品
【例】①他从天津带回了几件工艺品。②这个地方因出产精美的工艺品而闻名。

公安局 gōng'ānjú *n.* public security bureau

【配】当地公安局

【例】①他在公安局工作。②她下午要去当地公安局办事。

公道 gōngdao *adj.* fair, reasonable

【配】办事公道

【例】①我认为这个价格非常公道。②说句公道话，我们应该祝贺他。

公告 gōnggào *n./v.* public notice; announce

【配】政府公告，特此公告

【例】①他在黑板上贴了一张公告。②会议时间改在明天下午三点，特此公告。

公关 gōngguān *n.* public relations

【配】公关人员，公关意识

【例】①他是公司里的公关人员。②作为一名销售员，他很有公关意识。

公民 gōngmín *n.* citizen

【配】公民权利，我国公民

【例】①他是中国公民。②爱护环境是我们每一位公民的义务。

公婆 gōngpó *n.* (of a woman) parents-in-law

【配】见公婆

【例】①这对老人是她的公婆。②丑媳妇是迟早要见公婆的。

公然 gōngrán *adv.* openly, undisguisedly

【配】公然反对，公然侵犯

【例】①他竟然公然说谎。②他公然骂你，你就不生气？

公认 gōngrèn *v.* generally acknowledge, well establish

【配】世界公认

【例】①他的成就得到了世界公认。②吸烟有害健康，这是大家公认的。

公式 gōngshì *n.* formula

【配】数学公式，化学公式

【例】①这个公式你用错了。②这些数学公式我全忘了。

公务 gōngwù *n.* official business

【配】公务繁忙，执行公务

【例】①他最近一直在忙公务。②我们应该在日常公务中建立一些制度。

公正 gōngzhèng *adj.* just, fair, impartial
【配】公正无私
【例】①他为人公正。②你要相信法律是公正的。

公证 gōngzhèng *v.* notarize
【配】财产公证，公证人
【例】①这份合同已经经过公证了。②他在公证处工作。

功课 gōngkè *n.* homework, school course
【配】做功课
【例】①你赶紧把功课做完吧。②你要认真学习每门功课。

功劳 gōngláo *n.* contribution, credit
【配】他的功劳，有功劳
【例】①这次成功也有他的功劳。②这个发明是我的功劳。

功效 gōngxiào *n.* efficacy
【配】功效显著，有功效
【例】①这种药品的功效显著。②我们正在想办法提高功效。

攻击 gōngjī *v.* attack, charge

【配】发起攻击，攻击敌人

【例】①你不要无端攻击他人。②敌人向我军发起了猛烈攻击。

攻克 gōngkè *v.* capture, take

【配】攻克城堡，攻克难题

【例】①这个村庄被敌军攻克了。②我们要努力攻克科学难题。

供不应求 gōngbúyìngqiú supply falls short of demand

【例】①本月商品供不应求。②一到雨天，小店的雨伞便开始供不应求了。

供给 gōngjǐ *v.* furnish, provide, supply

【配】保障供给，供给不足

【例】①他上学的费用都是叔叔供给的。②公司提供充足的粮食供给。

宫殿 gōngdiàn *n.* palace

【配】参观宫殿，修建宫殿

【例】①这是国王的宫殿。②许多游客前来参观宫殿。

恭敬 gōngjìng *adj.* respectful

【配】恭敬地握手

【例】①"请坐！"他恭敬地说。②我们恭敬地站在老师旁边。

巩固 gǒnggù *v./adj.* consolidate; consolidated
【配】巩固基础，政权巩固
【例】①我们的关系得到进一步巩固。②这个国家政权巩固。

共和国 gònghéguó *n.* republic
【配】民主共和国，共和国事业
【例】①我是中华人民共和国公民。②有 15 个共和国参加了这个政治联盟。

共计 gòngjì *v.* add up to, total
【例】①这些钱加起来共计 30 元。②参加这次活动的共计 20 人。

共鸣 gòngmíng *v./n.* resonance; sympathetic response
【配】物体共鸣，引起共鸣
【例】①这种现象是由物体共鸣引起的。②这篇文章引起了读者的共鸣。

勾结 gōujié *v.* collude with, collaborate with, gang up with
【配】暗中勾结，勾结敌人

【例】①他俩勾结起来做坏事。②我不知道他们早已经暗中勾结。

钩子 gōuzi *n.* hook
【配】铁钩子，锋利的钩子
【例】①你用钩子把它固定住。②他把衣服挂在钩子上。

构思 gòusī *v./n.* conceive; conception
【配】构思文章，巧妙的构思
【例】①这幅画他构思了很长时间。②巧妙的构思是这部小说最吸引人的地方。

孤独 gūdú *adj.* lonely, solitary
【配】很孤独，孤独的人
【例】①他感到很孤独。②老人过着孤独的生活。

孤立 gūlì *adj/v.* isolated; isolate
【配】孤立存在，孤立敌人
【例】①任何事物都不可能孤立地存在。②他想孤立我们。

姑且 gūqiě *adv.* tentatively
【配】姑且不说，姑且一试

【例】①这一点咱们姑且不说。②你姑且试一试吧。

辜负 gūfù *v.* let down, fail to live up to, disappoint
【配】辜负期望
【例】①你不要辜负了他的一番好意。②我们不能辜负父母对我们的期望。

古董 gǔdǒng *n.* curio, antique
【配】收集古董，古董商人
【例】①附近有家卖古董的商店。②那件古董的价值无法估量（gūliáng; estimate）。

古怪 gǔguài *adj.* odd, queer, eccentric
【配】古怪的人，性情古怪
【例】①他爷爷的脾气很古怪。②这件事太古怪了。

股东 gǔdōng *n.* stockholder
【配】公司的股东，股东会议
【例】①他是这家公司的股东。②股东们对公司的经营很满意。

股份 gǔfèn *n.* stock, share
【配】股份制
【例】①她在那家公司持有40%的股份。②这家公司实行股份制。

骨干 gǔgàn *n.* diaphysis, backbone
【配】技术骨干，骨干教师
【例】①他是这家公司的技术骨干。②制定这个计划是为了培养骨干教师。

鼓动 gǔdòng *v.* instigate, agitate, arouse
【配】鼓动大家，受到鼓动
【例】①这些坏事是谁鼓动你干的？②他们想鼓动更多的人参加战争。

固然 gùrán *conj.* admittedly, no doubt
【例】①这样做固然好，可你想过他的感受吗？②远固然远些，不过那里交通很方便。

固有 gùyǒu *adj.* intrinsic, inherent
【例】①我们要根除企业固有的弊端。②这项制度里固有的矛盾开始显露了。

固执 gùzhí *adj./v.* stubborn, obstinate; stick to
【配】很固执，固执己见
【例】①他固执地认为自己是对的。②他固执己见，听不进别人的意见。
【同】顽固

故乡 gùxiāng *n.* homeland, native place
【配】他的故乡，美丽的故乡
【例】①我很怀念我的故乡。②他为了工作离开了故乡。

故障 gùzhàng *n.* failure, trouble
【配】出现故障，维修故障
【例】①汽车出了故障。②机器故障并没有引起大家的注意。

顾虑 gùlù *n./v.* misgiving, worry; have worries
【配】有所顾虑，思想顾虑
【例】①这件事成了他的顾虑。②你不要顾虑自己干得不好。

顾问 gùwèn *n.* consultant, adviser
【配】法律顾问，公司顾问
【例】①他是我们请来的法律顾问。②我在一家公司当顾问。

拐杖 guǎizhàng *n.* crutch
【配】拄着拐杖，一根拐杖
【例】①他拄着拐杖走路。②这根棍子成了他的拐杖。

关照 guānzhào *v.* look after, notify, inform
【配】相互关照，关照大家
【例】①朋友之间应该相互关照。②你关照小刘一声，让他明天早点儿来。

观光 guānguāng *v.* tour, go sightseeing
【配】旅游观光，观光客
【例】①欢迎外国朋友到中国来旅游观光。②近几年来，去台湾旅游的观光客越来越多了。

官方 guānfāng *n.* government
【配】官方数字，官方报纸
【例】①他与官方报纸取得了联系。②这只是官方的说法。

管辖 guǎnxiá *v.* administer, have jurisdiction over
【配】管辖领域，管辖范围
【例】①这是交通部门的管辖领域。②这块领土在中国的管辖范围之内。

贯彻 guànchè *v.* carry out, implement, put into operation
【配】贯彻执行，贯彻精神
【例】①这个政策我们要贯彻到底。②怎样贯彻这个方案？

惯例 guànlì *n.* convention

【配】按照惯例，国际惯例

【例】①按照惯例，他一吃完饭就马上睡觉了。②这是大家都遵循的国际惯例。

灌溉 guàngài *v.* irrigate

【配】灌溉农田，灌溉面积

【例】①农民正在灌溉农田。②他们用水灌溉土地。

罐 guàn *n.* jar, pot, can

【配】罐子，玻璃罐

【例】①他把珍珠放在罐子里。②你去拿个罐子来盛水。

光彩 guāngcǎi *adj./n.* radiant, honorable; radiance

【配】很光彩，光彩照人

【例】①这种做法不太光彩。②今天的玛丽光彩照人。

光辉 guānghuī *n./adj.* radiance; glorious

【配】太阳的光辉，光辉的榜样

【例】①太阳的光辉照耀着我们。②他为大家树立了一个光辉的榜样。

光芒 guāngmáng *n.* rays of light

【配】太阳的光芒，万丈光芒

【例】①钻石发出耀眼的光芒。②太阳光芒四射。

广阔 guǎngkuò *adj.* wide, vast

【配】广阔的天空，广阔的大地

【例】①这是片广阔的田野。②太阳照耀着广阔的大地。

【同】辽阔，开阔

归根到底 guīgēn-dàodǐ in the final analysis, in essence

【例】①这件事归根到底是他的错。②归根到底，你还是来了。

归还 guīhuán *v.* return, revert

【配】归还失主，归还物品

【例】①捡到的东西应该归还失主。②他肯定不会把钱归还给咱们的。

归纳 guīnà *v./n.* sum up; induction

【配】归纳重点，归纳法

【例】①你把大家的意见归纳起来。②这段话是对文章主题思想的归纳。

规范 guīfàn *n./adj./v.* standard; normal; standardize

【配】语法规范，规范汉字，规范市场

【例】①请您自觉遵守行为规范。②这个词的用法不太规范。③规范市场秩序是我们的当务之急。

规划 guīhuà v./n. make out a plan; programme, plan

【配】规划生活，发展规划

【例】①你应该好好规划一下将来的生活。②我们应该开会研究一下市场发展规划。

规章 guīzhāng n. regulation, rule

【配】规章制度，管理规章

【例】①咱们先阅读相关的规章制度吧！②新规章对我们大家都有好处。

轨道 guǐdào n. orbit, track

【配】运行轨道，偏离（piānlí; deviate）轨道

【例】①卫星在它的轨道中运行。②火车在轨道上行驶。

贵族 guìzú n. aristocrat, nobility

【配】贵族阶级

【例】①她出身贵族家庭。②那是一所贵族学校。

跪 guì v. kneel

【配】跪下，跪拜

【例】①他在国王面前下跪。②她正跪着祈祷（qídǎo; pray）。

棍棒 gùnbàng *n.* stick, club
【配】拿起棍棒
【例】①我们拿起棍棒反抗敌人。②父亲拿起棍棒打了儿子一顿。

国防 guófáng *n.* national defence
【配】国防力量，国防建设
【例】①老师正在对同学们进行国防教育。②她在国防部工作。

国务院 guówùyuàn *n.* State Department, State Council
【例】①他在国务院工作。②这是国务院下发的通知。

果断 guǒduàn *adj.* resolute, decisive
【配】果断的人，做事果断
【例】①他做事果断。②我果断地答应了这个请求。

过度 guòdù *adj.* undue, excessive
【配】过度操劳，紧张过度
【例】①他疲劳过度，住进了医院。②我们不能过度砍伐（kǎnfá; cut down）森林。

过渡 guòdù *v.* transit
【配】过渡阶段

【例】①公司正处于过渡阶段。②现在是企业的过渡时期。

过奖 guòjiǎng *v.* overpraise, flatter
【例】①您过奖了，我实在不敢当。②老师过奖了，我做得还不够好。

过滤 guòlǜ *v.* filter
【配】过滤一下
【例】①水需要过滤一下才能喝。②他正在过滤咖啡。

过失 guòshī *n.* error, fault
【配】他的过失
【例】①出了这样的事是他的过失。②过失犯错可以原谅。

过问 guòwèn *v.* concern oneself with, take an interest in
【配】亲自过问，无人过问
【例】①他没有过问这件事吗？②这事与你无关，你就别过问了。

过瘾 guòyǐn *adj.* enjoyable
【配】真过瘾
【例】①这场比赛看着挺过瘾！②你们是不是觉得这顿饭吃得很过瘾呢？

过于 guòyú *adv.* excessively, too
【配】过于伤心
【例】①他有些过于急躁。②你不要为此事过于伤心。

H

嗨 hāi *int.* heave ho
【配】嗨呀
【例】①嗨呀，疼死我了！②嗨，差点儿忘了，咱们去吃饭吧！

海拔 hǎibá *n.* elevation, height above sea level
【例】①这座山海拔 6000 米。②这座高原的海拔是多少？

海滨 hǎibīn *n.* seashore, seaside
【配】海滨城市，去海滨
【例】①大连是个海滨城市。②我们去海滨玩吧？

含糊 hánhu *adj./v.* vague, careless; show weakness
【配】说话含糊，含糊不清，决不含糊
【例】①他说话含糊，好像藏着什么秘密。②他工作从来不含糊。

含义 hányì *n.* meaning
【配】很深的含义，理解含义

【例】①这篇文章的含义是什么？②他的话有很深的含义。

寒暄 hánxuān *v.* exchange (conventional) greetings
【例】①朋友见面总要寒暄一番。②她寒暄起来就没完没了。

罕见 hǎnjiàn *adj.* rare, seldom seen
【配】很罕见
【例】①这种植物很罕见。②他居然来得这么早，真是罕见。

捍卫 hànwèi *v.* safeguard, defend
【配】捍卫主权，捍卫自由
【例】①我们要捍卫祖国的尊严。②我们反抗敌人，坚决捍卫国家的领土。

行列 hángliè *n.* ranks
【配】先进的行列，整齐的行列
【例】①队伍行列整齐。②他加入了教师的行列。

航空 hángkōng *v.* navigate by air
【配】夜间航空，航空港
【例】①这是一个国际航空港。②这些货物大多由航空运送。

航天 hángtiān *v.* space flight
【配】航天科技，航天飞机
【例】①这个国家制造了世界上第一架航天飞机。②他为国家的航天事业奉献了一生。

航行 hángxíng *v.* navigate by water or air
【配】航行者，航行路线
【例】①船在波涛中航行。②船航行到一半就出了问题。

毫米 háomǐ *m.* millimeter
【例】① 1 毫米等于 0.1 厘米。②这把尺子精确到了毫米。

毫无 háowú *v.* not have any at all
【配】毫无关系，毫无疑问
【例】①这件事跟我毫无关系。②我毫无疑问地相信了他。

豪迈 háomài *adj.* bold and generous, heroic
【配】豪迈的气概，豪迈的步伐
【例】①战士们迈着豪迈的步伐向前走去。②我军气势豪迈。

号召 hàozhào *v./n.* call; appeal

【配】号召群众，发出号召

【例】①他号召我们参加活动。②政府发出号召，鼓励大家保护环境。

好客 hàokè *adj.* be hospitable

【配】很好客

【例】①这个地区的人民热情好客。②好客的主人把我们迎到了屋里。

耗费 hàofèi *v./n.* spend, consume; expenditure

【配】耗费人力，耗费精力

【例】①这项活动耗费了太多的人力物力。②做这个项目耗费太大。

呵 hē *v.* scold, breathe out

【配】呵斥，呵了一口气

【例】①他被老师呵斥了一顿。②天气越来越冷，他不由得呵了一口气。

合并 hébìng *v.* merge

【配】公司合并

【例】①这两项工程合并了。②她不同意将两家公司合并。

合成 héchéng *v.* synthesize, compound
【配】合成纤维，合成材料
【例】①这张照片是合成的。②两种物质在特定情况下可以合成一种新物质。

合乎 héhū *v.* conform with, accord with
【配】合乎想像，合乎情理
【例】①这种材料不合乎规格。②他的水平不合乎我们的要求。

合伙 héhuǒ *v.* form a partnership
【配】合伙经营，合伙开店
【例】①这项任务由他俩合伙干。②他和弟弟合伙做生意。

合身 héshēn *adj.* fit, suitable
【配】很合身，合身的衣服
【例】①这条裙子她穿起来很合身。②他的大衣非常合身。

合算 hésuàn *adj./v.* worthwhile; reckon up
【配】很合算
【例】①这样交换合算吗？②我们合算过，这笔生意可以做。

和蔼 hé'ǎi *adj.* kindly, amiable
【配】和蔼的老奶奶，态度和蔼
【例】①老奶奶和蔼地笑了笑。②老师态度和蔼，耐心地回答了我的问题。

和解 héjiě *v.* conciliate, become reconciled
【配】达成和解
【例】①他俩多年的矛盾终于和解了。②双方在法庭上达成了和解。

和睦 hémù *adj.* harmonious
【配】和睦相处，关系和睦
【例】①他们兄弟俩关系和睦。②他生活在一个和睦的家庭。

和气 héqi *adj./n.* polite, kind, friendly; friendship, harmony
【配】待人和气，一团和气
【例】①他待人很和气。②你心胸要宽广些，才不会伤了朋友之间的和气。

和谐 héxié *adj.* harmonious, melodious
【配】生活和谐，和谐社会
【例】①人与环境要和谐相处。②他俩关系很不和谐。

嘿 hēi *int./onomatope.* hey; (of laughter, esp of sneer) ha ha
【例】①嘿，我有件好东西送给你。②他嘿嘿地笑了几声。

痕迹 hénjì *n.* vestige, mark
【配】不留痕迹，打架的痕迹
【例】①这个痕迹不明显。②她脸上还有哭过的痕迹。

狠心 hěnxīn *n./adj./v.* cruelty; heartless; make a painful decision
【配】一狠心，下狠心
【例】①他下狠心抛弃了妻子。②狠心的强盗抢走了她所有的钱。③他一狠心，买了一台最贵的电脑。

恨不得 hènbude *v.* one would if one could, be itching to
【例】①他恨不得马上离开。②她恨不得现在就回去。

哼 hēng *v./onomatope.* hum, snort; groan
【配】哼哼
【例】①他坐在沙发上，一声也不哼。②他痛得直哼哼。

轰动 hōngdòng *v.* make a stir, cause a sensation
【配】轰动效应，引起轰动
【例】①这个消息轰动了全村。②这部影片引起了极大的轰动。

哄 hōng v./onomatope. roar; whoop

【配】哄堂大笑，哄抬物价

【例】①法律严格禁止哄抬物价的行为。②哄的一声，观众都笑了。

烘 hōng v. bake, dry or warm by heat

【配】烘干，烘烤

【例】①她把湿衣服放在火上烘一下。②天太冷了，他正在炉子上烘手。

红包 hóngbāo n. red packet

【配】发红包，收红包

【例】①过年了，孩子们都盼着大人们发红包。②他俩结婚，咱们需要准备红包。

宏观 hóngguān n./adj. macroscopic view; macroscopic

【配】宏观经济，宏观世界

【例】①政府在宏观经济的调控中将发挥巨大作用。②我们应该从宏观角度看问题。

【反】微观

宏伟 hóngwěi adj. grand, magnificent

【配】宏伟壮观，宏伟的建筑

【例】①这座宫殿很宏伟。②这是一项宏伟的计划。

洪水 hóngshuǐ *n.* flood

【配】发洪水，战胜洪水

【例】①这个小村子经常受到洪水的威胁。②最近几年这个地区经常发洪水。

喉咙 hóulóng *n.* throat

【配】检查喉咙

【例】①他喉咙哑了。②把嘴张开，让医生检查一下你的喉咙。

吼 hǒu *v.* roar, make great noise

【配】吼叫，大吼一声

【例】①请不要在公共场所乱吼乱叫。②他大吼一声，冲出了屋子。

后代 hòudài *n.* posterity, later periods in history, later ages

【配】子孙后代，造福后代

【例】①他的子孙后代都很有出息。②我们应该保护环境，为后代造福。

后顾之忧 hòugùzhīyōu disturbance in the rear

【例】①他为我们解除了后顾之忧。②这件事终于解决了，从此我们便没有了后顾之忧。

后勤 hòuqín *n.* logistics

【配】后勤部门，后勤保障

【例】①他在后勤部门工作。②我在学校里管后勤。

候选 hòuxuǎn *v.* be a candidate

【配】候选名单

【例】①这是候选名单。②此次班长竞选有十人候选。

呼啸 hūxiào *v.* whistle, scream, whiz

【配】狂风呼啸

【例】①他开着车呼啸而过。②风呼啸着穿过树林。

呼吁 hūyù *v.* appeal, call on

【配】呼吁大家，呼吁社会

【例】①他呼吁大家保护环境。②政府呼吁社会各界都来关心教育。

忽略 hūlüè *v.* overlook, neglect

【配】忽略错误，忽略不计

【例】①这点很重要，千万不要忽略。②这里的小数点可以忽略不计。

胡乱 húluàn *adv.* carelessly, at random

【例】①不许胡乱占用耕地！②时间很短，我们胡乱吃了几口饭就走了。

湖泊 húpō *n.* lake

【配】江河湖泊

【例】①我国有许多江河湖泊。②它是当地最大的湖泊。

互联网 hùliánwǎng *n.* internet

【例】①互联网使世界变成了"地球村"。②你可以在互联网上查一下这条新闻。

花瓣 huābàn *n.* petal

【配】红色的花瓣

【例】①这朵花的花瓣是红色的。②她的头发像花瓣一样柔软。

华丽 huálì *adj.* gorgeous

【配】华丽的衣服，装饰华丽

【例】①他把会场布置得很华丽。②这座宫殿雄伟华丽。

【反】朴实

华侨 huáqiáo *n.* overseas Chinese

【配】归国华侨，华侨学校

【例】①他是个华侨。②华侨们回到祖国后感到非常高兴。

化肥 huàféi *n.* chemical fertilizer

【配】一袋化肥，买化肥

【例】①这个袋子里装的是化肥。②他及时为农民们送来了化肥。

化石 huàshí *n.* fossil

【配】活化石，动物化石

【例】①他发现了一块化石。②这块动物化石很珍贵。

化验 huàyàn *v.* test, assay

【配】化验结果，化验单

【例】①他正要去拿化验单。②你最好还是化验一下血液。

化妆 huàzhuāng *v.* put on make-up, make up

【配】化妆舞会（wǔhuì; ball）

【例】①她很会化妆。②今晚学校里将举行一场化妆舞会。

划分 huàfēn *v.* divide

【配】划分界限，划分领土

【例】①这个公园被划分为四个不同的区域。②全市划分为三个区。

画蛇添足 huàshé-tiānzú ruin the effect by adding sth. superfluous
【例】①你这么做是画蛇添足。②对于这么漂亮的女孩儿来说，化妆有些画蛇添足。

话筒 huàtǒng *n.* telephone transmitter, microphone
【配】拿话筒
【例】①你用话筒说话，这样声音就大了。②那个主持人找不到话筒了。

怀孕 huáiyùn *v.* be pregnant, conceive
【例】①她怀孕了。②怀孕期间不可以乱吃药品。

欢乐 huānlè *adj.* joyous, happy
【配】欢乐的气氛
【例】①孩子们度过了一个欢乐的儿童节。②节日里到处都是欢乐的气氛。

还原 huányuán *v.* return to the original condition
【配】还原旧貌，还原反应
【例】①这张旧照片被还原了。②铁是怎样从氧化物中还原出来的?

环节 huánjié *n.* link
【配】关键环节，教学环节

【例】①这个环节很关键。②教学过程中的每一个环节都不可以忽略。

缓和 huǎnhé *v./adj.* ease up/off, alleviate; mild, gentle
【配】缓和矛盾，缓和的气氛
【例】①怎样才能缓和这场危机？②缓和的气氛有利于矛盾的解决。

患者 huànzhě *n.* patient, sufferer
【配】一位患者
【例】①这位患者刚刚住进医院。②他是一名流感(liúgǎn; flu) 患者。

荒凉 huāngliáng *adj.* desolate, wild
【配】荒凉的沙漠，荒凉的村庄
【例】①这里没有人烟，十分荒凉。②这是座荒凉的城堡。

荒谬 huāngmiù *adj.* absurd, ridiculous
【配】荒谬的想法，荒谬的言论
【例】①他的话听起来很荒谬。②这个观点太荒谬了。

荒唐 huāngtáng *adj.* preposterous, absurd, dissipated
【配】很荒唐，荒唐的人

【例】①这件事太荒唐了。②她突然有了一个荒唐的想法。

慌忙 huāngmáng *adj.* in a great rush, in a flurry
【配】慌忙逃跑
【例】①他慌忙地说："对不起！"②他在慌忙中走错了路。

黄昏 huánghūn *n.* dusk, twilight
【配】美丽的黄昏，黄昏将近
【例】①快到黄昏了，咱们回家吧。②夕阳无限好，只是近黄昏。

恍然大悟 huǎngrán-dàwù suddenly see the light
【例】①"哦，原来是这么回事！"她恍然大悟。②经他解释，我才恍然大悟。

挥霍 huīhuò *v.* spend freely, squander
【配】挥霍金钱，挥霍青春
【例】①别挥霍你宝贵的时间。②不要再挥霍金钱了，你应该节俭一些。

辉煌 huīhuáng *adj.* splendid, glorious
【配】灯火辉煌，成果辉煌
【例】①房间里灯火辉煌。②他的事业很辉煌。

回报 huíbào *v.* repay, requite

【配】回报社会，回报老师

【例】①孩子们暗暗发誓，长大后一定要回报社会。
②你帮过我，我一定会回报你的。

回避 huíbì *v.* evade, dodge, avoid

【配】回避问题，回避一下

【例】①我们在讨论重要的事，你先回避一下。②我们不能回避困难。

回顾 huígù *v.* look back, review

【配】回顾过去，回顾工作

【例】①他常常回顾过去。②我们来回顾一下去年的工作。

回收 huíshōu *v.* recover, recycle, retrieve

【配】回收旧家电

【例】①他在回收旧家具。②这家店回收旧手机。

悔恨 huǐhèn *v.* regret deeply, be bitterly remorseful

【配】悔恨过去，无限悔恨

【例】①她流下了悔恨的泪水。②他对自己犯下的错误悔恨不已。

毁灭 huǐmiè *v.* destroy, exterminate
【配】毁灭城市，毁灭证据
【例】①地震毁灭了这个村庄。②他毁灭了自己犯罪的证据。

汇报 huìbào *v.* report, give an account of
【配】汇报工作，汇报情况
【例】①他在向领导汇报工作。②他正在会议上汇报项目情况。

会晤 huìwù *v.* meet
【配】定期会晤，首相会晤
【例】①两国首脑（shǒunǎo; leader）定期会晤。②两国首相（shǒuxiàng; prime minister）昨天在北京会晤。

贿赂 huìlù *v./n.* bribe; bribery
【配】贿赂干部，贿赂领导
【例】①他因贿赂领导被捕。②贿赂是一种违法行为。

昏迷 hūnmí *v.* be stuporous, be comatose
【配】昏迷不醒
【例】①他一直昏迷不醒。②她终于从昏迷中醒来。

浑身 húnshēn *n.* all over the body
【配】浑身上下，浑身是病

【例】①他浑身上下都湿了。②这个孩子浑身是劲儿，干活很卖力。

混合 hùnhé *v.* mix, blend

【配】混合双打，混合物

【例】①水和酒精可以按任何比例混合。②你喝过混合饮料吗？

混乱 hùnluàn *adj.* confused, chaotic

【配】工作混乱，场面混乱

【例】①他的思维很混乱。②老师没来上课，教室里一片混乱。

混淆 hùnxiáo *v.* mix up, obscure, confuse

【配】混淆视听，是非混淆

【例】①你不要在这里混淆视听。②现实与虚构(xūgòu; fabricate) 在小说里被混淆了。

混浊 hùnzhuó *adj.* muddy, turbid

【配】混浊的水，空气混浊

【例】①教室里的空气很混浊。②河里的水已经混浊了。

活该 huógāi *v.* serve sb. right

【配】真是活该

【例】①这是你自找的,活该! ②你这么懒,活该你穷!

活力 huólì *n.* vitality, energy

【配】充满活力, 活力无限

【例】①年轻人总是充满活力。②公司的活力在于创新。

火箭 huǒjiàn *n.* rocket

【配】制造火箭, 研究火箭

【例】①他有一个玩具火箭。②火箭已经发射升空了。

火焰 huǒyàn *n.* blaze, flame

【配】红色的火焰

【例】①红色的火焰喷了出来, 扑也扑不灭。②火焰蹿得很高。

火药 huǒyào *n.* gunpowder

【配】制造火药, 火药味

【例】①火药发明于中国。②火药库里传来一声巨响。

或许 huòxǔ *adv.* maybe, perhaps

【配】或许如此

【例】①事情或许是这样吧。②他或许会来吧。

货币 huòbì *n.* money, currency

【配】货币政策, 流通货币, 货币制度

【例】①英国的货币单位是镑（bàng; pound）。②政府承诺本国的货币不会贬值（biǎnzhí; depreciate）。

J

讥笑 jīxiào *v.* sneer at

【配】讥笑某人

【例】①同学们都讥笑他胆小。②你不要随便讥笑别人。

【同】嘲笑

饥饿 jī'è *adj.* hungry, starved

【配】饥饿难忍

【例】①他感到饥饿难忍。②远处跑来一只饥饿的小狗。

机动 jīdòng *adj.* motor-driven, flexible

【配】机动车，机动灵活

【例】①这是一辆机动车。②这种方式不受时间限制，机动灵活。

机构 jīgòu *n.* institution, organization, organ

【配】国家机构，政府机构

【例】①这是我国的最高权力机构。②政府为此成立了专门机构。

机关 jīguān *n.* mechanism, organ, intrigue

【配】国家机关，公安机关，识破机关

【例】①他在政府机关工作。②她一下就识破（shípò; see through）其中的机关。

机灵 jīling *adj.* clever, intelligent

【配】机灵的孩子，很机灵

【例】①她长着一双机灵的大眼睛！②这孩子机灵聪明又可爱。

【同】聪明

机密 jīmì *n./adj.* secret; classified, confidential

【配】机密档案，军事机密

【例】①这份机密档案由专人保管。②这可是军事机密，你别告诉别人。

机械 jīxiè *n./adj.* machine; mechanical, inflexible

【配】机械装置，机械的动作

【例】①他是一名机械维修工人。②你的思维太机械了。

机遇 jīyù *n.* favourable circumstances, opportunity

【配】创造机遇，抓住机遇

【例】①你不要错过任何机遇。②我们常说，机遇与挑战并存。

机智 jīzhì *adj.* tactful, quick-witted
【配】机智过人，机智勇敢
【例】①这个孩子机智过人。②女孩机智地脱离了险境 (xiǎnjìng; dangerous situation)。
【反】迟钝 (chídùn)

基地 jīdì *n.* base
【配】培训基地，军事基地
【例】①这里是中学生的暑期英语培训基地。②他在导弹基地工作。

基金 jījīn *n.* fund
【配】教育基金，扶贫 (fúpín; aid the poor) 基金
【例】①这是大家捐献的扶贫基金。②为了发展教育事业，政府设立了教育专项基金。

基因 jīyīn *n.* gene
【配】基因工程，遗传基因
【例】①父母把自己的基因遗传给子女。②这种基因的作用会随着周围的环境产生变化。

激发 jīfā *v.* arouse, incite
【配】激发灵感，激发活力
【例】①他的写作潜力被激发出来了。②这幅画激发

了我的创作灵感。

激励 jīlì *v.* urge, encourage
【配】激励某人
【例】①英雄的事迹激励了几代人。②老师激励我们好好学习。

激情 jīqíng *n.* strong emotion, passion, fervour
【配】有激情，激情奔放（bēnfàng; bold and unrestrained）
【例】①他的创作激情依然不减。②他满怀激情地唱着这首歌。

及早 jízǎo *adv.* in good time
【配】及早准备，及早动手
【例】①你还是及早离开吧。②有消息我们会及早通知你的。

吉祥 jíxiáng *adj.* lucky
【配】吉祥如意，吉祥物
【例】①祝您吉祥如意。②这是这次奥运会的吉祥物。

级别 jíbié *n.* level, rank, grade
【配】工资级别，不同级别
【例】①他的行政级别高于我。②他们俩的工资级别不同。

极端 jíduān *adj./adv./n.* extreme; extremely; extremity

【配】过于极端，极端负责，走向极端

【例】①你的看法过于极端。②他这个人办事极端负责。③你要积极地面对挫折，不要走向极端。

极限 jíxiàn *n.* limit, ultimate

【配】运动极限，身体极限

【例】①我对他的忍耐已经达到极限了。②他喜欢极限运动。

即便 jíbiàn *conj.* even if, even though

【例】①你即便说错了也没关系。②他即便不来，我们的会议也按期进行。

即将 jíjiāng *adv.* about (to do sth.)

【配】即将开始，即将到来

【例】①晚会即将结束。②春天即将到来。

急功近利 jígōng-jìnlì be eager for quick success and instant benefit

【例】①治理环境污染千万不能急功近利。②别着急，慢慢来，做事不能急功近利。

急剧 jíjù *adj.* sudden, rapid

【配】急剧变化，急剧增加

【例】①这几天气温急剧下降。②海外投资急剧增加。

急切 jíqiè *adj.* eager, hasty

【配】急切的心情

【例】①他急切地想知道事情的经过。②我们急切地寻找合适的人来代替他。

急于求成 jíyú-qiúchéng be anxious for success

【例】①他做事总是急于求成。②学习不能急于求成。

急躁 jízào *adj.* irritable, irascible, impetuous

【配】不要急躁，很急躁

【例】①遇事要冷静，千万别急躁。②你这件事处理得急躁了点儿。

疾病 jíbìng *n.* sickness, disease

【配】一种疾病，治疗疾病

【例】①他坚持与疾病斗争。②这种疾病目前还没有更好的治疗方法。

集团 jítuán *n.* bloc, group

【配】军事集团，统治集团

【例】①这是当时有名的军事集团。②他的生意做得很大，最近刚成立了集团公司。

嫉妒 jídù *v.* envy

【配】嫉妒某人

【例】①别理他，他明明是在嫉妒你。②他嫉妒弟弟年轻能干。

籍贯 jíguàn *n.* native place, birthplace

【例】①你的籍贯是哪里？②别忘了在表格上写上你的籍贯。

给予 jǐyǔ *v.* render, give

【配】给予支援，给予表扬

【例】①老师给予他很高的评价。②他对弱者（ruòzhě; the weak）给予深切的同情。

计较 jìjiào *v.* haggle over, keep account of

【配】计较得失，不要计较

【例】①这次比赛你不要计较输赢。②他对这些小事从不计较。

记性 jìxing *n.* memory

【配】记性好，没记性

【例】①爷爷的记性越来越差。②这孩子没记性，老师批评了也不知道改。

记载 jìzǎi *v./n.* record, put down in writing; account

【配】如实记载，历史记载

【例】①这篇文章记载的是古代民俗（mínsú; folk custom）。②据史料记载，这个历史古迹毁于战争。

纪要 jìyào *n.* summary of a meeting, log

【配】做纪要，会议纪要

【例】①你要学会做新闻纪要。②谁来为这次大会做纪要？

技能 jìnéng *n.* skill, technical ability

【配】技能培训，劳动技能

【例】①这项工作对工人的技能要求很高。②这次比赛是对大家劳动技能的考验。

技巧 jìqiǎo *n.* technique, craftsmanship

【配】写作技巧，解题技巧

【例】①他在比赛中展现出惊人的写作技巧。②这项运动需要技巧。

忌讳 jìhuì *v.* abstain from, taboo

【例】①他最忌讳别人叫他"小猪"。②学习最忌讳有始无终。

季度 jìdù *n.* quarter (of a year)

【配】第一季度，四个季度

【例】①公司这个季度的销售量大大减少了。②工人的工资是按季度结算的。

季军 jìjūn *n.* third place in a contest

【配】获得季军

【例】①他在比赛中发挥正常，获得季军。②在这次长跑比赛中，我得了季军。

迹象 jìxiàng *n.* indication, sign

【配】种种迹象，生命的迹象

【例】①这里没有发现生命的迹象。②根据所有迹象，这儿不像是有人来过。

继承 jìchéng *v.* inherit, carry on

【配】继承财产，继承王位

【例】①他的财产由儿子继承。②她36岁时继承了王位。

继往开来 jìwǎng-kāilái carry forward the cause and forge ahead into the future

【配】继往开来的一代

【例】①青年是继往开来的一代。②这一时期的绘画艺术起到了继往开来的作用。

寄托 jìtuō *v.* entrust to sb's care, place (hope, etc.) on
【配】寄托希望
【例】①他把孩子寄托给邻居照顾。②他把希望寄托在下一代身上。

寂静 jìjìng *adj.* quiet, still
【配】寂静的房间，寂静的早晨
【例】①房间里一片寂静。②在寂静的山林里，遍地开满了鲜花。

加工 jiāgōng *v.* process, improve
【配】食品加工，加工服装
【例】①他准备投资食品加工行业。②这个剧本需要再加工一下。

加剧 jiājù *v.* aggravate, intensify
【配】病情加剧，疼痛加剧
【例】①他的疼痛日益加剧。②两国间的紧张关系进一步加剧了。

夹杂 jiāzá *v.* be mixed/mingled up with
【例】①空气中夹杂着花香。②他的黑发中夹杂着几根白发。

佳肴 jiāyáo *n.* delicacies

【配】美味佳肴，烹饪（pēngrèn; cook）佳肴

【例】①桌子上摆满了佳肴。②这道菜算得上是美味佳肴。

家常 jiācháng *n./adj.* daily life of a family; leisure, home-made

【配】聊聊家常，家常便饭

【例】①两位老奶奶经常在一起聊家常。②上学迟到对小新来说已经是家常便饭了。

家伙 jiāhuo *n.* fellow, guy

【配】你这家伙，小家伙

【例】①你这家伙真不讲理。②这小家伙很聪明嘛！

家属 jiāshǔ *n.* family members, (family) dependents

【配】他的家属，病人家属

【例】①他正在安慰受害者的家属。②你的家属在这儿吗？

家喻户晓 jiāyù-hùxiǎo be known to all

【例】①这个明星早已是家喻户晓。②这种产品已经家喻户晓了。

假设 jiǎshè *v./n.* suppose; hypothesis

【例】①我们假设这些条件都满足了，结果会是什么？②这完全是一种错误的假设。

假使 jiǎshǐ *conj.* if, in case

【例】①假使出现了紧急情况，你该怎么处理？②假使她来不了，谁来干这个工作？

尖端 jiānduān *adj./n.* most advanced/sophisticated; pointed end

【配】尖端领域，科学尖端

【例】①这是一款尖端产品。②他参加了这项科学尖端的研发。

坚定 jiāndìng *adj./v.* steadfast, staunch; strengthen

【配】意志坚定，坚定信心

【例】①他的脸上流露出坚定的表情。②同学们的支持，更加坚定了我的信心。

坚固 jiāngù *adj.* solid, strong, firm

【配】坚固的城墙，坚固的堡垒（bǎolěi; fort）

【例】①这座城堡很坚固。②天天刷牙，牙齿会变得越来越坚固。

坚韧 jiānrèn *adj.* tough and tensile, firm and tenacious
【配】坚韧的性格，坚韧不拔
【例】①他有着坚韧不拔的意志。②这种材料非常
坚韧。

坚实 jiānshí *adj.* solid, strong
【配】坚实的基础
【例】①两国关系基础坚实。②这块冰面不够坚实，
咱们最好别在上面走。

坚硬 jiānyìng *adj.* hard, solid
【配】坚硬的石头
【例】①这块石头非常坚硬。②乌龟（wūguī; tortoise）
有着坚硬的龟甲。

艰难 jiānnán *adj.* difficult
【配】艰难的生活，历尽艰难
【例】①两国正在进行艰难的谈判。②他们在山上艰
难地行走。

监督 jiāndū *v./n.* control, supervise, superintend; su-
pervisor, monitor
【配】监督工作
【例】①我来监督你做作业。②他是一名工厂产品生

产监督。

监视 jiānshì *v.* keep watch on, keep a lookout over
【配】监视某人，监视病情
【例】①他正在监视敌人的活动。②警察正在监视小偷。

监狱 jiānyù *n.* prison, jail
【配】进监狱，一座监狱
【例】①他被关进监狱了。②这座监狱是新建成的。

兼职 jiānzhí *n./v.* part-time job; hold a concurrent post
【配】找兼职，兼职老师
【例】①他在校外有两个兼职。②这位是我们的兼职老师。

捡 jiǎn *v.* pick up, collect
【配】捡贝壳，捡东西
【例】①他经常去海边捡贝壳。②我刚才捡到了一块手表。

检讨 jiǎntǎo *v./n.* make a self-criticism; inspect, study
【配】检讨自己，写检讨
【例】①经过这次失败，他检讨了自己的工作。②他正在写检讨。

检验 jiǎnyàn *v.* inspect, examine, test

【配】检验理论

【例】①实践是检验真理的标准。②这些商品的质量已经经过严格的检验。

剪彩 jiǎncǎi *v.* cut the ribbon (at an opening ceremony, etc.)

【例】①市长为贸易展览会开幕剪彩。②这家饭店请了一位明星在开业典礼上剪彩。

简化 jiǎnhuà *v.* simplify

【配】简化汉字，简化步骤

【例】①你把解题过程再简化一下。②审批（shěnpī; examine and approve）程序已经被简化了。

简陋 jiǎnlòu *adj.* simple and crude

【配】简陋的房间，简陋的家具

【例】①她们家布置得很简陋。②这个地方虽然简陋，但是我们很喜欢。

【反】豪华

简体字 jiǎntǐzì *n.* simplified Chinese character

【配】写简体字，通行简体字

【例】①中国大陆通行简体字。②你认识这些简体字吗?

【反】繁体字

简要 jiǎnyào *adj.* concise, brief and to the point

【配】文字简要,简要新闻

【例】①你能不能把话说得简要一点儿? ②你把这次会议内容简要地记录一下。

见多识广 jiànduō-shíguǎng experienced and knowledgeable

【例】①他见多识广,让他想想办法吧。②他是一名见多识广的记者。

见解 jiànjiě *n.* opinion, view, idea

【配】学术见解,见解不深

【例】①他就这个问题发表了见解。②我完全同意你的见解。

见闻 jiànwén *n.* what one sees and hears, knowledge, information

【配】见闻广博(guǎngbó; extensive),旅行见闻

【例】①他正在写旅行见闻。②孩子们正在描述他们的暑假见闻。

见义勇为 jiànyì-yǒngwéi act bravely for a just cause
【例】①他见义勇为的事迹得到了表彰。②行人们见义勇为，抓住了歹徒。

间谍 jiàndié *n.* spy
【配】间谍活动，间谍工作
【例】①他实际上是一名商业间谍。②政府的秘密文件被间谍窃取（qièqǔ; steal）了。

间隔 jiàngé *v./n.* separate, cut off; interval, space
【配】间隔一周，有间隔
【例】①这两节课之间间隔四十分钟。②两个字之间要留有一定的间隔。

间接 jiànjiē *adj.* indirect
【配】间接描写，间接联系
【例】①他只是间接提到了这件事。②我通过间接途径，知道了事情的经过。

健全 jiànquán *adj./v.* sound, perfect; strengthen
【配】制度健全
【例】①这家公司的规章制度很健全。②只有健全监督手段，才能提高工作效率。

舰艇 jiàntǐng *n.* naval vessel

【配】敌人的舰艇，一艘舰艇

【例】①海面上出现了一艘舰艇。②我有一个舰艇模型。

践踏 jiàntà *v.* trample underfoot, tread on

【配】践踏草地，践踏权利

【例】①禁止践踏草地。②我们的权利神圣不容践踏。

溅 jiàn *v.* splash, spatter

【配】溅水，溅落

【例】①他的衣服溅上了水。②汽车开过，溅了我一身泥。

鉴别 jiànbié *v.* distinguish, differentiate

【配】鉴别文物，鉴别真假

【例】①考古学家正在鉴别文物的年代。②他鉴别不出真假钞票。

鉴定 jiàndìng *v./n.* appraise, identify; appraisal, evaluation

【配】鉴定质量，写鉴定

【例】①这批产品正在进行质量鉴定。②老师给他写了一份学习鉴定。

鉴于 jiànyú *prep./conj.* in view of; seeing that

【例】①鉴于目前这种状况，我们必须马上行动。

②鉴于目前时机已经成熟，建议尽快通过这部法规。

将近 jiāngjìn *v.* be close to

【配】将近一百人，将近黄昏

【例】①这个国家有将近四千年的历史。②我用了将近一天的时间才解决了这个问题。

将军 jiāngjūn *n.* (army) general

【配】一位将军

【例】①将军命令停止进攻。②将军夸奖了立功（lìgōng; do a deed of merit）的战士。

僵硬 jiāngyìng *adj.* stiff, rigid, inflexible

【配】僵硬的动作，僵硬的身体

【例】①长途旅行使我感觉四肢僵硬。②他的面部表情很僵硬。

奖励 jiǎnglì *v./n.* encourage and reward; reward

【配】奖励某人，获得奖励

【例】①国家奖励有贡献的科学家。②参赛者有机会获得奖励。

【同】奖赏

奖赏 jiǎngshǎng *n./v.* award; reward

【配】获得奖赏，奖赏某人

【例】①他给了我一个苹果作为奖赏。②公安局奖赏抓住小偷的市民。

【同】奖励

桨 jiǎng *n.* oar

【配】船桨，桨声

【例】①他用力划着船桨。②船员们收起桨，挂起帆。

降临 jiànglín *v.* befall, arrive, come

【配】夜幕（yèmù; curtain of night）降临，降临人间

【例】①夜幕降临了。②好运终于降临到了他的头上。

交叉 jiāochā *v.* intersect, cross, overlap

【配】交叉进行，交叉路口

【例】①大会小会交叉进行。②两条道路交叉在一起。

交代 jiāodài *v.* hand over, explain, tell, confess

【配】交代清楚，交代事实

【例】①你还是老实交代吧！②你就按照他交代你的去做就行了。

交涉 jiāoshè *v.* negotiate, make representations

【配】进行交涉，经过交涉

【例】①经过交涉，他们终于答应赔偿了。②为了更好地解决问题，我们需要更多的时间交涉。

交往 jiāowǎng *v.* associate (with), contact
【配】交往频繁，停止交往
【例】①请你不要再和他交往了。②他和她最近交往频繁。

交易 jiāoyì *v./n.* buy and sell; deal
【配】公平交易，政治交易
【例】①市场提倡公平交易。②这是一笔庞大的交易。

娇气 jiāoqì *adj./n.* fragile, delicate; squeamishness
【配】很娇气，克服娇气
【例】①这个孩子真娇气！②你已经是一个成年人了，应该克服自己的娇气。

焦点 jiāodiǎn *n.* focus, focal point
【配】焦点人物，焦点问题
【例】①他成了全班的焦点。②我们把谈话焦点转向了他。

焦急 jiāojí *adj.* worried, anxious
【配】焦急不安，焦急等待
【例】①我们焦急地等待结果。②什么事让你这么焦急？

角落 jiǎoluò *n.* corner, nook

【配】房间的角落，躲在角落

【例】①请你打扫一下房间的角落。②他坐在角落里，一句话也不说。

搅拌 jiǎobàn *v.* stir, agitate

【配】搅拌均匀，搅拌一下

【例】①你把水倒进去后搅拌一下。②请把汤搅拌均匀。

缴纳 jiǎonà *v.* pay

【配】缴纳税款

【例】①罚金必须按时缴纳，不能耽误。②请您按时缴纳税款。

较量 jiàoliàng *v.* measure one's strength (with), have a contest

【配】较量一下，实力较量

【例】①你要是不服，我们就较量一下。②他已经准备好与你较量了。

教养 jiàoyǎng *n./v.* upbringing, education; bring up, train

【配】缺乏教养，教养孤儿（gū'ér; orphan）

【例】①这人真没教养。②教养孩子是父母必须承担的责任。

阶层 jiēcéng *n.* (social) stratum

【配】不同阶层，白领阶层

【例】①他们来自不同的社会阶层。②贫困阶层应该引起更多的社会关注。

皆 jiē *adv.* all, each and every

【配】皆知，皆是

【例】①只要你肯努力，一切皆有可能。②四海（sìhǎi; whole world）之内皆兄弟。

接连 jiēlián *adv.* happen on end/in a row/in succession

【配】接连发生，接连爆炸

【例】①他接连加班了十几个小时，太累了。②班上有好几个同学接连病了。

揭发 jiēfā *v.* expose, unmask

【配】揭发犯罪分子，揭发丑闻（chǒuwén; scandal）

【例】①我要揭发你的罪行（zuìxíng; crime）。②丑闻被揭发后，他就主动辞职了。

揭露 jiēlù *v.* expose, unmask, lay bare

【配】揭露问题，揭露真相

【例】①新闻记者正想办法揭露这个阴谋。②事情的真相被揭露了。

节奏 jiézòu *n.* rhythm, tempo

【配】轻快的节奏，节奏慢

【例】①这首歌节奏很快。②这部小说节奏太慢。

杰出 jiéchū *adj.* outstanding, remarkable

【配】杰出贡献，杰出人物

【例】①他是一位杰出的作家。②他与几位杰出的学者交往频繁。

结晶 jiéjīng *n./v.* crystal; crystallize

【配】智慧的结晶

【例】①长城是中国人民的智慧结晶。②这种物体结晶了。

结局 jiéjú *n.* final result, outcome, ending

【配】悲伤的结局，故事的结局

【例】①这部电影的结局很感人。②这场战争的结局会怎样？

结算 jiésuàn *v.* settle/close an account

【配】结算手续，结算中心

【例】①你去结算一下，看需要多少钱。②他去结算中心办理手续了。

截至 jiézhì *v.* be no later than, by

【配】截至今天，截至目前。

【例】①截至今天中午 12 点，一共有 100 人报名。
②截至目前，地震已经夺走了 200 人的生命。

竭尽全力 jiéjìn-quánlì spare no effort, do one's utmost

【例】①他虽然竭尽全力，但是仍然没有考上大学。
②我一定会竭尽全力完成任务，不辜负大家对我的
期望。

【同】全力以赴

解除 jiěchú *v.* relieve, remove

【配】解除约定，解除警报（jǐngbào; alarm）

【例】①这两家公司解除了合同。②警报终于解除了，
一切安全。

解雇 jiěgù *v.* dismiss, fire, sack

【配】解雇某人

【例】①他被公司解雇了。②由于经济危机，工厂解
雇了一大批工人。

解剖 jiěpōu *v.* dissect

【配】解剖尸体，解剖学

【例】①他们在实验室里解剖小白鼠。②他在大学里

学习生物解剖学。

解散 jiěsàn *v.* dissolve, disband, dismiss

【配】全体解散，解散部队

【例】①政府解散了议会（yìhuì; parliament）。②现在全体解散，十点钟后再集合。

【反】集合

解体 jiětǐ *v.* disintegrate

【配】组织解体，社会解体

【例】①奴隶社会解体了。②这个机构解体了。

戒备 jièbèi *v.* guard, take precautions against

【配】严密戒备，戒备森严（sēnyán; stern）

【例】①这座城堡戒备森严。②敌人快要来了，我们应该有所戒备。

界限 jièxiàn *n.* demarcation/dividing line

【配】政治界限，划清界限

【例】①我要和你划清界限。②他们俩早已超越了友谊的界限。

借鉴 jièjiàn *v.* use for reference, draw lessons from

【配】值得借鉴，借鉴经验

【例】①我们公司应该借鉴国外先进的管理经验。②你要学会借鉴他人的成功经验。

借助 jièzhù *v.* with the help of, have the aid of

【配】借助风力，借助技术

【例】①他们可以借助现代科学技术来完成这项工作。②他走路需要借助拐杖。

金融 jīnróng *n.* banking, finance

【配】金融危机，金融体系

【例】①她是著名的金融专家。②随着金融危机的到来，各大公司纷纷裁员。

津津有味 jīnjīn-yǒuwèi (eat) with relish/with keen pleasure

【配】吃得津津有味

【例】①他正吃得津津有味，顾不上和我们说话。②他讲了许多故事，我们听得津津有味。

尽快 jǐnkuài *adv.* as quickly as possible

【配】尽快回来，尽快完成

【例】①这件事得让他尽快知道。②你尽快把调查报告写好吧。

紧密 jǐnmì *adj.* close together, rapid and intense

【配】紧密的联系，雨点紧密

【例】①通过这次考验，我们的关系更紧密了。②窗外刮着大风，雨点紧密。

紧迫 jǐnpò *adj.* pressing, urgent

【配】任务紧迫，时间紧迫

【例】①这是一项十分紧迫的任务。②时间紧迫，你快走吧。

锦绣前程 jǐnxiù-qiánchéng glorious future

【例】①过去的努力为他们的锦绣前程奠定了基础。②他坐在角落梦想自己的锦绣前程。

进而 jìn'ér *conj.* and then, after that

【例】①你先学好第一外语，进而学习第二外语。②我们首先要把工作分类，进而再把各项工作分配给工人。

进攻 jìngōng *v.* attack, assault

【配】猛烈进攻

【例】①实施这一战略是为了阻止敌人的进攻。②我们已经做好进攻的准备。

【反】防御

进化 jìnhuà *v.* evolve

【配】生物进化，不断进化

【例】①哺乳动物是从爬行动物进化而来的。②人类的文明在不断进化。

进展 jìnzhǎn *v.* make progress

【配】进展顺利，进展很快

【例】①这次计划进展顺利。②一个月过去了，他的工作还没有进展。

近来 jìnlái *n.* recent

【配】近来可好

【例】①近来他身体有些不舒服。②我近来比较忙。

近视 jìnshì *adj.* myopic, short-sighted

【配】近视眼，近视镜

【例】①他高度近视，所以看不清黑板上的字。②这孩子这么小就是近视眼。

劲头 jìntóu *n.* strength, energy, vigour

【配】劲头十足，有劲头

【例】①小伙子们干起活儿来劲头十足。②他工作的劲头很大。

晋升 jìnshēng *v.* promote (to a higher office)

【配】晋升条件，晋升机会

【例】①他完全有条件获得晋升。②她晋升为教授了。

浸泡 jìnpào *v.* soak, immerse

【配】浸泡药材（yàocái; medicinal material），浸泡衣服

【例】①请把豆子浸泡到水里。②他把茶叶放在水里浸泡了几分钟。

茎 jīng *n.* stem, stalk

【配】根茎，花茎

【例】①这是什么植物的茎？②这类植物的根茎很发达。

经费 jīngfèi *n.* fund, outlay

【配】教育经费，经费不足

【例】①政府打算增加教育经费。②这项工程因为经费不足而暂停了。

经商 jīngshāng *v.* be in business

【配】经商挣钱

【例】①他从年轻的时候就开始经商了。②他靠经商发了财。

经纬 jīngwěi *n.* main points (of sth.), meridian and parallel (lines)

【配】经纬线，经纬度

【例】①他买了一个经纬仪。②他记下了经纬度，在地图上作了一个标记。

惊动 jīngdòng *v.* alarm, alert, disturb

【配】惊动全球

【例】①她轻轻地关上了门，以免惊动奶奶。②呼啸而过的汽车惊动了树上的小鸟。

惊奇 jīngqí *adj.* amazed, surprised

【配】感到惊奇，惊奇的表情

【例】①这件事真是让人惊奇。②听说他要离开，我们非常惊奇。

【同】惊讶

惊讶 jīngyà *adj.* surprised, amazed

【配】很惊讶，感到惊讶

【例】①这个结果让大家感到惊讶。②他听说这件事后十分惊讶。

【同】惊奇

兢兢业业 jīngjīng-yèyè be cautious and conscientious

【例】①多年来，他工作一直兢兢业业。②我们应该兢兢业业地工作。

精打细算 jīngdǎ-xìsuàn　careful calculation and strict budgeting
【例】①姥姥做事总是精打细算。②他们就靠着这么一点儿收入精打细算地过日子。

精华 jīnghuá　*n.* essence, pick
【配】故事的精华，吸取精华
【例】①这个情节是这部电影的精华。②在借鉴别人的经验时，我们一定要学习其中的精华。

精简 jīngjiǎn　*v.* simplify, reduce
【配】精简字数，精简论文
【例】①你再把故事精简一下。②这篇文章太长了，我来精简一下内容。

精密 jīngmì　*adj.* accurate, exact
【配】精密仪器，精密测量
【例】①这块表做工精密。②公司打算购买一批精密仪器。

精确 jīngquè　*adj.* precise, accurate
【配】时间精确，地点精确
【例】①这份统计报告上的数据很精确。②你计算得很精确。

精通 jīngtōng *v.* be proficient in

【配】精通外语，精通业务

【例】①他精通五种语言。②她很精通这项业务。

精心 jīngxīn *adj.* meticulous, painstaking

【配】精心打扮，精心准备

【例】①他把房间精心装饰了一番。②经过精心治疗，他的身体慢慢地好了起来。

精益求精 jīngyìqiújīng constantly perfect one's skill

【例】①他精益求精的工作态度获得了大家的认同。②这个演员对表演精益求精。

精致 jīngzhì *adj.* delicate, exquisite

【配】精致的手表，做工精致

【例】①这个书包看上去很精致。②他收到一份精致的礼物。

井 jǐng *n.* well

【配】一口井，打井

【例】①工人们正在挖井。②他正从井里打水喝。

颈椎 jǐngzhuī *n.* cervical vertebra

【配】颈椎病

【例】①他犯有颈椎病。②经常做操有利于保持颈椎的健康。

警告 jǐnggào *v./n.* warn, remind; warning, caution
【配】警告某人，发出警告
【例】①他警告我们上山时一定要注意安全。②警察向犯罪分子发出警告。

警惕 jǐngtì *v.* be on guard (against), be vigilant (against)
【配】警惕性，高度警惕
【例】①对于这件事，他始终保持高度警惕。②我们应该提高警惕，预防敌人的突然袭击（xíjī; attack by surprise）。

竞赛 jìngsài *v.* race, contest
【配】数学竞赛，开展竞赛
【例】①我们学校开展了游泳竞赛。②他在数学竞赛中获奖了。
【同】比赛

竞选 jìngxuǎn *v.* run for, campaign for (office)
【配】竞选总统，参加竞选
【例】①他们都是来参加竞选的。②妈妈鼓励我竞选班长（bānzhǎng; class monitor）。

敬礼 jìnglǐ *v.* salute

【配】敬个礼，向……敬礼

【例】①我们向国旗敬礼。②你见到将军别忘了敬礼。

境界 jìngjiè *n.* state, realm

【配】境界很高，完美境界

【例】①她的思想境界咱们达不到。②你的书法已经到了一个很高的境界。

镜头 jìngtóu *n.* camera lens, shot

【配】电影镜头，立体镜头

【例】①导演后来把这个电影镜头删了。②我们没有看到电影开头时的那几个镜头。

纠纷 jiūfēn *n.* issue, dispute

【配】一场纠纷，财产纠纷

【例】①他们之间发生了合同纠纷。②这场财产纠纷很难解决。

纠正 jiūzhèng *v.* correct, remedy

【配】纠正错误，认真纠正

【例】①他说错话了，我马上纠正他。②你的发音错误是可以纠正的。

酒精 jiǔjīng *n.* alcohol
【配】酒精中毒（zhòngdú; poison），酒精含量
【例】①这个瓶子里装的是酒精。②酒精可以用来消毒。

救济 jiùjì *v.* provide relief to, relieve
【配】救济穷人，救济灾民
【例】①政府正在想办法救济受灾群众。②他参加了救济伤员的工作。

就近 jiùjìn *adv.* nearby
【配】就近入学，就近上班
【例】①咱们还是就近找个住处吧。②这个市场方便群众就近购物。

就业 jiùyè *v.* get a job
【配】就业机会，就业形势
【例】①你应该珍惜这个难得的就业机会。②目前的就业形势并不乐观。

就职 jiùzhí *v.* assume/take office
【配】宣布就职，就职演说
【例】①市长于昨天上午宣布就职。②总统将在今天发表就职演说（yǎnshuō; speech）。

拘留 jūliú *v.* detain, take into custody

【配】拘留罪犯

【例】①罪犯被拘留了。②警察对他进行拘留审问。

拘束 jūshù *adj./v.* constrained, ill at ease; restrain, restrict

【配】感到拘束

【例】①和这么多陌生人在一起，我感到很拘束。②不要太拘束学生，应该让他们自由发表意见。

居住 jūzhù *v.* reside, live

【配】居住环境，居住条件

【例】①他们居住在机场附近。②他决定搬到岛上居住。

鞠躬 jūgōng *v./adj.* bow; in a discreet and scrupulous manner

【配】向……鞠躬

【例】①演员向观众鞠躬。②他向大家鞠躬致敬。

局部 júbù *n.* part

【配】局部利益，局部现象

【例】①你只看到了局部，忽略了整体。②这只是局部问题，别担心，很容易解决的。

【反】整体

局面 júmiàn *n.* phase, situation
【配】全新的局面，控制局面
【例】①他没想到会遇到这种局面。②现在的局面必须得到有效的控制。

局势 júshì *n.* situation
【配】政治局势
【例】①局势已经发生了重大变化。②这个地区的局势仍然很紧张。

局限 júxiàn *v.* limit, confine
【例】①这次讨论不仅局限于学术问题。②教育不能只局限在未成年人中。

咀嚼 jǔjué *v.* chew
【配】咀嚼食物
【例】①他正在咀嚼食物。②吃鱼时要仔细咀嚼，小心鱼刺。

沮丧 jǔsàng *adj.* dispirited, dejected
【配】神情沮丧，感到沮丧
【例】①他应聘失败了，神情十分沮丧。②我们听说这个坏消息后都十分沮丧。
【同】失望

【反】兴奋

举动 jǔdòng *n.* act, move
【配】举动异常
【例】①他的举动很可笑。②警察一直在监视他的举动。
【同】行为

举世闻名 jǔshì-wénmíng world-famous
【例】①这座城堡举世闻名。②中国的长城举世闻名。

举世瞩目 jǔshì-zhǔmù be the focus of world attention
【例】①这场演讲举世瞩目。②奥运会是举世瞩目的体育比赛。

举足轻重 jǔzú-qīngzhòng play a decisive role
【例】①他的意见在公司中举足轻重。②他爷爷是一位举足轻重的人物。

剧本 jùběn *n.* play, opera
【配】写剧本，改编剧本
【例】①他喜欢写剧本。②这个剧本的作者是莎士比亚 (Shāshìbǐyà; Shakespeare)。

剧烈 jùliè *adj.* violent, severe, fierce

【配】剧烈的变化，剧烈运动

【例】①他的思想发生了剧烈的变化。②刚吃完饭不要做剧烈运动。

【同】猛烈

据悉 jùxī *v.* it is reported (that)

【例】①据悉，他在比赛中得了第一名。②据悉，巴西（Bāxī; Brazil）总统近期将访问中国。

聚精会神 jùjīng-huìshén concentrate one's attention on

【例】①大家聚精会神地听老师讲课。②他正聚精会神地做作业。

决策 juécè *v./n.* make a strategic decision; policy decision

【配】集体决策，战略决策

【例】①重大事件应该由大家共同决策。②现在形势危急，我们要尽快做出应对决策。

觉悟 juéwù *n./v.* consciousness, awareness; come to understand

【配】觉悟高，思想觉悟

【例】①我们应该努力提高自己的思想觉悟。②他终于觉悟了。

觉醒 juéxǐng *v.* awaken, wake up
【例】①是你该觉醒的时候了。②奴隶们终于觉醒，决定反抗了。

绝望 juéwàng *v.* be desperate, lose all hope
【例】①你不要绝望，一切都会过去的。②艰苦的生活环境并没有让他绝望。

军队 jūnduì *n.* armed forces, troops
【配】带领军队，政府军队
【例】①这支军队排成整齐的两列。②军队驻扎在祖国的边疆。

K

卡通 kǎtōng *n.* cartoon
【配】卡通形象，卡通明星
【例】①孩子们都爱看卡通片。②她是大家都知道的卡通人物。

开采 kāicǎi *v.* extract, exploit
【配】开采石油，开采资源
【例】①工人们正在开采石油。②人类很早就学会开采地下资源了。

开除 kāichú *v.* expel
【配】开除学生，开除公职
【例】①他被学校开除了。②他因为工作不认真被公司开除了。

开阔 kāikuò *adj./v.* wide, open; widen, broadened
【配】视野开阔，开阔思路
【例】①这儿是一片开阔的平原。②读书能开阔人的眼界。
【同】广阔

开朗 kāilǎng *adj.* open and clear, optimistic
【配】开朗的笑声，开朗的性格
【例】①屋里传来他开朗的笑声。②他的性格很开朗。

开明 kāimíng *adj.* enlightened, open-minded
【配】开明人士，开明政策
【例】①公司的管理政策很开明。②他思想开明，不保守。
【反】保守

开辟 kāipì *v.* open up, start
【配】开辟道路
【例】①他为企业开辟了一条光明的道路。②人们纷纷建议开辟更多的公交线路。

【同】开拓

开水 kāishuǐ *n.* boiled water, boiling water
【配】喝开水
【例】①这是开水，小心烫手。②他倒了一杯开水。

开拓 kāituò *v.* open up
【配】开拓市场，开拓事业
【例】①公司打算开拓新的市场。②他决定开拓自己的新事业。
【同】开辟

开展 kāizhǎn *v.* develop, launch
【配】开展活动，开展运动
【例】①学校准备开展保护环境的活动。②政府决定开展全民健身运动。

开支 kāizhī *v./n.* pay (expense); expenses, spending
【配】开支巨大，一笔开支
【例】①这项工程开支巨大。②预算中没有这项开支。

刊登 kāndēng *v.* publish, carry
【配】刊登寻人启事
【例】①报纸上刊登了一则寻人启事。②这家杂志每期都会刊登一个小故事。

刊物 kānwù *n.* publication
【配】创办刊物，学术刊物
【例】①他想创办一份学术刊物。②这是我们学校的刊物。

勘探 kāntàn *v.* explore
【配】勘探人员，勘探石油
【例】①工人们正在勘探石油。②他是勘探队的成员。

看待 kàndài *v.* regard, look upon
【配】看待事物，另眼看待
【例】①你怎么看待这件事？②我们看待这件事的方式和你不一样。

看望 kànwàng *v.* visit, call on
【配】看望老师，看望家人
【例】①我们打算去看望生病的老师。②你回来是为了看望家人，还是为了处理其他事情？

慷慨 kāngkǎi *adj.* generous, vehement, fervent
【配】慷慨大方，慷慨陈词
【例】①他为人慷慨大方。②她慷慨地向灾民（zāi-mín; victims of a natural calamity）捐款。
【同】大方
【反】吝啬

扛 káng *v.* carry on the shoulder, shoulder

【配】扛东西，扛行李

【例】①他负责扛这两个箱子。②这点儿小事他可以扛过去的。

考察 kǎochá *v.* inspect, make an on-the-spot investigation

【配】考察地势，考察人员

【例】①他跟随考察团一起回国。②他们打算考察这个地区的风土人情。

考古 kǎogǔ *n./v.* archaeology; engage in archaeological studies

【配】考古研究，考古学

【例】①他热爱考古工作。②作为考古学家，她每年都要去各地考古。

考核 kǎohé *v.* examine, assess (sb's proficiency)

【配】考核事实，考核状况

【例】①他是上次考核被淘汰的那名员工吗？②我们想考核一下这家公司的状况。

考验 kǎoyàn *v.* put to test

【配】考验某人，经得起考验

【例】①考验你的时候到啦！②这次灾难考验了他的勇气。

靠拢 kàolǒng　*v.* draw close, close up
【配】靠拢过来
【例】①他们正在向主力（zhǔlì; main force）部队靠拢。②野外的天气越来越冷，大家不停地向火堆靠拢。

科目 kēmù　*n.* subject
【配】学习科目，研究科目
【例】①你在学校学了什么科目？②他研究哪个科目？

颗粒 kēlì　*n.* size of a grain, pellet, etc., each grain (of rice, wheat, etc.)
【配】感冒颗粒，颗粒饱满（bǎomǎn; plump）
【例】①这是一种颗粒状的物质。②小麦的颗粒很饱满。

磕 kē　*v.* knock
【配】磕到墙上
【例】①他不小心把膝盖磕破了皮。②你快把鞋子上的土磕下来。

可观 kěguān　*adj.* worth seeing, considerable
【配】景色可观，收入可观

【例】①这一带景色可观。②他获得了一笔可观的财产。

可口 kěkǒu *adj.* tasty, good to eat

【配】可口的饭菜，美味可口

【例】①这顿饭菜真可口。②我想喝杯清凉可口的饮料。

可恶 kěwù *adj.* hateful, abominable

【配】可恶的小偷，真可恶

【例】①干出这种事情的人太可恶了。②歹徒真可恶。

可笑 kěxiào *adj.* funny, ridiculous

【配】可笑的举动，多可笑

【例】①他戴着那顶帽子看起来十分可笑。②这篇文章里有很多可笑的情节。

可行 kěxíng *adj.* feasible

【配】切实可行

【例】①事实证明这个方法不可行。②这个计划未必可行。

渴望 kěwàng *v.* crave/thirst for

【配】渴望和平，渴望爱情

【例】①饱受（bǎoshòu; suffer enough from）战争之苦的人们渴望和平。②他渴望上大学。

【同】盼望

刻不容缓 kèbùrónghuǎn　allow no delay

【例】①对于医生来说，抢救病人刻不容缓。②这件事刻不容缓，你们应该立刻去办。

客户 kèhù　*n.* client

【配】新客户，公司客户

【例】①他是这家公司的老客户了。②超市向每一位客户赠送小礼物。

课题 kètí　*n.* problem, task

【配】一个课题，研究课题

【例】①如何解决缺水问题是摆在我们面前的一个重大课题。②老师让我们写一篇关于这个研究课题的论文。

恳切 kěnqiè　*adj.* sincere, earnest

【配】态度恳切，恳切祝愿

【例】①他态度恳切，言辞诚恳。②我们恳切地希望您能原谅我们。

啃 kěn *v.* gnaw, nibble, bite

【配】啃骨头

【例】①你要改掉啃铅笔的坏习惯。②老鼠把玉米啃光了。

坑 kēng *n./v.* pit; entrap

【配】挖坑，坑人

【例】①他不小心掉到了坑里。②她被卖水果的人坑了。

空洞 kōngdòng *adj.* empty, hollow

【配】内容空洞，形式空洞

【例】①这篇文章没有什么内容，太空洞了。②这个理论空洞无趣。

空前绝后 kōngqián-juéhòu *adj.* be unprecedented and unrepeatable

【例】①这一事件在历史上是空前绝后的。②这次演出真是空前绝后。

空想 kōngxiǎng *n./v.* daydream; indulge in fantasy

【例】①你的主意只是一种空想，完全没有现实意义。②他只会坐在那里空想。

【同】幻想

空虚 kōngxū *adj.* empty, hollow, void

【配】思想空虚，内心空虚

【例】①他觉得自己活得很空虚。②宠物狗的去世使她的生活变得很空虚。

孔 kǒng *n./m.* hole; [for cave-dwellings, oil wells, etc.]

【配】孔洞，小孔，一孔

【例】①这扇门上有很多孔。②这里有一孔油井。

恐吓 kǒnghè *v.* threaten, menace

【配】恐吓信，恐吓行为

【例】①他收到一封恐吓信。②游客不应该恐吓动物。

恐惧 kǒngjù *adj.* fearful, frightened

【配】恐惧的神情，恐惧心理

【例】①每次想起那场事故，他的脸上就不由得流露出恐惧的神情。②对于血的恐惧让他很难成为一名医生。

空白 kòngbái *n./adj.* blank space; blank

【配】一片空白，空白表格

【例】①你把它记在书上空白的地方。②请你把自己的信息填在这张空白表格上。

空隙 kòngxì *n.* space, gap, interval

【配】留空隙，有空隙

【例】①这两张桌子挨得很紧，没有一点儿空隙。②我们在墙的空隙处贴上墙纸。

口气 kǒuqì *n.* manner of speaking, tone

【配】说话口气，口气大

【例】①他居然敢用这种口气跟我说话。②听口气，他好像不大赞成这个计划。

口腔 kǒuqiāng *n.* oral cavity

【配】口腔科

【例】①口腔是重要的发音器官。②他是口腔科的一名医生。

口头 kǒutóu *n.* words, oral

【配】口头通知，口头语

【例】①他只是口头上说说而已，你不要太在意。②"对不起"成了他的口头语。

口音 kǒuyīn *n.* accent, voice

【配】说话口音，地方口音

【例】①听他说话的口音像是北京人。②他的地方口音很重，我听不懂。

枯竭 kūjié *v.* dry up

【配】资源枯竭，河水枯竭

【例】①干旱使河水枯竭。②人类要节约资源，防止资源枯竭。

枯燥 kūzào *adj.* dry and dull, uninteresting

【配】很枯燥，枯燥无味

【例】①他认为学习是一件很枯燥的事。②这本书太枯燥了。

【反】有趣

苦尽甘来 kǔjìn-gānlái after suffering comes happiness

【例】①他们过了半辈子苦日子，现在终于苦尽甘来了。②我们相信总有苦尽甘来的一天!

挎 kuà *v.* carry on one's arm

【配】挎篮子

【例】①她挎着篮子上街了。②他挎着包离开了。

跨 kuà *v.* cut across, step, stride

【配】跨国，跨地区

【例】①这是一起跨国走私案件。②这座桥横跨长江。

快活 kuàihuo *adj.* cheerful, happy

【配】心里快活，很快活

【例】①我们每天生活得很快活。②每次和他在一起，我就感觉很快活。

宽敞 kuānchang *adj.* spacious

【配】很宽敞，宽敞的客厅

【例】①这间屋子很宽敞。②新房子里有宽敞的客厅。

【同】宽阔（kuānkuò）

【反】狭窄

款待 kuǎndài *v.* entertain

【配】热情款待，受到款待

【例】①她热情地款待了客人。②我们受到了盛情的款待。

款式 kuǎnshì *n.* pattern, design, style

【配】流行款式，一种款式

【例】①这种款式的衣服很适合你。②我们店里的衣服款式齐全。

【同】样式

筐 kuāng *n.* basket

【配】编筐，竹筐

【例】①他背着筐上山了。②你别忘了把玉米放在筐里。

旷课 kuàngkè *v.* be absent from school without leave

【配】迟到旷课

【例】①他经常旷课。②他学习一向认真，但是今天竟然旷课了。

况且 kuàngqiě *conj.* moreover, besides

【例】①天黑了，况且还下着雨，你今天别回去了。②这房子不够大，况且离市区太远了。

框架 kuàngjià *n.* framework

【配】作品框架，大体框架

【例】①这个故事的框架已经形成了。②在讨论具体的发展措施之前，咱们应该先设计一个框架。

亏待 kuīdài *v.* treat unfairly

【配】亏待某人

【例】①好好干，他不会亏待你的。②你到我这里来，我能亏待你吗？

亏损 kuīsǔn *v.* have a deficit/loss

【配】资金亏损

【例】①今年公司亏损不少。②我们要努力扭转亏损的局面。

【反】盈利

昆虫 kūnchóng *n.* insect

【配】昆虫学家，观察昆虫

【例】①他喜欢观察昆虫。②森林里有许多昆虫。

捆绑 kǔnbǎng *v.* truss up, bind

【配】捆绑歹徒，捆绑东西

【例】①绳子是用来捆绑东西的。②请你把这几本书捆绑起来。

扩充 kuòchōng *v.* expand and strengthen

【配】扩充空间，扩充军备（jūnbèi; armament）

【例】①出版社打算扩充一下编辑人员。②政府正在加紧扩充军备。

扩散 kuòsàn *v.* proliferate, spread

【配】扩散疾病，扩散消息

【例】①病毒的不断扩散使人们感到十分慌张。②工厂排放的污染物不断扩散。

扩张 kuòzhāng *v.* expand, enlarge

【配】扩张领土，公司扩张

【例】①这家跨国公司把势力扩张到世界各国。②任何扩张领土的做法都会遭到人们的反对。

L

啦 la *aux.* la [fusion of 了 and 啊]
【例】①你终于回来啦！②我们已经完成任务啦。

喇叭 lǎba *n.* loudspeaker, trumpet
【配】吹喇叭，一只喇叭
【例】①汽车的喇叭响了。②他吹喇叭吹得很好。

来历 láilì *n.* origin, antecedents, past history
【配】来历不明，他的来历
【例】①这个花瓶很有来历。②这个人来历不明。

来源 láiyuán *n./v.* source, origin; stem from
【配】生活来源，来源于
【例】①那位老人的生活来源是什么？②这部小说来源于作者的生活经历。

栏目 lánmù *n.* heading or title of a column
【配】栏目组，经济栏目
【例】①他喜欢看新闻栏目。②他是这家报纸的栏目记者。

懒惰 lǎnduò *adj.* lazy, indolent
【配】懒惰的人，生性懒惰

【例】①他一直不能克服懒惰的坏习惯。②他思想懒惰，安于现状。

狼狈 lángbèi *adj.* in a difficult situation

【配】很狼狈，狼狈不堪（bùkān; cannot bear）

【例】①他被大雨淋得狼狈不堪。②在猛烈的军事进攻下，敌人狼狈地撤退了。

朗读 lǎngdú *v.* read aloud, read loudly and clearly

【配】朗读课文，练习朗读

【例】①你来朗读课文。②他们正在练习朗读的技巧。

捞 lāo *v.* scoop up from a liquid

【配】捞鱼，捞上来

【例】①他跳下河去捞鱼。②你快去把掉到河里的东西捞上来！

牢固 láogù *adj.* secure, firm

【配】牢固的城墙，很牢固

【例】①他的基础知识十分牢固。②这座大楼盖得很牢固。

牢骚 láosāo *n./v.* complaint; complain

【配】发牢骚

【例】①你不要动不动就发牢骚。②他总是牢骚个不停。

唠叨 láodao *v.* nag, chatter
【配】唠叨一番，唠唠叨叨
【例】①这位老奶奶喜欢唠叨。②他唠叨起来没完没了。

乐趣 lèqù *n.* joy, pleasure, delight
【配】充满乐趣
【例】①人生的乐趣在于发现生活的美好。②校园里充满乐趣。

乐意 lèyì *v./adj.* be willing (to do sth.); pleased
【配】乐意做某事，不大乐意
【例】①他很热心，乐意帮助别人。②我很乐意去做这件事。

雷达 léidá *n.* radar
【配】雷达装备，雷达跟踪
【例】①他们能够通过雷达测量速度。②火箭飞行全程由雷达跟踪。

类似 lèisì *v.* be similar (to)
【配】情况类似，类似的衣服

【例】①他的书包跟你的类似。②我保证不再犯类似错误。

冷淡 lěngdàn *adj./v.* cold, indifferent; treat coldly

【配】很冷淡，生意冷淡

【例】①我觉得他非常冷淡，不好相处。②你不要冷淡了客人。

冷酷 lěngkù *adj.* grim

【配】很冷酷，冷酷无情

【例】①他性格冷酷，不受大家欢迎。②他是一位冷酷无情的国王。

冷却 lěngquè *v.* make cool, cool

【配】冷却装置（zhuāngzhì; installation），冷却系统

【例】①等他的热情冷却下来了再讨论这件事吧。②水渐渐冷却了。

愣 lèng *v./adj./adv.* be stupefied; rash; wilfully

【配】发愣，愣住了，愣不明白

【例】①她坐在那里发愣。②他愣的很，做事从不考虑后果。③这么简单的道理，他愣不懂。

黎明 límíng *n.* daybreak, dawn

【配】黎明的曙光（shǔguāng; the first light of morning）

【例】①黎明时他就散步去了。②他在黎明时分离开了家。

礼节 lǐjié *n.* etiquette
【配】遵守礼节，中国的礼节
【例】①见面握手是中国的礼节。②中国有许多礼节与其他国家不同。

里程碑 lǐchéngbēi *n.* milestone
【配】一座里程碑
【例】①这件事是我们前进道路上的里程碑。②这个历史事件具有里程碑式的意义。

理睬 lǐcǎi *v.* heed, pay attention to
【配】不理睬
【例】①他对我的请求完全不予理睬。②我向她打招呼，但她没理睬我。

理所当然 lǐsuǒdāngrán of course, naturally
【例】①他平常十分懒惰，丢了工作也是理所当然的。②他表现突出，理所当然地引起了大家的注意。

理直气壮 lǐzhí-qìzhuàng be in the right and self-confident
【例】①她理直气壮地反驳了大家对她的指责。②他总是理直气壮地指责别人。

理智 lǐzhì *adj./n.* rational; reason, sense

【配】很理智，丧失理智

【例】①请你理智一点！②他已经完全丧失理智了。

力所能及 lìsuǒnéngjí in/within one's power

【例】①我愿为你提供力所能及的帮助。②这完全是你力所能及的工作。

力图 lìtú *v.* try hard to do sth.

【配】力图取胜，力图扩张

【例】①他刻苦练习，力图在比赛中取得胜利。②我们力图提高公司的影响力。

力争 lìzhēng *v.* do all one can to do sth., argue strongly

【配】力争上游，据理力争

【例】①我们队在比赛中力争第一名。②律师据理力争（jùlǐ-lìzhēng; argue strongly on just grounds），希望能打赢官司。

历代 lìdài *n.* successive dynasties, all periods (of time)

【配】历代从医，历代国王

【例】①他们家历代从医。②这项技术经过历代传承（chuánchéng; impart and inherit），已经相当成熟。

历来 lìlái *adv.* always, all through the ages
【配】历来如此
【例】①政府历来重视教育。②我历来信守承诺。

立场 lìchǎng *n.* position, standpoint
【配】立场坚定，消费者的立场
【例】①请你站在他的立场上想想。②他们两人立场不同。

立交桥 lìjiāoqiáo *n.* overpass, flyover
【配】修建立交桥，设计立交桥
【例】①新建的立交桥大大地缓解了交通压力。②这座立交桥由他负责设计。

立体 lìtǐ *n./adj.* solid; three-dimensional
【配】立体几何（jǐhé; geometry），立体模型
【例】①他觉得立体几何很难。②这部电影的画面是立体的。

立足 lìzú *v.* gain a foothold, base oneself upon
【配】立足社会，立足现实
【例】①他想在北京立足。②每个人都要学会在社会上立足。

利害 lìhài *n.* advantages and disadvantages

【配】利害关系，利害得失

【例】①在做出决定之前，我们应该考虑利害关系。②你要想清楚这件事的利害关系。

利率 lìlǜ *n.* interest rate

【配】贷款利率，提高利率

【例】①银行的贷款利率是多少？②国家调整了银行利率。

例外 lìwài *v./n.* be an exception; exception

【配】不能例外，无一例外

【例】①这次比赛大家都要参加，谁也不能例外。②这只是一个例外，你不用在意。

连年 liánnián *v.* several years straight

【配】连年战争，连年亏损

【例】①连年战争使得人民饱受贫穷和饥饿的折磨。②由于经营策略的失败，这个公司连年亏损。

连锁 liánsuǒ *adj.* linked together

【配】连锁反应，连锁酒店

【例】①政府担心这次骚乱（sāoluàn; disturbance）会引发连锁反应。②这家连锁酒店生意不错。

连同 liántóng *conj.* together with, along with

【例】①老师连同学生一起离开了。②我连同哥哥一起回家去了。

联欢 liánhuān *v.* have a get-together

【配】一起联欢，联欢会

【例】①老同学与新同学一起联欢。②他去参加春节联欢会了。

联络 liánluò *v.* get in touch (with), contact

【配】联络感情，取得联络

【例】①他们经常聊天联络感情。②如果你发现任何异常情况，请及时和警察联络。

联盟 liánméng *n./v.* union, alliance, coalition; unite

【配】国际联盟，实现联盟

【例】①这个国际联盟由几个非洲（Fēizhōu; Africa）国家组成。②两国在经过谈判以后实现联盟。

联想 liánxiǎng *n./v.* association; associate with

【配】许多联想，联想起

【例】①这只是联想，不是事实。②提起春天，他联想到很多事物。

廉洁 liánjié *adj.* honest and clean

【配】清正（qīngzhèng; honest and upright）廉洁

【例】①这位部长很廉洁。②领导干部应该廉洁自律（zìlǜ; self-discipline）。

良心 liángxīn *n.* conscience

【配】（没）有良心

【例】①这件事使他良心上感到不安。②做这种事你的良心不受谴责吗？

谅解 liàngjiě *v.* understand

【配】得到谅解，谅解某人

【例】①我们招待不周，希望您能谅解。②给您带来的不便请您谅解。

晾 liàng *v.* dry in the air

【配】晾衣服，晾干

【例】①他把湿衣服晾在了绳子上。②你把湿布放在太阳下晾干吧。

辽阔 liáokuò *adj.* vast, extensive

【配】辽阔的海洋，非常辽阔

【例】①马儿奔驰在辽阔的草原上。②鸟儿在辽阔的天空中自由飞翔。

【同】广阔

列举 lièjǔ *v.* list, enumerate

【配】列举证据，列举事实

【例】①报告里列举了大量统计数字。②他在论述中列举了大量事实。

临床 línchuáng *v.* (of a doctor) be at the sickbed providing medical services

【配】临床医学，临床应用

【例】①他想学习临床医学。②她是一名临床大夫。

淋 lín *v.* (of liquids) pour, drench

【配】淋雨，淋浴

【例】①别让孩子在外面淋雨。②他正在卫生间里淋浴。

吝啬 lìnsè *adj.* miserly, mean

【配】吝啬鬼，很吝啬

【例】①她从不舍得把东西借给别人，吝啬得很。②你不要太吝啬了，否则会被别人笑话。

【反】慷慨，大方

伶俐 línglì *adj.* clever, intelligent

【配】聪明伶俐，口齿伶俐

【例】①这孩子聪明伶俐，人见人爱。②她口齿伶俐，连老师也说不过她。

灵感 línggǎn *n.* inspiration
【配】创作的灵感，艺术灵感
【例】①他突然有了创作的灵感。②只有体验生活，才能获得艺术灵感。

灵魂 línghún *n.* spirit, soul
【配】艺术的灵魂，灵魂人物
【例】①老师是人类灵魂的工程师。②我们不能拿灵魂与金钱做交易。

灵敏 língmǐn *adj.* sensitive
【配】反应灵敏，动作灵敏
【例】①猴子反应灵敏。②他动作灵敏地从树上跳了下来。
【同】敏捷，敏锐
【反】迟钝 (chídùn)

凌晨 língchén *n.* early of the morning
【配】凌晨两点
【例】①现在是凌晨三点。②他今天凌晨到达北京。

零星 língxīng *adj.* odd, fragmentary, piecemeal

【配】零星雪花，零星活儿

【例】①天上零星地掉了几个雨点儿。②山上零星地住着几户人家。

领会 línghuì *v.* understand, grasp, comprehend

【配】领会意思，领会内容

【例】①这篇文章的思想你能领会吗？②他领会了老师讲课的重点。

领事馆 lǐngshìguǎn *n.* consulate

【例】①他在领事馆当翻译。②这是中国驻纽约 (Niǔyuē; New York) 领事馆。

领土 lǐngtǔ *n.* territory

【配】扩张领土，侵略领土

【例】①中国领土辽阔。②我们要保卫祖国的领土完整。

领悟 lǐngwù *v.* understand, comprehend

【配】领悟思想，领悟奥秘

【例】①他终于领悟我们的意思了。②我渐渐领悟了他的真实意图。

领先 lǐngxiān *v.* lead, be ahead of

【配】领先科技，遥遥领先

【例】①他的成绩在班级里遥遥领先。②这项技术成果处于世界领先地位。

领袖 lǐngxiù *n.* leader

【配】国家领袖，领袖人物

【例】①他是公众（gōngzhòng; the public）选举出来的国家领袖。②他天生是个领袖人物。

溜 liū *v./adj.* sneak away, slip off; smooth

【配】溜走，光溜

【例】①小偷从后门溜走了。②桌面很光溜。

留恋 liúliàn *v.* be reluctant to leave (a place, a life style, etc.)

【配】留恋家乡，留恋之情

【例】①就要毕业了，大家都十分留恋。②这里不值得咱们留恋。

留念 liúniàn *v.* give or accept as a souvenir

【配】合影留念，签名留念

【例】①咱们在这合影留念吧。②毕业了，大家互赠礼物留念。

留神 liúshén *v.* take care

【配】留点儿神

【例】①留神，你后面有车。②你上下楼时留神别摔着。

流浪 liúlàng *v.* drift around, roam about

【配】到处流浪，流浪汉

【例】①这些小猫小狗无人收养，到处流浪。②他是个流浪汉。

流露 liúlù *v.* show unintentionally (one's thoughts or feelings)

【配】感情流露

【例】①他一直盯着那只小猫，眼中流露出喜爱之情。②他的脸上流露出失望的神情。

流氓 liúmáng *n.* hoodlum, rogue, gangster

【配】逮捕流氓，耍流氓

【例】①他因耍流氓被捕了。②几个流氓把老奶奶的钱抢走了。

流通 liútōng *v.* (of air, money, commodities, etc.) circulate

【配】流通货币，商品流通

【例】①假币不能在市场上流通。②这家公司的股票已经上市流通了。

聋哑 lóngyǎ *adj.* deaf and dumb

【配】聋哑儿童，聋哑学校

【例】①他是个聋哑人。②他妹妹在聋哑学校学习。

隆重 lóngzhòng *adj.* solemn, grand

【配】隆重仪式，隆重举行

【例】①我们学校要举办一场隆重的联欢会。②奥运会的开幕式很隆重。

垄断 lǒngduàn *v.* monopolize

【配】垄断行业，垄断市场

【例】①这家公司企图垄断整个市场。②他在一家垄断集团工作。

笼罩 lǒngzhào *v.* enshroud, envelop

【配】乌云笼罩

【例】①屋里笼罩着一种悲伤的气氛。②乌云笼罩着大地。

搂 lǒu *v.* hug, embrace

【配】搂着，搂抱

【例】①妈妈把孩子搂在怀里。②妹妹搂着姐姐的腰。

炉灶 lúzào *n.* kitchen/cooking range

【配】搭建炉灶，另起炉灶

【例】①厨房里有炉灶，你可以在家做饭。②你把牛奶放在炉灶上的锅里热一热。

屡次 lǚcì *adv.* repeatedly, time and again

【配】屡次失败，屡次犯错

【例】①他虽然屡次失败，但从不失望。②对于你的屡次帮忙，我们表示衷心的感谢。

履行 lǚxíng *v.* fulfil, carry out

【配】履行承诺，履行条约

【例】①我一定会履行承诺的。②你应该履行合同上的条约。

掠夺 lüèduó *v.* plunder, rob

【配】掠夺财产，掠夺食物

【例】①他们把掠夺来的财产放在袋子里。②附近的土匪（tǔfěi; bandit）经常掠夺村民的粮食。

略微 lüèwēi *adv.* a little/bit, slightly

【例】①这道菜的口味略微重了点儿。②这孩子略微长高了点儿。

轮船 lúnchuán *n.* steamship

【配】一艘轮船，坐轮船

【例】①海面上有一艘轮船。②他打算坐轮船去美国。

轮廓 lúnkuò *n.* outline

【配】大体轮廓，脸部轮廓

【例】①黎明的天空下显现出大山的轮廓。②这幅画的轮廓很不清晰。

轮胎 lúntāi *n.* tyre

【配】汽车轮胎，修理轮胎

【例】①他的修理店里出售（chūshòu; sell）各种各样的轮胎。②汽车的轮胎坏了。

论坛 lùntán *n.* forum

【配】学术论坛，经济论坛

【例】①最近学校要举办一个语言学方面的学术论坛。②报纸的这个论坛是供读者提意见的。

论证 lùnzhèng *v./n.* expound and prove; proof

【配】论证观点，缺乏论证

【例】①他想向大家论证这个问题。②这本书的观点缺乏充分的论证。

啰唆 luōsuo *adj./v.* wordy; gabble about

【配】真啰唆，啰唆什么

【例】①他的啰唆事儿太多。②你啰唆了半天，也没说明白。

螺丝钉 luósīdīng *n.* screw

【配】一颗螺丝钉

【例】①这颗螺丝钉有点松动了。②你用螺丝钉把门固定住。

络绎不绝 luòyì-bùjué in an endless stream

【例】①一到假期，到长城旅游的人就络绎不绝。②大街上的人来来往往，络绎不绝。

落成 luòchéng *v.* (of a building, etc.) be completed

【配】大厦落成

【例】①这座大厦终于落成了。②新的立交桥即将落成。

落实 luòshí *v.* put into effect

【配】落实行动，落实资金

【例】①计划已经落实了。②这件事还未最后落实。

M

麻痹 mábì *v./adj.* benumb, lull; careless

【配】麻痹自己，思想麻痹

【例】①我们制造假象（jiǎxiàng; false appearance）来麻痹敌人。②对于这件事，我们不能麻痹大意。

麻木 mámù *adj.* numb

【配】麻木的表情

【例】①对这种事情他早已经不觉得奇怪，一脸麻木的表情。②我一直站着，脚都麻木了。

麻醉 mázuì *v.* anaesthetize, poison

【配】麻醉病人，麻醉医师

【例】①病人在手术前被麻醉了。②我们不要被金钱麻醉。

码头 mǎtou *n.* wharf, dock

【配】香港码头，大码头

【例】①香港码头有许多船只来往。②天津早就是个大码头了。

嘛 ma *aux.* [indicating that sth. is obvious]

【例】①他还是小孩子嘛！②不让你去就别去嘛！

埋伏 máifú *v./n.* hide; ambush

【配】埋伏圈，有埋伏

【例】①他曾经在敌人的重要部门埋伏多年。②他不小心中了敌人的埋伏。

埋没 máimò *v.* bury, cover up

【配】埋没人才，埋没村落

【例】①他的才能被埋没了。②大雪把村庄埋没了。

埋葬 máizàng *v.* bury

【配】埋葬尸体

【例】①他被埋葬在公墓里。②这里埋葬着一位伟人。

迈 mài *v./m.* step, stride; mile

【配】迈步，年迈，三十迈

【例】①军队迈着整齐的步伐走过检阅台（jiǎnyuè-tái; reviewing stand）。②他们一小时走了三十迈。

脉搏 màibó *n.* pulse

【配】脉搏跳动，脉搏正常

【例】①病人的脉搏停止跳动了。②他一激动，脉搏跳动都加快了。

埋怨 mányuàn *v.* complain (about)

【配】埋怨某人

【例】①他埋怨自己太粗心了。②他总是埋怨别人，把责任推到别人身上。

蔓延 mànyán *v.* extend, spread

【配】疾病蔓延，野草蔓延

【例】①悲观的情绪在这个班级中蔓延开来。②传染病迅速地蔓延开来。

漫长 màncháng *adj.* very long, endless

【配】漫长的道路，漫长的对话

【例】①他开始了漫长的旅途。②这个冬天显得很漫长。

漫画 mànhuà *n.* cartoon, caricature

【配】漫画人物，漫画书

【例】①他是漫画里的人物。②我喜欢日本的漫画书。

慢性 mànxìng *adj.* chronic, slow in taking effect

【配】慢性病，慢性作用

【例】①他死于慢性中毒。②他得了慢性病。

忙碌 mánglù *adj./v.* busy; keep busy

【配】忙碌的生活，忙碌过度

【例】①他每天都很忙碌。②为了生活，他忙碌了一辈子。

盲目 mángmù *adj.* blind

【配】盲目乐观，盲目崇拜

【例】①咱们这样做太盲目了。②我们不能盲目行动。

茫茫 mángmáng *adj.* boundless and indistinct, vast

【配】茫茫宇宙，人海茫茫

【例】①山上雾气茫茫，我们看不清前面的路。②人海茫茫，你让我去哪里找他？

茫然 mángrán *adj.* ignorant, at a loss

【配】茫然无知，神色茫然

【例】①他站在那里，脸上带着一副茫然的神情。②大家对她的回答茫然不解。

茂盛 màoshèng *adj.* luxuriant, thriving

【配】树木茂盛，花草茂盛

【例】①植物园里的花草长得十分茂盛。②这个地区树木茂盛。

冒充 màochōng *v.* pretend to be

【配】冒充某人，冒充者

【例】①他因冒充警察而被逮捕了。②我们冒充工作人员混了进去。

没辙 méizhé *v.* can find no way out

【例】①事情发展到这个地步，我们也没辙了。②这个人太讨厌了，真拿他没辙。

枚 méi *m.* [used in connection with coins, stamps, bombs, etc.]

【配】一枚硬币，一枚炮弹

【例】①他给了孩子几枚硬币。②她在比赛中获得了两枚奖牌 (jiǎngpái; medal)。

媒介 méijiè *n.* medium, vehicle

【配】传播媒介，媒介物

【例】①血液是传播疾病的媒介。②报纸是新闻媒介。

媒体 méitǐ *n.* medium

【配】校园媒体，新闻媒体

【例】①媒体对这件事情怎么看？②这个新闻已经有媒体报道过了。

美观 měiguān *adj.* pleasing to the eye, beautiful, artistic

【配】样式美观，美观大方

【例】①把花瓶放在桌子上，看上去很美观。②这种款式的冰箱不仅美观大方，而且实用。

美满 měimǎn *adj.* happy, perfectly satisfactory

【配】幸福美满，生活美满

【例】①他现在生活得很美满。②祝您家庭美满和谐。

美妙 měimiào *adj.* beautiful, splendid, wonderful

【配】美妙的音乐，美妙的声音

【例】①他的声音美妙动听。②他沉浸在美妙的音乐中。

门诊 ménzhěn *v.* outpatient service

【配】门诊病人，门诊部

【例】①这家医院有很多门诊病人。②他在这家医院的门诊部上班。

萌芽 méngyá *v./n.* sprout, bud; germ

【配】草木萌芽，新思想的萌芽

【例】①小麦萌芽了。②那一时期已经有了新思想的萌芽。

蒙 méng *v./adj.* cover, receive; drizzling

【配】蒙上，承蒙，蒙蒙小雨

【例】①大地蒙上了一层雪。②蒙你照顾，非常感谢。③天上下着蒙蒙细雨。

猛烈 měngliè *adj.* fierce, violent

【配】猛烈进攻，猛烈批判

【例】①风猛烈地刮着。②这篇文章受到了猛烈的批判。

【同】剧烈

梦想 mèngxiǎng *v./n.* dream of, vainly hope; vain hope
【配】梦想成为，实现梦想
【例】①他梦想成为歌星。②他想当老师的梦想终于实现了。

眯 mī *v.* narrow one's eyes, keep one's eyes half closed
【配】眯眼，眯一会儿
【例】①他眯着眼睛笑了。②我困了，先眯一会儿。

弥补 míbǔ *v.* make up
【配】弥补缺陷，弥补损失
【例】①今年的利润将弥补去年的亏损。②我想找机会弥补我的过错。

弥漫 mímàn *v.* be suffused with, fill the air, pervade
【例】①城市上空烟雾弥漫。②空气中弥漫着一阵花香。

迷惑 míhuò *adj./v.* confused; confuse
【配】迷惑不解，迷惑某人
【例】①他的眼神让我迷惑不解。②你的谎言迷惑不了任何人。

迷人 mírén *adj.* charming

【配】迷人的魅力，风景迷人

【例】①她浑身发着迷人的魅力。②这里景色真迷人。

迷失 míshī *v.* lose (one's way, etc.)

【配】迷失方向，迷失自己

【例】①他在森林里迷失了方向。②在众多诱惑面前，她迷失了自己。

迷信 míxìn *n./v.* superstition; have a superstitious belief (in sth.)

【配】破除（pòchú; abolish）迷信，迷信思想

【例】①我们要破除迷信，崇尚（chóngshàng; advocate）科学。②他迷信权威。

密度 mìdù *n.* density

【配】人口密度

【例】①水的密度比空气大得多。②这个城市的人口密度很大。

密封 mìfēng *v.* seal up

【配】密封材料，密封舱

【例】①他们用白蜡（báilà; white wax）密封瓶口。②这种食物需要密封保存。

免得 miǎnde *conj.* so as not to
【例】①我们得多问几句，免得走错路。②他经常给家人打电话，免得家人担心。
【同】以免

免疫 miǎnyì *v.* immunize
【配】免疫力，免疫系统
【例】①人体自身具有免疫力。②人体的免疫系统可以抵抗大部分病毒。

勉励 miǎnlì *v.* encourage
【配】勉励自己
【例】①妈妈经常勉励我好好学习。②老师勉励同学们继续努力。
【同】鼓励

勉强 miǎnqiǎng *v./adj.* do with difficulty, force sb. to do sth.; inadequate
【配】勉强某人，勉强同意
【例】①他不去没关系，不要勉强他。②他的解释很勉强。

面貌 miànmào *n.* appearance, looks
【配】精神面貌

【例】①他面貌清秀。②装修之后，这个房子的面貌焕然一新 (huànrán-yìxīn; look brand-new)。

【同】容貌

面子 miànzi *n.* face, prestige

【配】爱面子，给面子

【例】①他是一个爱面子的人。②这句话伤了他的面子。

描绘 miáohuì *v.* describe

【配】描绘蓝图 (lántú; blueprint)

【例】①这幅画描绘了一幅丰收的景象。②这部作品描绘了中国农村的情况。

渺小 miǎoxiǎo *adj.* tiny, insignificant

【配】力量渺小

【例】①在大自然面前，我们显得很渺小。②个人的力量很渺小，集体的力量很强大。

灭亡 mièwáng *v.* die out, be destroyed

【配】自取灭亡

【例】①封建制度早已灭亡。②关于恐龙 (kǒnglóng; dinosaur) 是如何灭亡的有许多种说法。

蔑视 mièshì *v.* show contempt for, despise

【配】蔑视困难

【例】①他蔑视一切困难。②他脸上流露出蔑视的表情。

【同】鄙视 (bǐshì)

【反】敬仰 (jìngyǎng)

民间 mínjiān *n.* folk

【配】民间音乐，民间文学

【例】①这个故事一直在民间流传。②他喜欢研究各国民间传说。

民用 mínyòng *adj.* civil

【配】民用建筑，民用飞机

【例】①政府修建了许多民用建筑。②如今民用飞机越来越多了。

敏感 mǐngǎn *adj.* sensitive

【配】对……敏感，敏感问题

【例】①有些动物对天气的变化很敏感。②他对新事物非常敏感。

敏捷 mǐnjié *adj.* quick

【配】思维敏捷，动作敏捷

【例】①小张的思维很敏捷。②他敏捷地跳上了车。

【同】灵敏

【反】迟钝（chídùn）

敏锐 mǐnruì *adj.* acute, sharp
【配】目光敏锐
【例】①这位警察具有敏锐的观察力。②他的目光非常敏锐。
【同】灵敏
【反】迟钝（chídùn）

名次 míngcì *n.* position in a name list
【配】取得名次
【例】①比赛中他的成绩很好，所以名次靠前。②他学习很好，常常在比赛中取得好名次。
【同】排名（páimíng）

名额 míng'é *n.* number of people allowed or assigned
【配】名额有限
【例】①这次比赛我们只有三个名额。②名额有限，请抓紧时间报名。

名副其实 míngfùqíshí worthy of one's name
【例】①早就听说这所学校很好，去了果然名副其实。②听说他很有才能，今天见到他，果然名副其实。
【同】名符其实（míngfúqíshí）

【反】名不副实（míngbùfùshí）

名誉 míngyù *n./adj.* reputation; honorary

【配】名誉权，名誉主席

【例】①我们要爱惜自己的名誉。②他是这所学校的名誉校长。

【同】名声（míngshēng）

明明 míngmíng *adv.* obviously

【例】①这话明明是他说的，现在却不承认了。②我明明买了练习本，可是却找不到了。

命名 mìngmíng *v.* name (sb. or sth.)

【配】给……命名，命名为……

【例】①这家医院是以他父亲的名字命名的。②我们将飞船命名为"神舟一号"。

摸索 mōsuǒ *v.* grope (for)

【配】摸索前进

【例】①他们在黑夜里摸索着前进。②我们在工作中摸索出了一些经验。

模范 mófàn *n./adj.* example, model; exemplary

【配】劳动模范，模范人物

【例】①小王是我们公司的劳动模范。②她是公认的模范妻子。

模式 móshì *n.* pattern
【配】发展模式，教育模式
【例】①这家公司引进了先进的管理模式。②事实证明，这种教育模式很有效。

模型 móxíng *n.* model
【配】飞机模型
【例】①展览馆里摆放着各种飞机模型。②屋子的角落里放着一个建筑模型。

膜 mó *n.* membrane
【配】薄膜，塑料膜
【例】①牛奶表面结了一层薄膜。②我需要一张塑料膜。

摩擦 mócā *n./v.* rub, friction; rub
【配】摩擦力，摩擦生电
【例】①朋友间会经常出现摩擦，所以要学会包容。②天冷了，她不停地摩擦双手取暖。

磨合 móhé *v.* break/grind in (an engine, machine)
【配】磨合期

【例】①这组新机器已经磨合好了。②人与人之间的交往需要磨合。

魔鬼 móguǐ *n.* devil

【例】①在传说故事里，魔鬼的本性都很残忍。②人人都想成为天使，不想成为魔鬼。

魔术 móshù *n.* magic

【配】魔术（大）师，魔术表演

【例】①小张很喜欢魔术表演。②我的梦想是成为一名魔术师。

抹杀 mǒshā *v.* write off, blot out

【配】抹杀成绩，抹杀事实

【例】①他的工作虽然有缺点，但是成绩还是抹杀不了的。②事实的真相是抹杀不了的。

莫名其妙 mòmíng-qímiào be unable to make head or tail of sth.

【例】①他说好要来又不来，真有点莫名其妙。②她这么做真是莫名其妙。

墨水儿 mòshuǐr *n.* ink

【配】蓝（红、黑）墨水儿

【例】①他喜欢用蓝色的墨水儿写字。②他的衣服染上了墨水儿。

默默 mòmò *adv.* quietly, silently
【配】默默无语，默默无闻
【例】①他知道自己犯了错，默默地低下了头。②小王经常默默无闻地为大家做好事。

谋求 móuqiú *v.* seek
【配】谋求职位，谋求幸福
【例】①张老师想在这所学校谋求一个职位。②人类一直在谋求世界和平。
【同】寻求（xúnqiú）

模样 múyàng *n.* appearance
【配】模样端正
【例】①这孩子的模样像他妈妈。②看模样，这人有30岁了。

母语 mǔyǔ *n.* mother tongue
【配】母语学习
【例】①我的母语是汉语。②玛丽认为她的母语是世界上最美的语言。

目睹 mùdǔ *v.* see with one's own eyes, witness

【配】亲眼目睹

【例】①我目睹了事情的经过。②许多人亲眼目睹了这次交通事故。

【同】目击（mùjī）

目光 mùguāng *n.* sight, vision, view

【配】目光短浅，目光如炬（jù; torch）

【例】①他的目光停留在我的脸上。②他目光短浅，只注重眼前利益。

沐浴 mùyù *v.* have a bath, immerse

【配】沐浴露，沐浴阳光

【例】①小山村沐浴在节日的气氛里。②每朵花，每棵树，每根草都沐浴在春天的阳光里。

N

拿手 náshǒu *adj.* be good at

【配】拿手菜，拿手好戏

【例】①画山水画是他的拿手好戏。②别的我不会做，只有面食还拿手。

【同】擅长

纳闷儿 nàmènr *v.* feel puzzled, wonder

【配】感到纳闷儿

【例】①他什么专业知识都不懂，我真纳闷儿他有没有看过这本书。②他接到了一个陌生人的电话，心里很纳闷儿。

耐用 nàiyòng *adj.* durable, serviceable

【配】结实耐用

【例】①陶瓷比玻璃耐用。②这种背包很耐用。

难得 nándé *adj.* hard to come by, rare

【配】难得一见，人才难得

【例】①小明两次考试都是全班第一，这是很难得的。②咱们俩难得见上一面。

难堪 nánkān *adj./v.* intolerable, embarrassed; hard to bear

【配】感到难堪，痛苦难堪

【例】①他感到很难堪，脸都涨红了。②天气闷热难堪。

难免 nánmiǎn *v.* be hard to avoid

【例】①人难免会犯错。②刚参加工作，困难是难免的。

难能可贵 nánnéng-kěguì be rare and commendable

【例】①作为一个学者，这种建立在专业知识上的批评精神难能可贵。②他对工作的热情和认真的态度真是难能可贵。

恼火 nǎohuǒ *v.* annoy

【配】感到恼火

【例】①他工作不认真，让老板感到恼火。②这个问题使她很恼火。

内涵 nèihán *n.* connotation, self-possession

【配】内涵丰富，有内涵

【例】①这篇文章的内涵丰富。②他是个有内涵的老师。

内幕 nèimù *n.* inside story

【配】内幕消息，有内幕

【例】①警察解开了整个案子（ànzi; law case）的内幕。②这件事情一定有内幕。

【同】内情（nèiqíng）

内在 nèizài *adj.* inherent, intrinsic

【配】内在美，内在价值

【例】①他认为美丽不是外在的，而是内在的。②我们要关注的是如何提升自己的内在修养。

【反】外在（wàizài）

能量 néngliàng *n.* energy

【配】充满能量，消耗能量

【例】①人们每天都要消耗很多能量。②他人年龄不大，能量可不小。

拟定 nǐdìng *v.* draw up, draft

【配】拟定计划

【例】①领导已经拟定好了我们的工作计划。②李老师拟定了这次考试的大纲。

【同】起草

年度 niándù *n.* year

【配】年度计划，年度报告

【例】①公司每年都要拟定一份年度计划。②我已经把年度报告交给老板了。

捏 niē *v.* pinch, knead, mould, fabricate

【配】捏泥人，捏造

【例】①这位老爷爷喜欢捏泥人。②他捏造了事实，真相并不是那样的。

拧 níng *v.* twist, wring, pinch
【配】拧干
【例】①他把湿衣服拧干了。②他拧了一下孩子的耳朵。

凝固 nínggù *v.* solidify, coagulate
【配】凝固成冰
【例】①天气太冷了，水凝固成了冰。②听到这个消息，他的表情凝固了。

凝聚 níngjù *v.* condense, distill
【配】凝聚力
【例】①叶子上凝聚着晶莹的露珠。②这部作品凝聚了他一生的心血。

凝视 níngshì *v.* fix one's eyes on
【配】相互凝视
【例】①这对恋人凝视着对方。②他凝视着那棵小树，好像想到了什么。
【同】注视

宁肯 nìngkěn *adv.* (would) rather
【配】宁肯……也不……
【例】①我宁肯自己吃苦，也不愿意麻烦别人。②他是个英雄，宁肯牺牲，也不愿意投降。
【同】宁愿

宁愿 nìngyuàn *adv.* would rather
【配】宁愿……也不……
【例】①她宁愿吃苦受累，也要把工作做好。②我宁愿呆在家里，也不愿去逛街。
【同】宁肯

扭转 niǔzhuǎn *v.* turn around, reverse
【配】扭转局面
【例】①他扭转身子，向门口走去。②我们要扭转这种失败的局面。

纽扣儿 niǔkòur *n.* button
【例】①我的衣服上有五颗纽扣儿。②我上衣的纽扣儿掉了。

农历 nónglì *n.* lunar calendar, traditional Chinese calendar
【例】①孩子们盼望着中国农历新年的到来。②今天是农历三月十四。

浓厚 nónghòu *adj.* (of fog, cloud, etc.) dense, thick, (of interest, etc.) strong
【配】云雾浓厚，兴趣浓厚

【例】①云层浓厚，估计要下雨了。②孩子们对打乒乓球表现出浓厚的兴趣。

奴隶 núlì *n.* slave
【配】奴隶社会，奴隶主
【例】①在奴隶社会，奴隶们没有人身自由。②我们不要像奴隶一样生活。

虐待 nüèdài *v.* maltreat, abuse
【配】虐待狂，虐待罪，受虐待
【例】①不许虐待老人！②虐待儿童是犯法的。

挪 nuó *v.* move, divert
【配】挪东西，挪用
【例】①他把椅子挪到了床前。②他因挪用公款被警察逮捕了。

O

哦 ò *int.* [expressing realization, understanding, etc.] oh
【例】①哦，我懂了。②哦，事情原来是这样！

欧洲 Ōuzhōu *n.* Europe
【配】欧洲文明
【例】①我们去欧洲旅游了。②欧洲的风景好美啊！

殴打 ōudǎ *v.* beat up, hit

【配】殴打某人

【例】①他遭到了小偷的殴打。②他因殴打他人被警察抓了起来。

呕吐 ǒutù *v.* vomit

【配】呕吐不止

【例】①她酒喝得太多了，既头疼又呕吐。②有的人晕船，一上船就呕吐不止。

P

趴 pā *v.* lie prone, bend over

【配】趴下

【例】①草地上趴着一个人。②小狗趴在地上吃东西。

排斥 páichì *v.* exclude, repel

【配】相互排斥

【例】①这位作家并不排斥现实主义的创作方法。②他从不排斥不同意见的人。

排除 páichú *v.* get rid of, remove

【配】排除万难，排除障碍

【例】①我们必须排除一切困难，好好学习。②不能排除我们在比赛中失败的可能性。

排放 páifàng v. discharge, issue

【配】排放废气，排放污水

【例】①这家工厂每年都排放很多污水。②汽车向空气中排放了大量尾气（wěiqì; tail gas）。

徘徊 páihuái v. walk up and down, hesitate

【配】徘徊不定

【例】①他一个人在街上徘徊。②他在这个问题上徘徊不定。

派别 pàibié n. group, faction

【例】①他们因政见（zhèngjiàn; political view）不同，成为不同派别的人。②新旧两个派别之间展开了一场斗争。

派遣 pàiqiǎn v. send, dispatch

【例】①公司派遣我出国访问。②他受派遣去执行一项秘密任务。

【同】差遣（chāiqiǎn）

攀登 pāndēng v. climb, clamber

【配】攀登高峰

【例】①他曾经攀登过当地最高的山峰。②他是一名成功的攀登者。

盘旋 pánxuán *v.* circle, hover
【配】盘旋上升
【例】①烟盘旋上升。②他在门前盘旋了好久。

判决 pànjué *n./v.* judgement; pass judgement (on)
【配】做出判决，判决结果
【例】①法院对他的罪行做出了判决。②法官判决他们离婚后，她哭了。
【同】裁决（cáijué）

畔 pàn *n.* side, bank
【配】河畔，湖畔，江畔
【例】①我喜欢在湖畔读书。②河畔的风景很美。
【同】边

庞大 pángdà *adj.* huge, enormous, colossal
【配】规模庞大，庞大的组织
【例】①他成立了一个庞大的商业组织。②这是一个庞大的工程，耗费了不少人力物力。
【同】巨大

抛弃 pāoqì *v.* throw away, abandon
【配】抛弃朋友，抛弃家园
【例】①他成名后，就抛弃了自己的妻子。②你应该抛弃旧观念，接受新思想。

【同】丢弃（diūqì）

泡沫 pàomò *n.* foam, froth
【配】泡沫塑料
【例】①啤酒上有一层泡沫。②他现在失去了一切，曾经拥有的都成了泡沫。

培训 péixùn *v.* train (technical personnel, etc.)
【配】培训人员，培训班
【例】①今年暑假我参加了英语培训班。②在进入公司之前，每个人都应该进行职业培训。
【同】训练

培育 péiyù *v.* foster, breed, nurture
【配】培育树苗（shùmiáo; sapling），培育新人
【例】①人类已经培育出许多新的植物品种。②没有老师的辛勤培育，就没有我们今天的成绩。
【同】培养

配备 pèibèi *v./n.* equip with, fit out; equipment
【配】配备人手，先进的配备
【例】①学校为我们这次外出配备了三辆车。②公司引进了国外先进的技术配备。
【同】配置（pèizhì）

配偶 pèi'ǒu *n.* spouse
【例】①她是你的合法配偶。②公司为每位员工的配偶提供了一份医疗保险。

配套 pèitào *v.* form a complete set
【配】配套设施，配套服务
【例】①公司提供一系列配套服务。②我们的配套设施很完善。

盆地 péndì *n.* basin
【例】①中国有四大盆地。②四川盆地的气候不错。

烹饪 pēngrèn *v.* cook
【配】烹饪文化，精于烹饪
【例】①妈妈很喜欢烹饪。②烹饪是一门艺术。

捧 pěng *v./m.* hold/carry sth. in both hands, boost; a double handful
【配】捧场，吹捧，一捧
【例】①他双手捧着孩子的脸。②她的手里捧着一捧糖。

批发 pīfā *v.* buy/sell (goods) at wholesale
【配】批发市场
【例】①我们这里只批发不零售 (língshòu; sell by retail)。②我一会儿去批发市场。

批判 pīpàn *v.* criticize

【配】批判精神，批判行为

【例】①我们应该批判个人主义。②我们要用批判的眼光看待历史。

劈 pī *v./prep.* split, chop, cleave, strike; right against (one's face, chest, etc.)

【例】①他正在劈木头。②大雨劈头浇下来。

皮革 pígé *n.* leather

【配】皮革大衣

【例】①小牛皮可以制成柔软 (róuruǎn; soft) 的皮革。②有的女生很喜欢皮革制品，像皮革包、皮革外套。

疲惫 píbèi *adj.* tired, exhausted

【配】疲惫不堪，心神疲惫

【例】①我觉得很疲惫，想好好睡一觉。②打完球以后，我感觉疲惫不堪。

【同】疲劳，疲倦

疲倦 píjuàn *adj.* tired, fatigued, weary

【配】不知疲倦

【例】①他看了一整天书，不知疲倦。②长时间的旅行让我感觉十分疲倦。

【同】疲劳，疲惫

屁股 pìgu *n.* hips, buttocks, (of animals) rump, end
【配】扭屁股
【例】①蜜蜂的屁股上有刺。②飞机的屁股喷出一道白烟。
【同】臀部（túnbù）

譬如 pìrú *v.* take for example, for instance
【配】譬如说
【例】①他有很多爱好，譬如唱歌、跳舞、弹钢琴等等。②校园里有很多花，譬如菊花、桃花、樱花等等。
【同】比如

偏差 piānchā *n.* deviation
【配】有偏差，减少偏差
【例】①我们要及时纠正工作中的偏差。②有时人的判断难免有偏差。
【同】误差

偏见 piānjiàn *n.* prejudice, bias
【配】对某人有偏见，消除偏见
【例】①我们在评价一个人的时候不能带有偏见。②这是一篇带有偏见的报道。

偏僻 piānpì *adj.* remote, out-of-the-way

【配】偏僻的山村，偏僻处

【例】①我出生在一个偏僻的山村。②小李每天上学都要经过一条偏僻的小路。

【同】偏远（piānyuǎn）

【反】繁华

偏偏 piānpiān *adv.* wifully, unfortunately, only

【例】①我叫他别去，可是他偏偏不听。②他来看我，偏偏我不在家。

片断 piànduàn *n./adj.* fragment; fragmentary

【配】记忆片断，片断经验

【例】①对于这件事，我的记忆中只有几个片断了。②书稿丢失了，只留下片断文字。

片刻 piànkè *n.* an instant, a moment, a short while

【配】稍等片刻，休息片刻

【例】①请您稍等片刻，我一会儿就回来。②这雪下得真大，片刻的工夫地面上就全白了。

漂浮 piāofú *v.* float

【配】漂浮植物

【例】湖面上漂浮着几片树叶。

飘扬 piāoyáng *v.* wave, flutter

【配】随风飘扬

【例】①红旗迎风飘扬。②树枝随风飘扬。

【同】飞扬（fēiyáng）

拼搏 pīnbó *v.* go all out, struggle hard

【配】努力拼搏

【例】①我们努力拼搏，在比赛中取得了胜利。②他奋力拼搏的精神值得大家学习。

拼命 pīnmìng *v.* risk one's life, do one's level best

【配】拼命工作

【例】①你把他逼急了，他一定会拼命的。②为了能考上大学，他拼命地学习。

贫乏 pínfá *adj.* poor, wretchedly lacking

【配】语言贫乏，资源贫乏

【例】①这里的资源十分贫乏。②知识的贫乏会造成财富的贫乏。

贫困 pínkùn *adj.* impoverished, needy

【配】生活贫困

【例】①他们的生活一直很贫困。②贫困的山区如今改变了面貌。

【同】贫穷（pínqióng）

【反】富裕

频繁 pínfán *adj.* frequent

【配】频繁发生，日益频繁

【例】①近年来自然灾害频繁发生。②两国人民之间交往频繁。

【反】偶尔

频率 pínlǜ *n.* frequency

【配】频率高，出现频率

【例】①这家电台以四个不同的频率对外广播。②"自由"在这篇文章中出现的频率很高。

品尝 pǐncháng *v.* taste, sample, savour

【配】品尝啤酒，免费品尝

【例】①顾客可以免费品尝新饮品。②她让我品尝她做的饭菜。

品德 pǐndé *n.* moral character

【配】优良品德，品德高尚

【例】①我们要保持劳动人民的优良品德。②他品德高尚，常常帮助别人。

【同】品行

品行 pǐnxíng *n.* morality, behaviour

【配】品行端正，品行良好

【例】①他品行端正，为人正直。②他的品行有损教师的形象。

【同】品德

品质 pǐnzhì *n.* character, quality

【配】道德品质，优良品质

【例】①困难常能考验一个人的品质。②这件商品的品质不错。

平凡 píngfán *adj.* ordinary, common

【配】平凡的生活，平凡的人

【例】①老师在平凡的岗位上做出了不平凡的成绩。②他并不是一位平凡的学者。

【同】普通

【反】伟大

平面 píngmiàn *n.* plane

【配】平面图

【例】①两条直线相交可以构成一个平面。②请你画一张电脑的平面图。

平坦 píngtǎn *adj.* even, smooth, level, flat

【配】路面平坦，地势平坦

【例】①这是一条宽阔平坦的大路。②过了树林，地面就平坦了。

【反】崎岖（qíqū）

平行 píngxíng *adj./v.* simultaneous, parallel; be parallel

【配】平行关系，平行线，平行发展

【例】①这两个部门不是平行关系，而是上下级关系。②这两条直线互相平行。

【反】垂直

平原 píngyuán *n.* plain, flatland

【例】①华北平原是中国的第二大平原。②平原地势平坦。

评估 pínggū *v.* assess, appraise

【配】评估质量，评估报告

【例】①国家正在对各个高校的教学质量进行评估。②专家正在评估那颗宝石的价值。

评论 pínglùn *v./n.* comment on; comment

【配】评论好坏，电影评论

【例】①我不想评论别人的作品。②她拒绝对这件事发表评论。

屏障 píngzhàng *n./v.* protective screen; protect
【配】天然屏障，屏障中原 (zhōngyuán; Central Plains)
【例】①这片森林是净化空气的天然屏障。②这座山峰足以屏障中原地区。

坡 pō *n.* slope
【配】平坡，山坡，上下坡
【例】①上了山坡，就到我家了。②老人正艰难地爬着坡。

泼 pō *v.* sprinkle, splash, spill
【配】泼水，泼水节
【例】①别把脏水泼到院子里。②她一不小心把热水泼到了书上。

颇 pō *adv./adj.* quite, rather, considerably; inclined to one side
【配】颇感兴趣，偏颇 (piānpō; partial)
【例】①这个作家的影响力颇大。②你对他的评价有失偏颇。
【同】很

迫不及待 pòbùjídài be unable to hold oneself back, be too impatient to wait
【例】①刚刚回到家，我就迫不及待地打开了电视机。

②她迫不及待地要告诉大家这个好消息。

【反】从容不迫

迫害 pòhài *v.* persecute, oppress cruelly

【配】对……进行迫害，宗教迫害，遭受迫害

【例】①他受到了坏人的迫害。②他因宗教信仰而遭到迫害。

破例 pòlì *v.* break a rule, make an exception

【配】破例录取

【例】①经理很欣赏那个员工的才华，因此破例给他加薪。②今晚大家都很开心，因此小张破例喝了一杯酒。

魄力 pòlì *n.* daring and resolution, boldness

【配】有魄力

【例】①他工作很有魄力。②小王虽然很优秀，但是魄力不足。

扑 pū *v./n.* throw oneself on, pounce on, devote; powder

【配】扑到……，一心扑在……上，粉扑

【例】①孩子一下扑到了母亲的怀里。②她的脸上打了点粉扑。

铺 pū *v.* spread, unfold, pave, lay
【配】把……铺在……，铺床，铺路
【例】①妈妈把桌布铺在桌子上。②这条路是刚刚铺成的。

朴实 pǔshí *adj.* simple, plain
【配】穿着朴实，文风（wénfēng; style of writing）朴实
【例】①他穿得很朴实。②这位作家的文风很朴实。
【同】朴素
【反】华丽

普及 pǔjí *v./adj.* popularize, disseminate; be extensively spread
【配】普及教育，普及读物
【例】①政府决心大力普及初级教育。②如今，手机在中国已经十分普及。

瀑布 pùbù *n.* waterfall
【例】①这儿的瀑布非常壮观。②瀑布飞泻（fēixiè; pour）而下。

Q

凄凉 qīliáng *adj.* dreary, desolate, sad
【配】凄凉的生活

【例】①她晚年的生活很凄凉。②面对老屋的破败
(pòbài; ruined) 景象，我心中一片凄凉。

【同】凄惨 (qīcǎn)

期望 qīwàng *v.* hope, expect, desire

【配】期望成功

【例】①父母期望我能成功。②我期望能实现自己的
梦想。

【同】希望

期限 qīxiàn *n.* time limit, allotted time, deadline

【配】合同期限，使用期限，规定期限

【例】①我们要在规定期限内完成任务。②这份合同
的期限是两年。

欺负 qīfu *v.* bully

【配】欺负人

【例】①那个男孩常常欺负班上的同学。②她小时候
经常受人欺负。

欺骗 qīpiàn *v.* deceive, cheat, dupe

【配】自我欺骗，欺骗感情

【例】①他总是用甜言蜜语欺骗女孩子。②她用谎言
欺骗了朋友的感情。

齐全 qíquán *adj.* complete, ready

【配】工具齐全，手续齐全

【例】①这家商店货物齐全。②这个实验室设备齐全。

【同】完备

齐心协力 qíxīn-xiélì make concerted efforts, hang together

【例】①只要我们齐心协力，一定可以取得胜利。②我们齐心协力克服困难。

【同】齐心合力（qíxīn-hélì）

奇妙 qímiào *adj.* marvellous, wonderful, intriguing

【配】奇妙的故事，奇妙的世界

【例】①我们的相遇非常奇妙。②爱情有一种奇妙的力量。

【同】神奇

歧视 qíshì *v.* discriminate (against)

【配】歧视弱者，种族歧视

【例】①法律绝不歧视弱者。②我们坚决反对种族歧视。

旗袍 qípáo *n.* mandarin gown [a traditional close-fitting woman's dress with the skirt slit way up the sides], cheongsam

【配】穿旗袍

【例】①旗袍是中国的传统服装。②旗袍有很多种样式。

旗帜 qízhì *n.* flag, banner, model
【配】举起旗帜，树立旗帜
【例】①街道上旗帜飘扬。②他是教师行业的一面旗帜。

乞丐 qǐgài *n.* pauper, beggar
【例】①现在生活好了，街上的乞丐也少了。②他过着乞丐般的生活。

岂有此理 qǐyǒu-cǐlǐ absurd, preposterous
【例】①真是岂有此理，你竟敢骂老师。②他们在课堂上打架，不顾老师劝说，简直岂有此理。

启程 qǐchéng *v.* set out, start on a journey
【配】准备启程，已经启程
【例】①他们已经启程去上海了。②我们明天启程去北京。

启示 qǐshì *n./v.* inspiration, enlightenment; enlighten, inspire
【配】得到启示，启示某人
【例】①这本书启示我们，做人一定要诚实。②我从老师的话中获得了启示。

启事 qǐshì *n.* notice, announcement

【配】招聘启事，登启事

【例】①你看到这家公司的招聘启事了吗？②报纸上登了一篇寻人启事。

起草 qǐcǎo *v.* draft, draw up

【配】起草报告，起草方案

【例】①公司针对这个问题起草了一个方案。②他准备起草一份协议书。

【同】拟定

起初 qǐchū *n.* originally, at first

【例】①这个工厂的规模起初很小。②起初，我只是一个普通的职员，现在已经是部门经理了。

【同】最初

起伏 qǐfú *v.* rise and fall

【配】地势起伏，心情起伏

【例】①这里的地势起伏不平。②两国之间的关系起伏不定。

起哄 qǐhòng *v.* gather together to crcatc a disturbance, jeer

【配】大声起哄，有人起哄

【例】①大家起哄，要他请客。②会场上有人起哄，要求演讲人下台。

起码 qǐmǎ *adj. / adv.* minimum, elementary; at least

【配】最起码

【例】①这是最起码的知识，你必须掌握。②我这次出差，起码要一个月才能回来。

起义 qǐyì *v.* rise up, revolt

【配】农民起义，举行起义

【例】①中国古代爆发过几次重大的农民起义。②工人们纷纷起义，争取自己的利益。

起源 qǐyuán *n./v.* origin, beginning; originate

【配】生命的起源，起源于

【例】①关于人类的起源有很多种说法。②知识起源于实践。

气概 qìgài *n.* lofty quality, mettle, spirit

【配】英雄气概，气概非凡

【例】①他在战场上表现出了非凡的英雄气概。②你要表现出男子汉的气概。

【同】气魄

气功 qìgōng *n. qigong*, breathing exercises

【配】练气功

【例】①清晨的公园里，有些老人正在练气功。②他采用气功疗法为病人治病。

气魄 qìpò *n.* boldness of vision, breadth of spirit

【配】有气魄，英雄气魄

【例】①他办事很有气魄。②天安门城楼气魄雄伟。

【同】气概

气色 qìsè *n.* complexion, colour

【配】气色好

【例】①她的气色不好，好像生病了。②他经常运动，所以气色很好。

气势 qìshì *n.* momentum, imposing manner

【配】有气势，气势雄伟

【例】①他说起话来气势十足。②气势雄伟的万里长城举世闻名。

气味 qìwèi *n.* smell, odour, flavour, taste

【配】难闻的气味，气味相投

【例】①菊花散发出清香的气味。②他们两个人有共同的想法，气味相投。

气象 qìxiàng *n.* meteorological phenomena, meteorology, atmosphere

【配】气象学，新气象

【例】①一般气象包括刮风、闪电、打雷、下雨、下雪等。②农村呈现出一派新气象。

气压 qìyā *n.* atmospheric pressure
【例】①一年之中，冬季气压一般比夏季的气压高。②气压一般随高度的变化而变化。

迄今为止 qìjīn-wéizhǐ so far, up to now
【例】①迄今为止，事情进展一切顺利。②迄今为止，我还没有实现自己的梦想。

器材 qìcái *n.* equipment, material
【配】照相器材，体育器材
【例】①我们要去买一些照相器材。②学校新增了一些体育器材。

器官 qìguān *n.* organ, apparatus
【配】发音器官，器官移植（yízhí; transplant）
【例】①医生正在进行器官移植手术。②心脏是人体的重要器官。

掐 qiā *v.* pinch, nip, grip
【配】掐脖子，掐死，掐头去尾
【例】①他在我的胳膊上掐了一下。②这里禁止吸烟，请你把烟掐了。

洽谈 qiàtán *v.* discuss together, consult

【配】洽谈业务

【例】①两家公司的代表一起与外商洽谈生意。②今天老板要去洽谈一笔广告生意。

【同】商谈（shāngtán）

恰当 qiàdàng *adj.* proper, suitable, fitting, appropriate

【配】用词恰当，恰当的例子

【例】①这篇文章的用词不恰当。②事情处理得很恰当。

恰到好处 qiàdào-hǎochù just right (for the purpose or occasion, etc.)

【例】①作者的用词恰到好处。②小说的结尾恰到好处。

恰巧 qiàqiǎo *adv.* by chance, fortunately or unfortunately

【配】恰巧遇到

【例】①我们春游那天恰巧是晴天。②我恰巧在街上遇到了她。

【同】碰巧（pèngqiǎo）

千方百计 qiānfāng-bǎijì in a thousand and one ways, by every possible means

【例】①经理千方百计想提高公司的效益。②他千方百计地要求老板给他加工资。

迁就 qiānjiù *v.* accommodate oneself to

【配】迁就他人

【例】①对于他的错误，我们不能迁就。②她身体不好，所以来晚了，你就迁就一下吧。

迁徙 qiānxǐ *v.* move, migrate, change one's residence

【例】①有些鸟随季节迁徙。②因为自然灾害，这个地区的人口都迁徙到其他地方去了。

牵扯 qiānchě *v.* involve, drag in

【配】牵扯到

【例】①这件事牵扯到许多大问题。②这件事与我无关，不要把我牵扯进去。

牵制 qiānzhì *v.* pin down, contain

【配】牵制敌人

【例】①这次部队的任务是牵制敌人的兵力。②你要有自己的想法，不要受别人牵制。

谦逊 qiānxùn *adj.* modest and unassuming

【配】态度谦逊

【例】①他是一名谦逊的学者。②他的态度非常谦逊。

【同】谦虚

【反】傲慢（àomàn）

签订 qiāndìng　*v.*　conclude and sign

【配】签订合同，签订条约

【例】①两家公司签订了商业合同。②两国签订了友好条约。

签署 qiānshǔ　*v.*　sign, endorse, subscribe

【配】签署协定，签署意见

【例】①两国签署了合作协定。②他有权利在重要文件上签署意见。

前景 qiánjǐng　*n.*　prospect, outlook, foreground

【配】美好的前景，前景乐观

【例】①孩子们都将拥有美好的前景。②专家认为，市场前景乐观。

前提 qiántí　*n.*　premise, prerequisite

【配】在……的前提下，必要的前提

【例】①失败是成功的前提。②热爱学生是做好教育工作的前提。

潜力 qiánlì *n.* latent capacity, potential, potentiality

【配】有潜力，发挥潜力

【例】①他是个有潜力的孩子。②我们一定要在这次比赛中发挥出自己的潜力。

潜水 qiánshuǐ *v.* go underwater, dive

【配】学习潜水，潜水运动，潜水服

【例】①他最近在练习潜水。②我很喜欢潜水这项运动。

潜移默化 qiányí-mòhuà influence unconsciously, exert a subtle influence on sb.'s character, thinking, etc.

【例】①道德教育是潜移默化的，应该与青少年的爱好和兴趣相结合。②老师希望学生们在潜移默化中学习做人的道理。

谴责 qiǎnzé *v.* condemn, censure, denounce

【配】谴责他人，受到谴责

【例】①他受到了良心的谴责。②这种不公正的行为受到社会各界的谴责。

【同】责备

【反】称赞

强制 qiángzhì *v.* force, compel

【配】强制执行，强制手段

【例】①政府采取强制措施维护市场秩序。②这项法令要强制执行。

【同】强迫

抢劫 qiǎngjié *v.* rob, loot, plunder

【配】抢劫银行，抢劫罪

【例】①房子里的珠宝被抢劫一空。②最近发生了两起银行抢劫案。

抢救 qiǎngjiù *v.* rescue, save, salvage

【配】抢救病人，抢救无效

【例】①考古学家正在抢救文物。②他伤得很严重，要立刻送去医院抢救。

强迫 qiǎngpò *v.* force, compel

【配】强迫某人

【例】①这只是我的个人意见，并不强迫你接受。②爸爸强迫我学习法语。

【同】强制

桥梁 qiáoliáng *n.* bridge

【配】一座桥梁，桥梁作用

【例】①市区里新建起一座桥梁。②这个培训计划是学校与社会之间的一座桥梁。

翘 qiào *v.* stick up, turn upwards

【配】翘尾巴 (qiàowěiba; be cocky)

【例】①她轻蔑地翘起了嘴唇。②她总爱翘尾巴，以为自己很了不起。

切实 qièshí *adj./v.* practical, feasible, realistic; do sth. conscientiously

【配】切实解决，切实可行

【例】①我们必须切实解决问题。②这是一个切实可行的计划。

锲而不舍 qiè'érbùshě keep on chipping away—work with perseverance, make unremitting efforts

【例】①她通过锲而不舍的努力，终于取得了成功。②他锲而不舍的精神值得我们学习。

【同】坚持不懈 (jiānchí-búxiè)

【反】半途而废

钦佩 qīnpèi *v.* admire, esteem

【配】钦佩的目光，使人钦佩

【例】①他认真的工作态度令人钦佩。②小王十分钦佩数学老师的才华。

【同】佩服

侵犯 qīnfàn *v.* encroach/infringe upon, violate

【配】侵犯边境，侵犯利益

【例】①你的行为侵犯了他人的利益。②他偷看我的日记，侵犯了我的隐私权。

亲热 qīnrè *adj./v.* affectionate, intimate, warm-hearted; show love

【例】①同学们一见面都很亲热。②每次回到家，他总要和儿子亲热一会儿。

【同】亲切

【反】冷漠 (lěngmò)

亲身 qīnshēn *adv./adj.* personally; firsthand

【配】亲身经历，亲身的感受

【例】①他亲身经历了两个动荡的时代。②他的这本小说是根据他的亲身体会写的。

勤俭 qínjiǎn *adj.* hardworking and thrifty

【配】很勤俭，勤俭的人

【例】①勤俭有助于成功。②妈妈是一个很勤俭的人。

勤恳 qínkěn *adj.* diligent and conscientious

【配】勤恳地工作，勤勤恳恳

【例】①他工作十分勤恳。②毕业时，老师教育我们，将来要像蜜蜂一样勤恳地工作。

轻而易举 qīng'éryìjǔ be easy to do
【例】①他轻而易举地通过了考试。②事情不像你想的那样轻而易举。

氢 qīng *n.* hydrogen
【配】氢气
【例】①氢气是一种无色无味的气体。②氢是一种化学元素。

倾听 qīngtīng *v.* listen attentively to, lend an attentive ear to
【配】倾听意见
【例】①他正认真地倾听记者的提问。②她凝神（níngshén; with fixed attention）倾听他的每一句话。

倾向 qīngxiàng *v./n.* be inclined to, prefer; tendency, trend, inclination
【配】倾向于，政治倾向
【例】①这两种意见我倾向于前一种。②好记者在新闻报道中不应带有倾向性。

倾斜 qīngxié *v.* incline, be in favour of
【配】向左倾斜

【例】①古塔已经倾斜了。②政府新增的财政资金主要向农业倾斜。

清澈 qīngchè *adj.* limpid, clear
【配】清澈的湖水，清澈见底
【例】①湖水清澈见底。②那座山下有一条清澈的小河。
【反】浑浊（húnzhuó）

清晨 qīngchén *n.* early morning
【例】①每天清晨，我都会在花园里读书。②清晨的空气很新鲜，不少人在锻炼身体。

清除 qīngchú *v.* eliminate, get rid of, clean away
【配】清除垃圾，清除杂草
【例】①那几个学生正在清除教室里的垃圾。②人人都应该清除自己落后的思想。

清洁 qīngjié *adj.* clean
【配】清洁剂，整齐清洁
【例】①他的房间总是整齐清洁。②我们要注意保持服装的清洁。

清理 qīnglǐ *v.* put in order, check up, clear (up)
【配】清理物品

【例】①我每天都要清理一下桌子上的东西。②春节快到了，每家商店都在清理货物。

清晰 qīngxī *adj.* distinct, clear

【配】口齿清晰，发音清晰，清晰的头脑

【例】①这张图片十分清晰。②他的汉语发音非常清晰。

【同】清楚

清醒 qīngxǐng *adj./v.* (of mind) clear-headed, sober; (of consciousness) regain consciousness

【配】头脑清醒，清醒过来

【例】①虽然现在已经晚上十二点了，但是我依然很清醒。②病人终于清醒过来了。

清真 qīngzhēn *adj.* pure and simple, Islam, Muslim

【配】清真寺，清真食品

【例】①在中国，有些少数民族习惯食用清真食品。②我们学校附近新建了一座清真寺。

情报 qíngbào *n.* intelligence, information

【配】电子情报，打探情报

【例】①间谍搜集到了一些可靠情报。②这是一个紧急的情报，需要尽快传递出去。

情节 qíngjié *n.* plot, circumstances

【配】故事情节，感人的情节

【例】①这出戏情节平淡。②法官认定他的犯罪情节严重。

情理 qínglǐ *n.* reason, sense

【配】不通情理，合乎情理

【例】①这是合乎情理的要求。②他真是不通情理，让人生气。

情形 qíngxing *n.* circumstances, situation, condition, state of affairs

【配】在……的情形下，照……情形看

【例】①我对那里的情形不太清楚。②照现在的情形看，我们队一定能取得比赛的胜利。

晴朗 qínglǎng *adj.* fine, sunny, clear

【配】天气晴朗，晴朗的天空

【例】①今天天气很晴朗。②我喜欢晴朗的天空，一望无云。

请柬 qǐngjiǎn *n.* invitation card

【配】发请柬，收到请柬

【例】①中秋节 (Zhōngqiūjié; Mid-Autumn Festival) 前

一天，他收到了一张宴会请柬。②我收到了朋友结婚的请柬。

【同】请帖

请教 qǐngjiào *v.* ask for advice, consult

【配】请教问题，向某人请教

【例】①我们经常向老师请教问题。②我能请教您一个问题吗？

【同】求教（qiújiào）

请示 qǐngshì *v./n.* request/ask for instructions (from the authorities); instruction

【配】请示领导，书面请示

【例】①这件事情要先请示领导，然后再做决定。②这个计划要向上级提交书面请示。

请帖 qǐngtiě *n.* invitation card

【配】发请帖，收到请帖

【例】①我爷爷快过生日了，我们写了请帖邀请亲朋好友来祝寿。②小王收到了初中同学的婚礼请帖。

【同】请柬

丘陵 qiūlíng *n.* hills

【配】丘陵地区

【例】①这里是丘陵地带。②中国有很多丘陵。

区分 qūfēn *v.* discriminate, differentiate, distinguish

【配】区分好坏，明确区分

【例】①我们要学会区分善恶。②你能区分英国英语和美国英语吗？

区域 qūyù *n.* region, area, district, zone

【配】划分区域，区域经济，区域自治

【例】①政府提倡大力发展区域经济。②这个地区不是北京的行政区域。

曲折 qūzhé *adj.* tortuous, winding, complicated

【配】曲折的道路，情节曲折

【例】①这条山路很曲折。②那是一本情节曲折的小说。

驱逐 qūzhú *v.* drive out, expel, banish

【配】驱逐出境

【例】①警方把一名外国间谍驱逐出境。②我们的军队正在驱逐敌军。

屈服 qūfú *v.* submit to, yield to, surrender to

【配】向……屈服

【例】①我们决不向敌人屈服。②困难没有使她屈服。

渠道 qúdào *n.* canal, channel, medium of communication

【配】通过……渠道

【例】①路旁的渠道干涸（gānhé; dry up）了。②他通过各种渠道找到了那本书。

曲子 qǔzi *n.* song, tune, melody

【配】优美的曲子，一支曲子

【例】①这支曲子很优美。②他用钢琴弹了一支曲子。

取缔 qǔdì *v.* outlaw, ban, suppress

【配】取缔非法交易，取缔非法组织

【例】①这些扰乱秩序的非法交易都应该取缔。②政府将加大力度取缔非法组织。

趣味 qùwèi *n.* interest, delight

【配】高级趣味，趣味不同

【例】①体育运动对我来说毫无趣味。②我和妹妹的趣味不同。

【同】兴趣

圈套 quāntào *n.* snare, trap

【配】落入圈套，设圈套

【例】①警察为了抓住小偷，设了一个圈套。②老鼠中了猫的圈套。

权衡 quánhéng *v.* weigh, consider, balance
【配】权衡利弊（lìbì; advantages and disadvantages），权衡再三
【例】①他权衡再三，终于做出了决定。②我们在做重大决定时，总要权衡利弊。

权威 quánwēi *n.* authority, authoritativeness
【配】权威人士，维护权威
【例】①这部著作是数学界的权威。②我们不能盲目崇拜权威。

权益 quányì *n.* rights (and interests)
【配】维护权益
【例】①消费者要维护自己的合法权益。②生存权是人们最基本的权益。

全局 quánjú *n.* overall situation, situation as a whole
【配】影响全局，全局性
【例】①我们应该从全局出发解决这个问题。②这是个影响全局的计划。

全力以赴 quánlìyǐfù go all out, spare no effort, do one's utmost
【例】①小明全力以赴夺得冠军，为班级争了光。

②这次任务需要我们全力以赴。

【同】竭尽全力

拳头 quántou *n./adj.* fist; highly competitive, key

【配】紧握拳头，拳头产品

【例】①看样子他好像生气了，正紧紧地握着拳头。
②这是我们公司的拳头产品。

犬 quǎn *n.* dog

【配】警犬，猎犬

【例】①警察拉着警犬去抓罪犯。②猎人带着猎犬去
捕猎了。

【同】狗

缺口 quēkǒu *n.* breach, gap, (of funds, materials, etc.)
shortfall

【配】资金缺口，填补缺口

【例】①墙上有个缺口。②这家公司的资金存在缺口。

缺席 quēxí *v.* be absent (from a meeting, etc.)

【配】故意缺席，缺席会议

【例】①我因事缺席了这个会议。②他经常上课缺席，
应该受到批评。

缺陷 quēxiàn *n.* defect, drawback, flaw, shortcoming

【配】生理缺陷，严重缺陷

【例】①那个孩子有生理缺陷，不能正常行走。②这个计划中最大的缺陷就是没有预测成本。

瘸 qué *adj.* lame, crippled

【配】一瘸一拐

【例】①他的左腿瘸了。②他受伤了，一瘸一拐地离开了运动场。

确保 quèbǎo *v.* ensure, guarantee

【配】确保质量，确保安全

【例】①商家必须确保产品的质量。②学校将会确保这次考试顺利进行。

确立 quèlì *v.* establish, set up

【配】确立地位，确立关系

【例】①这家公司已在商界中确立了自己的地位。②他确立了自己的目标。

确切 quèqiè *adj.* definite, exact, precise, true

【配】确切的数字

【例】①他的解释非常确切。②你到底能完成多少任务，请给我一个确切的数字。

确信 quèxìn *v./n.* firmly believe, be convinced, be sure; reliable information

【配】确信无疑，得到确信

【例】①爸爸确信我能成功。②刚刚得到一个确信，他们已经启程了。

群众 qúnzhòng *n.* the masses/people

【配】关心群众，人民群众

【例】①政府很关心群众的生活。②这不仅是我个人的意见，也是群众的意见。

R

染 rǎn *v.* dye, catch, acquire, contaminate

【配】染发，染上流感，染上坏习惯

【例】①他把头发染成了棕色。②他最近染上了流感。

让步 ràngbù *v.* make a concession, give in, compromise

【配】决不让步

【例】①争了半天，双方都不肯让步。②对你的无理要求，我决不让步。

【同】妥协

饶恕 ráoshù *v.* forgive, pardon

【配】请求饶恕，饶恕错误

【例】①他已经知道错了，我们就饶恕他吧。②看她认错态度诚恳，大家都饶恕了她。

【同】宽恕 (kuānshù)

扰乱 rǎoluàn *v.* harass, disturb, create confusion

【配】扰乱治安，扰乱市场

【例】①法律将严惩这些扰乱治安的人。②孩子们不停地扰乱课堂秩序。

惹祸 rěhuò *v.* court disaster, stir up trouble

【配】惹祸上身

【例】①他虽然惹祸了，但毕竟是个孩子，你不要怪他。②他惹祸了，吓得躲起来了。

【同】闯祸 (chuǎnghuò)

热泪盈眶 rèlèi-yíngkuàng one's eyes brimming with tears, be tearful

【例】①我以为自己不会哭，但那一刻，我却忍不住热泪盈眶。②妈妈热泪盈眶，激动地说："我的孩子终于成功了！"

热门 rèmén *n.* sth. that is currently popular

【配】热门话题，热门人物

【例】①大家最近讨论的热门话题是校园运动会。

②以前，计算机专业是大学里的热门。

人道 réndào *n./adj.* humanity, human sympathy; humane

【配】人道主义

【例】①他是一个人道主义者和社会活动家。②你这样对待别人太不人道了。

人格 réngé *n.* personality, moral integrity, human dignity

【配】人格高尚，尊重人格

【例】①法律规定，我们不得侮辱他人人格。②他成功了，因为他具有乐观的精神、成功的信心和高尚的人格。

人工 réngōng *n./adj.* manpower; man-made, artificial

【配】人工操作，人工呼吸

【例】①这个工厂打算用机器代替人工。②那个溺水 (nìshuǐ; drown) 的女孩需要进行人工呼吸。

人家 rénjia *pron.* others, everybody else

【例】①你不要管人家的事。②人家能做到的，我们也能做到。

人间 rénjiān *n.* (human) world, the earth

【配】人间天堂，人间奇迹

【例】①人们常说，杭州是人间天堂。②希望幸福能传到人间的每个角落。

人士 rénshì *n.* personage, public figure
【配】爱国人士，民主人士
【例】①他是一位爱国人士。②许多权威人士都来参加这次会议。

人为 rénwéi *adj./v.* artificial, man-made; do
【配】人为因素，事在人为
【例】①这次车祸是人为的失误造成的。②你不要害怕困难，事在人为，只要努力就会成功。

人性 rénxìng *n.* human nature, humanity, normal human feelings
【配】违反人性，不通人性
【例】①人性的弱点有很多，比如自私。②他这么做实在是不通人性。

人质 rénzhì *n.* hostage
【配】作为人质，交换人质
【例】①警察成功救出了人质。②那个小女孩儿被当作人质抓走了。

仁慈 réncí *adj.* benevolent, merciful, kind

【配】对……仁慈，仁慈之心

【例】①那位老奶奶对人很仁慈。②我们对待任何事情都要有一颗仁慈之心。

【反】凶残（xiōngcán）

忍耐 rěnnài *v.* restrain oneself, endure, forbear

【配】学会忍耐，适度（shìdù; moderate）忍耐

【例】①忍耐是有限度的。②我们要学会适度忍耐。

【同】容忍，忍受

忍受 rěnshòu *v.* bear, endure

【配】忍受侮辱，忍受折磨

【例】①他无法忍受病痛的折磨。②我无法再忍受这种痛苦的生活了。

【同】忍耐，容忍

认定 rèndìng *v.* firmly believe, set one's mind on

【配】认定方向，认定目标

【例】①我认定他的说法是错的。②既然认定了目标，就要坚持不懈地走下去。

认可 rènkě *v.* approve, confirm

【配】得到认可，一致认可

【例】①领导终于认可了我的能力。②我以优异的成绩得到了老师的认可。

任命 rènmìng *v.* commission, nominate sb. (as)
【配】任命某人为……
【例】①领导决定任命他为这个项目的负责人。②学校任命他为校长。

任性 rènxìng *adj.* wilful, self-willed
【例】①那个小女孩儿很任性。②你长大了，不能太任性。

任意 rènyì *adv./adj.* wantonly, arbitrarily, wilfully; unconditional
【配】任意改变，任意三角形
【例】①我们不能任意编造事实。②任意两点可以连成一条直线。

任重道远 rènzhòng-dàoyuǎn the burden is heavy and the road ahead is long
【例】①这一目标的实现，尽管任重道远，但我们必须努力。②尽管任重道远，但北京的空气质量已经开始改善。

仍旧 réngjiù *adv./v.* still, as before; remain the same

【例】①十几年了，他仍旧住在那老房子里。②多少年来，公司的奖惩办法仍旧。

【同】仍然

日新月异 rìxīn-yuèyì change for the better day by day, and month by month

【例】①世界形势日新月异。②如今，科技进步日新月异，国家之间的竞争日益激烈。

【同】与日俱进（yǔrì-jùjìn）

【反】一成不变（yìchéng-búbiàn）

日益 rìyì *adv.* increasingly, more and more, day by day

【配】日益富裕，日益强大

【例】①这里的环境日益改善。②人们的生活水平日益提高。

容貌 róngmào *n.* appearance, looks

【配】容貌端正，容貌相似

【例】①他时常想起那位姑娘的容貌。②她的态度、她的容貌、她的声音都给人留下了深刻的印象。

【同】面貌

容纳 róngnà *v.* have a capacity of, hold, accommodate, accept

【配】容纳量，容纳意见

【例】①这个广场可以容纳十万人。②他不能容纳不同意见。

容器 róngqì *n.* container, vessel
【配】清洗容器
【例】①这是一个装水的容器。②这个容器太大了。

容忍 róngrěn *v.* tolerate, put up with, endure, stand
【配】容忍某人，容忍批评
【例】①我们不能容忍他的错误。②我不能容忍你的说话语气。
【同】忍耐，忍受

溶解 róngjiě *v.* dissolve
【配】溶解度
【例】①水能溶解盐。②糖在咖啡中溶解了。

融洽 róngqià *adj.* harmonious, on friendly terms
【配】相处融洽，关系融洽
【例】①我和同学们相处得很融洽。②经历了这件事后，他们之间的关系更融洽了。

柔和 róuhé *adj.* soft, gentle, mild
【配】柔和的光线，柔和的声音

【例】①我喜欢柔和的颜色 。②这家餐厅的光线很柔和。

揉 róu *v.* rub and knead with the hands

【配】揉一揉腿，揉眼睛

【例】①他把信揉成一团 。②那位面包师正在揉面。

若干 ruògān *pron.* certain number/amount of, several, how many/much

【配】若干问题，若干条件

【例】①会议上讨论了关于发展教育的若干问题。②他在合同中提出了若干条件。

弱点 ruòdiǎn *n.* weakness, weak point

【配】克服弱点

【例】①你应清楚自己的弱点 。②遇事容易慌张是我的弱点。

S

撒谎 sāhuǎng *v.* tell a lie, lie

【配】对某人撒谎

【例】①他对我撒谎了。②他靠撒谎骗得一份好工作。

腮 sāi *n.* cheek
【配】两腮
【例】①听了夸奖，她两腮泛红。②她双手托腮，好像在思考问题。

三角 sānjiǎo *n./adj.* trigonometry; triangular
【配】三角形，三角恋爱
【例】①他在地上画了一个三角形。②这架三角钢琴是家人送给她的生日礼物。

散文 sǎnwén *n.* prose
【配】写散文
【例】①散文可以很好地表达感情。②这篇散文充满诗意。

散布 sànbù *v.* spread, disseminate
【配】散布谣言
【例】①敌人在我们的军队中散布谣言。②羊群散布在山坡上吃草。

散发 sànfā *v.* distribute, give out
【配】散发香气，散发传单
【例】①花儿散发着清香。②那些人正在散发传单，宣传他们的产品。

丧失 sàngshī *v.* lose, forfeit

【配】丧失记忆，丧失信心

【例】①那次车祸后，他就丧失了记忆。②他对以后的生活丧失了信心。

嫂子 sǎozi *n.* elder brother's wife, sister-in-law

【例】①哥哥和嫂子出去买东西了。②我的嫂子是个勤劳的人。

色彩 sècǎi *n.* color, hue, certain thought tendency or certain sentiment

【配】色彩鲜艳，感情色彩

【例】①春天各种花儿都开了，色彩很丰富。②这部电影带有很强的感情色彩。

【同】颜色

刹车 shāchē *v./n.* apply the brakes, put on the brakes; brake

【配】急刹车，踩刹车

【例】①我们做事情要有分寸，该刹车的时候就得刹车。②前面出了交通事故，他紧急踩了刹车。

啥 shá *pron.* what

【例】①他说啥？我没听清。②这没啥了不起。

筛选 shāixuǎn　*v.*　sieve, select
【配】经过筛选
【例】①经过筛选，一百篇小说最终入选。②他们是从许多应聘者中筛选出来的。

山脉 shānmài　*n.*　mountain range/chain
【例】①这座山脉看起来很壮观。②世界上有很多著名的山脉。

闪烁 shǎnshuò　*v.*　twinkle, glisten, glimmer
【配】闪烁光芒
【例】①她的眼睛里闪烁着喜悦的光芒。②树枝上的露珠（lùzhū; beads of dew）闪烁着光彩。

擅长 shàncháng　*v.*　be good at, be expert in
【配】擅长烹饪，擅长绘画
【例】①小王很擅长画画。②他擅长摄影。
【同】拿手

擅自 shànzì　*adv.*　act without authorization
【配】擅自决定，擅自离去，擅自行动
【例】①一些警察不听命令擅自行动，最终受到了处分。②你不在时，她擅自用了你的电脑。

伤脑筋 shāngnǎojīn be knotty/troublesome

【例】①这个问题真伤脑筋。②他为这些事大伤脑筋。

商标 shāngbiāo *n.* trademark, brand

【配】名牌商标，著名商标

【例】①这是市场上最受欢迎的商标。②他们产品的商标是一朵玫瑰花（méiguihuā; rose）。

上级 shàngjí *n.* higher authorities, higher level

【配】上级领导

【例】①我们要及时向上级汇报工作情况。②他是我的老上级。

【反】下级

上进心 shàngjìnxīn desire to advance, urge for improvement

【配】有上进心

【例】①青年人的上进心是十分可贵的。②我们要有上进心，才能不断进步。

上任 shàngrèn *v./n.* assume an official post, take office; predecessor

【配】刚刚上任，上任领导

【例】①他刚到公司上任。②上任总统遗留下了一些有待解决的问题。

上瘾 shàngyǐn *v.* be addicted (to sth.), get into the habit (of doing sth.)

【配】抽烟上瘾，喝酒上瘾

【例】①他抽烟上瘾了。②这东西吃多了会上瘾吗？

上游 shàngyóu *n.* upper reaches (of a river), advanced position

【配】黄河上游，力争上游

【例】①黄河上游的资源十分丰富。②我们要鼓足干劲，力争上游。

捎 shāo *v.* take sth. to/for sb., bring sth. to sb.

【配】捎东西

【例】①你能从超市帮我捎点东西吗？②我从广东给你捎了点特产（tèchǎn; speciality）。

梢 shāo *n.* thin end of a twig

【配】眉梢，树梢

【例】①树梢上有只小鸟。②她喜上眉梢，肯定有什么好事。

哨 shào *n./v.* sentry post, post, whistle; patrol

【配】吹哨，放哨，哨兵

【例】①班长吹哨集合。②大门口有哨兵站岗（zhàn-gǎng; stand guard）。

奢侈 shēchǐ *adj.* luxurious, extravagant, wasteful
【配】奢侈的生活，奢侈浪费
【例】①他们的生活很奢侈。②咱们这顿晚餐吃得太奢侈了。

设立 shèlì *v.* establish, set up, found
【配】设立机构
【例】①我们公司设立了一个新部门。②学校设立了学生聊天室，帮学生解决些学习、生活和情感方面的问题。
【同】建立

设想 shèxiǎng *v./n.* envisage, conceive; imagination
【配】不堪设想，初步设想
【例】①如果你这样做，后果会不堪设想。②这项计划只是一个初步设想。

设置 shèzhì *v.* set up, establish
【配】设置课程
【例】①这座剧院是专门为儿童设置的。②会场里设置了录音设备。

社区 shèqū *n.* community
【配】社区建设，社区服务

【例】①社区设立了活动中心，为老人们提供了个好去处。②我们社区的服务很好。

涉及 shèjí *v.* involve, relate to, touch (up) on
【例】①这个问题涉及到你们每一个人。②政治方面的新闻往往要涉及经济问题和社会问题。

摄取 shèqǔ *v.* absorb, assimilate, take in
【配】摄取信息，摄取营养
【例】①我们不能在较短时间内摄取足够的信息。②孩子们每天要摄取一定的营养，才能健康成长。

摄氏度 shèshìdù *m.* degree centigrade (℃)
【例】①水在零摄氏度时结冰。②今天的最低气温是23 摄氏度。

申报 shēnbào *v.* report to a higher body, declare (sth. to the customs)
【例】①你有什么东西要申报吗？②公司明年的预算必须在今年年底前申报。

呻吟 shēnyín *v.* groan, moan
【配】无病呻吟，低声呻吟
【例】①那个生病的孩子呻吟了一会儿就睡着了。②他因为疼痛而低声呻吟。

绅士 shēnshì *n.* gentleman, gentry

【配】年轻的绅士，绅士风度

【例】①他很有绅士风度，大家都很喜欢他。②她最近认识了一个有钱有地位的绅士。

深奥 shēn'ào *adj.* abstract, profound, recondite

【配】深奥的道理，深奥的书

【例】①这是一本深奥的书。②哲学对我来说太深奥了。

深沉 shēnchén *adj.* deep, reserved, low-pitched

【配】深沉的爱，深沉的声音

【例】①夜已深沉。②父亲的爱很深沉。

深情厚谊 shēnqíng-hòuyì profound sentiments of friendship, profound friendship

【例】①两国人民结下了深情厚谊。②他们俩的深情厚谊让人感动。

神奇 shénqí *adj.* magical, mystical, miraculous

【配】神奇的功效，神奇的事情

【例】①这种药有神奇的功效。②这个社区发生了一件神奇的事情。

【同】奇妙

神气 shénqì *adj./n.* vigorous, spirited, cocky; expression

【配】神气十足

【例】①他走起路来很神气。②看她的神气，一点儿也不像刚生过病的。

神情 shénqíng *n.* expression, look

【配】愉快的神情，神情紧张

【例】①他的脸上掠过失望的神情。②小明脸上露出愉快的神情。

【同】神色，神态

神色 shénsè *n.* expression, look

【配】神色不对，神色紧张

【例】①他的眼睛里露出了疲倦的神色。②听到这消息时，她的脸上现出喜悦的神色。

【同】神情，神态

神圣 shénshèng *adj.* sacred, holy

【配】神圣的权利，神圣的事业

【例】①保卫祖国是每个公民神圣的职责。②他把自己的工作当成神圣的事业。

神态 shéntài *n.* expression, manner, bearing, mien

【配】神态悠闲，神态从容

【例】①她神态从容地走向讲台。②他一副傲慢的神态，对旁人理都不理。

【同】神色，神情

神仙 shénxiān *n.* supernatural/celestial being, immortal, person free from worldly cares

【例】①这些孩子很喜欢听和神仙有关的故事。②她过着神仙般的生活。

审查 shěnchá *v.* examine, censor

【配】资格审查，审查制度

【例】①报告还在审查中。②领导正在审查新的项目。

审理 shěnlǐ *v.* try, hear

【配】审理案件

【例】①法官正在审理案件。②这个案子将于下月审理。

审美 shěnměi *v.* appreciate the beautiful

【配】审美能力，审美眼光

【例】①你不能不惊叹群众的审美能力。②我和他的审美眼光很像。

审判 shěnpàn *v.* bring to trial, try

【配】公开审判，因……受审判

【例】①法庭公开审判了这一案件。②他因盗窃罪受到审判。

渗透 shèntòu *v.* permeate, infiltrate
【配】经济渗透
【例】①汗水渗透了衣裳。②这部作品渗透着她多年的心血。

慎重 shènzhòng *adj.* careful, cautious, prudent
【配】慎重选择，说话慎重
【例】①为慎重起见，我们要制定两条方案。②我们做事情要采取慎重的态度。
【同】谨慎

生存 shēngcún *v.* subsist, live, survive
【配】生存危机，生存空间
【例】①人离开了空气便不能生存。②我们此后只有两条路：一条是死亡，另一条是生存。

生机 shēngjī *n.* hope of life, life, vitality
【配】充满生机
【例】①春天，万物都充满生机。②这座城市充满了生机。

生理 shēnglǐ *n.* physiology

【配】生理反应，生理现象

【例】①这是动物正常的生理反应。②他很健康，没有生理缺陷。

生疏 shēngshū *adj.* unfamiliar, not as close as before, out of practice

【配】生疏的面孔（miànkǒng; face），对……生疏

【例】①我在这儿人地生疏。②他变了，我们的关系也生疏了。

生态 shēngtài *n.* ecology

【配】生态环境，生态学

【例】①维护生态环境，要从我们每个人做起。②他的专业是生态学。

生物 shēngwù *n.* living thing/being, organism

【配】高级生物

【例】①世界上的生物具有多样性。②人类是高级生物。

生效 shēngxiào *v.* come into force, take effect, become effective

【例】①这份文件已经生效。②合同自签字之日起生效。

生锈 shēngxiù *v.* get rusty, rust
【例】①铁容易生锈。②雨水使工具生锈了。

生育 shēngyù *v.* give birth to, bear
【例】①她刚刚生育了第一胎。②她生育了两个孩子。

声明 shēngmíng *v./n.* state, declare, announce; declaration
【配】郑重声明，口头声明
【例】①总统在演讲中声明了他的意图。②政府公开发表声明严厉打击盗窃行为。

声势 shēngshì *n.* power, momentum
【配】大造声势，声势空前
【例】①这场运动的声势正在逐渐扩大。②新闻界为这次演出大造声势。

声誉 shēngyù *n.* reputation, fame, prestige
【配】维护声誉，有损声誉
【例】①他的艺术才能使自己赢得了良好声誉。②我们不能做有损公司声誉的事情。

牲畜 shēngchù *n.* livestock, domestic animals
【配】饲养牲畜

【例】①他靠饲养牲畜来维持生活。②农场里有多少头牲畜？

省会 shěnghuì *n.* provincial capital
【例】①江苏省的省会是南京。②陕西省的省会是西安。

胜负 shèngfù *n.* victory or defeat, success or failure
【配】比赛的胜负，胜负未定
【例】①到目前为止，比赛胜负未定。②这次比赛的胜负对我非常重要。

盛产 shèngchǎn *v.* abound in, teem with, be rich in
【配】盛产石油
【例】①山西省盛产煤。②这个国家盛产水果。

盛开 shèngkāi *v.* be in full bloom
【例】①春天桃花盛开。②现在是牡丹花盛开的季节。

盛情 shèngqíng *n.* great kindness, boundless hospitality
【配】盛情款待，盛情难却
【例】①谢谢你的盛情款待。②小张多次邀请我一起去爬山，盛情难却，这次一定得去。

盛行 shèngxíng *v.* be current, be in vogue
【配】盛行一时

【例】①这种习俗在非洲某些地区仍然很盛行。②今年夏天，街上盛行这款帽子。

【同】流行

尸体 shītǐ　*n.*　corpse, dead body, cadaver

【配】辨认尸体

【例】①死者的尸体至今仍未找到。②警方请死者家属辨认尸体。

失误 shīwù　*v./n.*　make a mistake; fault

【配】发球失误，重大失误

【例】①他发球失误了。②工作中难免会有失误。

失踪 shīzōng　*v.*　disappear, become missing

【配】失踪人员

【例】①在这次地震中，除了伤亡之外，还有许多人失踪。②政府公布了失踪人员的名单。

师范 shīfàn　*n.*　teacher-training school

【配】师范教育，师范学校

【例】①这所大学的办学宗旨是坚持学术教育与师范教育相统一。②她高中毕业后上了一所师范院校。

施加 shījiā　*v.*　exert (on), inflict (on), impose (on)

【配】施加压力

【例】①他这么懒惰，一定要给他施加一些压力。②考试前不要给他施加太多的压力。

施展 shīzhǎn *v.* put to good use, give free play to

【配】施展才能，施展抱负

【例】①在这场比赛中，他把自己的所有本领都施展出来了。②在这家公司里，他没有机会施展自己的才能。

【同】发挥

十足 shízú *adj.* out-and-out

【配】信心十足，勇气十足

【例】①她信心十足地走向讲台。②我有十足的把握一定能成功。

石油 shíyóu *n.* petroleum, oil

【配】石油资源，石油产品

【例】①这个国家的石油工业很发达。②中东地区的石油资源很丰富。

时差 shíchā *n.* time difference

【配】倒时差，有时差

【例】①美国东部和西部的时差是几个小时？②我刚从法国坐飞机到中国，还不习惯，正在倒时差。

时常 shícháng *adv.* often, frequently
【例】①人们时常到这地方来散步。②开会时，我们时常交换意见。
【反】偶尔

时而 shí'ér *adv.* from time to time, sometimes
【例】①蓝色的天空中，时而飘过几朵白云。②最近天气时而热时而冷。

时光 shíguāng *n.* time
【配】美好时光，珍惜时光
【例】①我时常想起往日的美好时光。②我们度过了一段非常愉快的时光。

时机 shíjī *n.* opportunity, opportune moment
【配】等待时机，良好时机
【例】①我们已经错过了最好的时机。②时机尚未成熟。
【同】机会

时事 shíshì *n.* current events/affairs
【配】关心时事，国际时事
【例】①大家都很关心时事。②我们听了一个时事报告，感触（gǎnchù; feeling）很深。

时装 shízhuāng *n.* fashionable dress, latest fashion
【配】时装表演，时装秀
【例】①今天晚上我要去参加一场时装表演。②这场时装秀太棒了。

识别 shíbié *v.* identify
【配】识别能力，识别真假
【例】①他能识别钻石的真假。②机器无法识别这张人民币。
【同】辨别（biànbié）

实惠 shíhuì *adj./n.* substantial; material benefit
【配】经济实惠，得到实惠
【例】①这家商店的东西既实惠又便宜。②妈妈买东西向来讲求实惠。

实力 shílì *n.* (actual) strength
【配】经济实力，实力相当
【例】①这家企业很有实力。②这两名应聘者的实力相当。

实施 shíshī *v.* put into effect, implement, carry out
【配】实施计划，尽快实施
【例】①学校从今天开始实施新的教学计划。②这些措施在没有资金的情况下很难得到实施。

实事求是 shíshì-qiúshì seek truth from facts, base oneself on facts, be practical and realistic
【例】①实事求是是我们处理问题的原则。②我们要实事求是，反对主观主义。

实质 shízhì *n.* essence
【配】问题的实质，实质上
【例】①这两个问题表面相同，但实质不同。②实质上，幸福很简单。

拾 shí *v.* pick up (from the ground), collect
【配】拾东西，收拾
【例】①我在街上拾到一个钱包。②他把书拾了起来。
【同】捡

使命 shǐmìng *n.* mission
【配】完成使命，重大使命
【例】①他成功地完成了使命。②她被派往国外，执行重大使命。

示范 shìfàn *v.* set an example, demonstrate
【配】示范作用，示范动作
【例】①小王给我做了示范动作。②请你给我们示范一下如何操作这台仪器。

示威 shìwēi *v.* demonstrate, display one's prowess

【配】示威游行，向……示威

【例】①工人们正在街上示威游行。②你这样做是在向我示威吗？

示意 shìyì *v.* signal, give a signal

【配】点头示意，挥手示意

【例】①他示意我先走。②她挥手示意我坐在她旁边。

世代 shìdài *n.* long period of time, from generation to generation

【配】世代相传，世代友好

【例】①我家世代行医。②两国世代友好。

世界观 shìjièguān *n.* world view/outlook

【例】①我们俩的世界观不同。②世界观是人们对整个世界的根本看法。

势必 shìbì *adv.* be bound to, certainly will

【例】①他势必赢得这次比赛。②这样吵下去，他们俩势必会分手。

【同】一定

势力 shìlì *n.* force, power, influence
【配】有势力，社会势力
【例】①进步势力和传统势力有许多不同的观点。②政府坚决打击一切黑暗势力。

事故 shìgù *n.* mishap, accident
【配】发生事故，交通事故
【例】①一次生产事故使他双目失明。②马路上刚刚发生了一起交通事故。

事迹 shìjì *n.* deed, achievement
【配】英雄事迹，感人事迹
【例】①他的英勇事迹感动了在场的观众。②小明从小就喜欢听一些英雄事迹。

事件 shìjiàn *n.* event, incident
【配】国际事件，政治事件
【例】①我们一定要查明事件的真相。②学校门口发生了一起打架事件。

事态 shìtài *n.* state of affairs, situation
【配】事态严重，事态发展
【例】①事态发展迅速。②事态有所缓和。

事务 shìwù *n.* work, routine, affairs

【配】日常事务，公司事务

【例】①经理事务繁忙，请您稍微等一会儿。②他的主要工作是处理公司的日常事务。

事项 shìxiàng *n.* item, matter

【配】注意事项，有关事项

【例】①这次活动有几个注意事项。②报告中规定了工作中需要注意的安全事项。

事业 shìyè *n.* cause, undertaking, institution

【配】文化教育事业

【例】①近年来文化教育事业发展迅速。②他在一家事业单位工作，福利不错。

试图 shìtú *v.* attempt, try

【配】试图逃跑，试图放弃

【例】①那个犯人试图逃跑。②我试图解释，但没有用。

【同】打算

试验 shìyàn *v.* try out, experiment, test

【配】做试验，反复试验

【例】①周教授正在进行一项有趣的试验。②在使用这个化妆品之前，建议你先去做一次皮肤试验。

视力 shìlì *n.* vision, sight

【配】视力模糊，影响视力

【例】①这位老人视力不好。②长时间读书损伤了他的视力。

视线 shìxiàn *n.* line of sight/vision

【配】挡住视线

【例】①那棵树挡住了我的视线。②他一开口说话，所有人的视线都集中在他身上。

视野 shìyě *n.* field of vision

【配】视野开阔

【例】①一个企业家应具有开阔的视野。②哲学课打开了学生们的视野。

是非 shìfēi *n.* right and wrong, quarrel, dispute

【配】明辨是非，分清是非

【例】①我们应该具备分辨是非的能力。②那些大妈很喜欢搬弄是非。

适宜 shìyí *adj.* suitable, fit, appropriate, proper

【配】适宜生存，适宜居住

【例】①这水不适宜饮用。②这里不适宜人类居住。

【同】适合

逝世 shìshì　*v.*　pass away, die

【例】①总理逝世的时候，大家都十分伤心。②人们纷纷为领袖的逝世表示哀悼（āidào; condolences）。

【同】去世

释放 shìfàng　*v.*　release, set free

【配】释放能量，无罪释放

【例】①他被释放出狱。②他想释放心里的怒气。

收藏 shōucáng　*v.*　collect, store (up)

【配】收藏古画

【例】①他的最大爱好是收藏古画。②他收藏了很多语言学方面的书籍。

收缩 shōusuō　*v.*　contract, shrink, draw back

【配】收缩变形，收缩战线

【例】①低温使金属收缩。②敌人收缩了战线。

收益 shōuyì　*n.*　income, proceeds, profit, earnings

【配】获得收益，总收益

【例】①我们公司今年的收益增加了。②只要你足够用心，一定能获得很大收益。

【同】收获

收音机 shōuyīnjī *n.* radio set

【配】听收音机

【例】①老人们跑步的时候喜欢听收音机。②这是一款老式的收音机。

手法 shǒufǎ *n.* skill, technique, trick, gimmick

【配】艺术手法，手法高明

【例】①这种艺术表现手法很独特。②小偷用自己惯用的手法盗窃。

手势 shǒushì *n.* gesture, sign

【配】打手势

【例】①我说的话他听不懂，我打手势他也看不懂。②不同的国家，同样的手势意思也可能不同。

手艺 shǒuyì *n.* workmanship, craftsmanship

【配】手艺超群（chāoqún; be preeminent），手艺人

【例】①他把手艺传给了儿子。②他是一名有经验的手艺人。

【同】技艺（jìyì）

守护 shǒuhù *v.* guard, defend

【配】守护者

【例】①士兵守护着这个重要的军事基地。②护士日夜守护在病人身边。

首要 shǒuyào *adj./n.* of first importance, chief; head, leader

【配】首要任务，政界首要

【例】①学生的首要任务是学习。②他是一名政界首要。

受罪 shòuzuì *v.* endure hardships/tortures, have a hard time

【配】活受罪

【例】①让我跑 5000 米，真是活受罪啊。②他到了国外，语言不通，真受罪。

授予 shòuyǔ *v.* confer, award, grant

【配】被授予……，授予学位

【例】①学院授予他法学博士学位。②他被授予模范教师的称号。

书法 shūfǎ *n.* handwriting, penmanship, calligraphy

【配】书法比赛

【例】①我们班举行了一次书法比赛。②我从小就喜欢书法。

书籍 shūjí *n.* books, works, literature
【配】收集书籍，文学书籍
【例】①这个箱子里装满了文学书籍。②我家里珍藏了好多历史书籍。

书记 shūjì *n.* secretary
【配】党委书记，总书记
【例】①我们学校的党委书记姓张。②王书记人很好，考虑问题很周到。

书面 shūmiàn *n.* written, in written form, in writing
【配】书面材料，书面汇报
【例】①你要注重提高自己的书面表达能力。②他向我提交了一份书面保证。

舒畅 shūchàng *adj.* happy, entirely free from worry
【配】心情舒畅，身心舒畅
【例】①这几天我心情舒畅。②最近事业顺利，生活幸福，身心怎会不舒畅呢？

疏忽 shūhu *v.* neglect, overlook
【配】疏忽大意，一时疏忽
【例】①这个细节我疏忽了。②他一时疏忽才造成大错。

数 shǔ *v.* count, be reckoned as

【配】数数（shǔshù）

【例】①我数了一下，参加这次活动的一共 10 个人。②这些人中，数他年龄最小。

束 shù *m./v./n.* bundle, bunch, sheaf; bind; beam

【配】一束花，束发，花束

【例】①他送给我一束玫瑰花。②他的腰上束了一条皮带。③他捧着花束向女友求婚。

束缚 shùfù *v.* tie, bind up, fetter

【配】束缚思想

【例】①他被一堆杂事束缚着。②我们应该打破习惯的束缚。

【同】约束

树立 shùlì *v.* set up, establish

【配】树立形象，树立观念

【例】①全社会应该树立良好的道德风尚（fēngshàng; prevailing custom）。②他为我们树立了好榜样。

竖 shù *v./adj./n.* set upright, erect, stand; vertical; vertical stroke

【配】竖立，竖琴，横竖

【例】①他们在屋顶上竖起了电视天线。②这片房子，横着有三排，竖着有五排。③我姓王，三横一竖的王。

数额 shù'é *n.* number, amount, quotient
【配】超出数额，数额巨大
【例】①他们这次买了很多货物，数额巨大。②我们的钱数额有限。

数目 shùmù *n.* number, amount
【配】数目增加，有限的数目
【例】①他给我的钱数目不对。②捐款的数目相当可观。

耍 shuǎ *v.* play, play with, flourish, play tricks
【配】玩耍，耍刀，耍把戏
【例】①你叫孩子们到院子里耍去。②他被骗子耍了。

衰老 shuāilǎo *adj.* old and feeble, senile, aged
【例】①他年过七十，虽然衰老但并不迟钝（chídùn; slow）。②从她的动作看，她确实有点衰老了。

衰退 shuāituì *v.* fall, decline
【配】经济衰退，听力衰退
【例】①经济危机导致很多国家经济衰退。②他的视力已经开始衰退了。

率领 shuàilǐng v. lead, head, command

【配】率领代表团

【例】①他率领一个旅游团去了欧洲。②经理率领我们取得了这次比赛的胜利。

涮火锅 shuàn huǒguō eat/have fondues

【例】①北京的羊肉涮火锅很好吃。②我常常和朋友一起去吃涮火锅。

双胞胎 shuāngbāotāi n. twins

【配】生双胞胎，一对双胞胎

【例】①那对夫妇生了一对双胞胎。②那对双胞胎长得特别可爱。

爽快 shuǎngkuai adj. refreshed, comfortable, frank, straight forward

【配】为人爽快，办事爽快

【例】①他为人很爽快，大家都很喜欢他。②他办事很爽快。

【同】直爽（zhíshuǎng）

水利 shuǐlì n. water conservancy, irrigation works, water conservancy project

【配】水利调查，水利工程

【例】①我们要进行一项水利调查。②政府决心大力发展水利工程。

水龙头 shuǐlóngtóu *n.* bibcock, tap
【配】开水龙头
【例】①他正打开水龙头洗手。②洗完手后请您将水龙头关紧。

水泥 shuǐní *n.* cement
【例】①水泥是建造建筑物的必备材料。②他是一名水泥工人。

司法 sīfǎ *v.* judicature, administration of justice
【配】司法部门
【例】①我们要健全司法制度。②人人崇尚司法公正。

司令 sīlìng *n.* commander, commanding officer
【配】总司令
【例】①他是我们军队的司令。②司令的军事能力很强。

私自 sīzì *adv.* privately, secretly, without permission
【配】私自离开
【例】①本阅览室的图书不得私自带走。②你们不能私自离开岗位。

思念 sīniàn *v.* think of, long for, miss

【配】思念家人

【例】①我思念远方的朋友。②离家一年，我十分思念故乡。

【同】想念

思索 sīsuǒ *v.* reflect, ponder, deliberate

【配】用心思索，苦苦思索

【例】①我一夜没睡着，反复思索这个问题。②他苦苦地思索生活的意义。

【同】思考

思维 sīwéi *n./v.* thought, thinking; think, consider

【配】思维模式，反复思维

【例】①他的思维模式很独特。②她思维再三，终于下了决心。

思绪 sīxù *n.* train of thoughts, thinking

【配】思绪清晰

【例】①最近发生的事情太多了，她的思绪很乱。②看着眼前的风景，她的思绪一下子回到了五年前。

斯文 sīwén *adj.* refined, gentle

【配】假装斯文，举止（jǔzhǐ; bearing）斯文

【例】①他说话挺斯文。②这位学者举止斯文。

死亡 sǐwáng *v.* die

【配】死亡地点，因病死亡

【例】①他的死亡是由一次意外事故造成的。②这次地震造成了 31 000 人死亡。

四肢 sìzhī *n.* four limbs, arms and legs

【配】四肢发达，四肢麻木

【例】①她个儿很高，四肢修长。②长跑之后，我的四肢已经基本麻木了。

饲养 sìyǎng *v.* raise, rear

【配】饲养场，饲养动物

【例】①马先生饲养了许多动物。②她喜欢饲养家禽(jiāqín; domestic foul)。

肆无忌惮 sìwújìdàn act recklessly and care for nobody

【例】①风暴肆无忌惮地袭击了北京。②那些男孩儿无人管教，肆无忌惮。

耸 sǒng *v.* soar high, terrify

【配】高耸入云，耸立，耸人听闻

【例】①这些山峰高耸入云。②这种说法简直是耸人听闻。

搜索 sōusuǒ *v.* search for, look for, hunt

【配】搜索队，搜索数据

【例】①为了早日抓到罪犯，警方展开了全市范围的搜索。②我正上网搜索信息。

艘 sōu *m.* [used for a boat or ship]

【配】一艘船

【例】①登上这艘船后，我们就可以出发了。②海上有一艘船。

苏醒 sūxǐng *v.* revive, regain consciousness, come round

【配】苏醒剂

【例】①经过抢救，她很快就苏醒了。②春天来了，大地苏醒了。

俗话 súhuà *n.* common saying

【配】俗话说

【例】①正如俗话所说，失败乃成功之母。②正如俗话所讲，"条条大路通罗马"，你一定会成功。

诉讼 sùsòng *v.* file a suit

【配】民事诉讼，诉讼程序

【例】①当事人撤销了诉讼。②每个公民都有诉讼权。

素食主义 sùshí-zhǔyì *n.* vegetarianism
【例】①她是一名素食主义的倡导者。②不少素食者认为，素食主义能使人达到完美和安宁。

素质 sùzhì *n.* quality
【配】文化素质，素质教育
【例】①她具备当一名好律师的素质。②政府决心大力推进素质教育。

塑造 sùzào *v.* portray, mould
【配】人物塑造，塑造人格
【例】①这部小说中的人物塑造得很成功。②教育有助于塑造人格。

算了 suànle *v.* let it go, forget it
【例】①算了，别说了。②这件事就算了吧，别再提了。

算数 suànshù *v.* count, hold, stand
【配】说话算数
【例】①他不到两岁就会算数了。②你应当说话算数。

随即 suíjí *adv.* immediately, presently
【配】随即离开，随即出发
【例】①演讲者一出现，人民随即鼓掌欢迎。②一接到报警，警察随即赶到了现场。

【同】立刻

随身 suíshēn *adj.* take sth. with oneself

【配】随身携带，随身衣物

【例】①手机是年轻人随身携带的物品。②这次旅行，你随身带了什么？

随手 suíshǒu *adv.* conveniently, without any extra effort

【配】随手关灯

【例】①请你随手把门带上。②出门时请随手关灯。

【同】顺手（shùnshǒu）

随意 suíyì *adj.* behave at will, do as one pleases

【配】随意选择，随意消除

【例】①请随意选择以下几个礼物。②他做起事来很随意。

岁月 suìyuè *n.* years

【配】难忘的岁月

【例】①我想起了年轻时的岁月。②在今后的岁月里，我要好好照顾父母。

隧道 suìdào *n.* tunnel

【配】 铁路隧道，挖隧道

【例】 ①火车穿过了隧道。②工人正在山里挖隧道。

损坏 sǔnhuài *v.* damage, injure, spoil

【配】 损坏财物，损坏名声

【例】 ①公共财物如有损坏，照价赔偿。②他们拒绝回收损坏的货物。

【同】 破坏

索赔 suǒpéi *v.* claim compensation against

【配】 索赔费用，经济索赔

【例】 ①他们向保险公司索赔 20 万。②我们投诉商家，并不是为了索赔，而是为了让他们改进服务质量。

索性 suǒxìng *adv.* might (just) as well, simply

【例】 ①既然已经做了，索性就把它做完。②她一生气索性把书撕了。

【同】 干脆

T

塌 tā *v.* collapse, fall down

【配】 墙塌了，倒塌

【例】 ①屋顶被雪压塌了。②没有什么好怕的，天不会塌下来的。

踏实 tāshi *adj.* steady, free from anxiety

【配】工作踏实

【例】①小明学习很踏实。②他平安到家，我的心就踏实了。

台风 táifēng *n.* typhoon

【配】强台风，一场台风

【例】①昨天刮了一场台风。②台风影响了我们正常的生活学习。

太空 tàikōng *n.* firmament, (outer) space

【配】太空飞船

【例】①小明梦见自己坐上了太空飞船。②也许多年以后，人们就可以去太空旅游了。

泰斗 tàidǒu *n.* leading authority

【配】工业界的泰斗

【例】①他是我们这个行业的泰斗。②莎士比亚(Shāshìbǐyà; Shakespeare)是英国文学的泰斗。

贪婪 tānlán *adj.* avaricious, greedy, rapacious

【配】贪婪的人

【例】①人的本性是贪婪的。②他露出了贪婪的目光。

贪污 tānwū *v.* be corrupt, embezzle
【配】贪污罪
【例】①贪污和浪费是最大的犯罪。②他犯了贪污罪，被警察逮捕了。

摊儿 tānr *n.* stall, booth, stand
【配】摆摊儿，水果摊儿
【例】①他靠摆摊儿维持生活。②马路对面有个水果摊儿。

瘫痪 tānhuàn *v.* be physically paralysed, (of systems, transportation, etc.) become paralysed
【配】瘫痪在床，交通瘫痪
【例】①他是一个瘫痪的病人，生活不能自理。②今天堵车很严重，交通又瘫痪了。

弹性 tánxìng *n./adj.* elasticity; flexible
【配】弹性好，弹性工作
【例】①这件衣服的弹性很好。②公司对员工实行弹性奖励办法。

坦白 tǎnbái *adj./v.* frank, candid; confess
【配】坦白地说，坦白交待

【例】①我坦白地跟他说明了我来的目的。②我向他坦白了内心的真实想法。

叹气 tànqì *v.* sigh, give a sigh

【配】唉声叹气

【例】①他长长地叹了一口气。②你别总是唉声叹气的。

探测 tàncè *v.* survey, probe, sound

【配】探测资源，探测想法

【例】①他们去南极探测了。②他想探测我内心的真实想法。

探索 tànsuǒ *v.* explore, probe, seek

【配】探索秘密，探索者

【例】①我喜欢探索事物的本质。②他们探索到了新的改革途径。

探讨 tàntǎo *v.* inquire into, probe into, explore

【配】探讨问题

【例】①老师让我们一起探讨这个问题。②他们探讨了事情发展的方向。

【同】讨论

探望 tànwàng *v.* look in order to find out, visit, call on

【配】探望朋友

【例】①火车快进站了，他不时向窗外探望。②你应该去探望一下老朋友。

糖葫芦 tánghúlu *n.* sugar-coated haws on a stick

【配】吃糖葫芦，一串糖葫芦

【例】①我很喜欢吃糖葫芦。②他已经吃了两串糖葫芦了。

倘若 tǎngruò *conj.* if, supposing, in case

【例】①倘若天气好，我们就出去玩吧。②倘若我们失败了怎么办？

【同】如果

掏 tāo *v.* take/fish out, dig (a hole, etc.)

【配】掏东西，掏洞

【例】①她从上衣口袋里掏出一张纸。②孩子们在山坡上掏了一个洞。

滔滔不绝 tāotāo-bùjué speak unceasingly, pour out words in a steady flow

【例】①他滔滔不绝地说了半天。②他滔滔不绝，没完没了，大家都不想听了。

陶瓷 táocí *n.* pottery and porcelain, ceramics

【配】陶瓷瓶，陶瓷品

【例】①这个瓶子是陶瓷做的。②这是一个陶瓷工艺品。

淘气 táoqì *adj.* naughty, mischievous

【配】淘气的孩子

【例】①那个小男孩很淘气，不听话。②他是一个淘气的孩子，常常捉弄（zhuōnòng; tease）其他孩子。

淘汰 táotài *v.* eliminate sb. from a competition, fall into disuse, be obsolete

【配】淘汰出局

【例】①这支参赛队伍不幸在比赛中被淘汰了。②这种帽子早就被淘汰了。

讨价还价 tǎojià-huánjià bargain, haggle over the price

【例】①他跟老板讨价还价，希望价格能再便宜一点。②他擅长讨价还价。

特长 tècháng *n.* strong point, speciality

【例】①游泳不是她的特长。②我的特长是画画。

【同】专长

特定 tèdìng *adj.* specially appointed/designated, given, specified

【配】特定的环境，特定时期

【例】①这个词只能在特定的语境下使用。②在特定的时代，人们有特定的生活方式。

特色 tèsè *n.* characteristic, distinguishing quality, special feature

【配】传统特色，特色菜

【例】①这是这家餐厅的特色菜。②这种舞蹈很有民族特色。

提拔 tíbá *v.* promote, elevate

【配】提拔某人，提拔人才

【例】①厂长提拔小李当主任了。②公司主张提拔年轻的人才。

提炼 tíliàn *v.* extract and purify, abstract, refine

【配】提炼石油

【例】①人们从矿石中提炼金属。②那些工人正在提炼石油。

提示 tíshì *v./n.* point out, prompt; cue

【配】提示某人，给某人提示

【例】①他提示我这道题还有其他解答方法。②如果她忘掉台词（táicí; actor's lines），我会给她提示。

提议 tíyì *v./n.* propose, suggest, move; proposal

【配】通过提议

【例】①我提议大家一起唱首歌。②这个提议被我们采纳了。

【同】建议

题材 tícái *n.* subject matter, theme

【配】战争题材，生活题材

【例】①这部电影是战争题材的。②电影题材大都来自现实生活。

体谅 tǐliàng *v.* show sympathetic understanding of, make allowances for

【配】体谅别人，互相体谅

【例】①他很体谅同事的难处的。②朋友之间要互相体谅。

体面 tǐmiàn *adj./n.* dignity, face

【配】体面的外表，有失体面

【例】①大多数父母认为，考上大学是一件体面事。②你的行为有失体面。

体系 tǐxì *n.* system, setup

【配】经济体系，思想体系

【例】①这位哲学家的思想体系很完整。②政府正在努力完善国家的经济体系。

【同】系统

天才 tiāncái *n.* genius, prodigy

【配】天才儿童，数学天才

【例】①那个孩子太聪明了，是一个天才。②他是一个数学天才。

天伦之乐 tiānlúnzhīlè family happiness

【配】享受天伦之乐

【例】①他们一家人非常幸福，享受着天伦之乐。②世间多少人渴望亲人间的天伦之乐啊！

天然气 tiānránqì *n.* natural gas, gas

【配】开采天然气

【例】①他们正在开采天然气。②天然气是一种可燃气体。

天生 tiānshēng *adj.* inborn, inherent, innate

【配】天生爱美，天生的美女

【例】①女孩子天生爱美。②那个女孩儿天生胆小。

天堂 tiāntáng *n.* paradise, heaven

【配】人间天堂

【例】①人们都说杭州是人间天堂。②这里是购物者的天堂。

天文 tiānwén *n.* astronomy

【配】天文学，天文数字

【例】①他精通天文学。②一亿对我们来说是个天文数字。

田径 tiánjìng *n.* track and field

【配】田径运动，田径比赛

【例】①他很喜欢田径运动。②他参加了一项田径比赛。

舔 tiǎn *v.* lick, lap

【配】舔嘴唇，舔干净

【例】①那个女孩子一紧张就会不停地舔嘴唇。②小猫把盘子舔干净了。

挑剔 tiāoti *v.* nit-pick (at), be hypercritical, be fastidious

【配】过于挑剔，无可挑剔

【例】①你对别人不要过于挑剔。②他的工作无可挑剔。

条款 tiáokuǎn *n.* clause, article, provision

【配】法律条款，合同条款

【例】①你的行为违反了法律条款。②我们要按照合同条款进行合作。

【同】条目 (tiáomù)

条理 tiáolǐ *n.* proper arrangement/presentation, orderliness

【配】条理清楚

【例】①这篇文章条理清楚。②她把工作安排得很有条理。

【同】层次

条约 tiáoyuē *n.* treaty, pact

【配】友好条约，订立条约

【例】①中法两国签订了友好合约。②这份和平条约是在北京签订的。

【同】公约 (gōngyuē)

调和 tiáohé *adj./v.* harmonious, proportional; mediate, compromise

【配】调和矛盾，不可调和

【例】①这两种声音不太调和。②他们的矛盾不可调和。

【同】协调

调剂 tiáojì *v.* make up a prescription, adjust, regulate

【配】调剂生活

【例】①政府打算调剂一批粮食支援灾区（zāiqū; disaster area）。②适当的娱乐可以调剂生活。

调节 tiáojié *v.* regulate, adjust, control

【配】空气调节，调节收入

【例】①空调可以调节屋子里的温度。②水能调节动物的体温。

调解 tiáojiě *v.* mediate, make peace

【配】调解纠纷

【例】①通过朋友们的调解，他俩和好了。②法官正在调解这起商业纠纷。

调料 tiáoliào *n.* seasoning, condiment, flavouring

【配】放调料

【例】①他在食物里放了一些调料。②您想要什么调料？

挑拨 tiǎobō *v.* instigate, incite, sow discord

【配】挑拨关系，挑拨是非

【例】①有人在背后挑拨我们俩的关系。②她是一个喜欢挑拨是非的人。

挑衅 tiǎoxìn *v.* provoke

【配】故意挑衅，挑衅的目光

【例】①她向我投来挑衅的目光。②他的挑衅行为让我很生气。

跳跃 tiàoyuè *v.* jump, skip, hop, leap

【配】跳跃障碍

【例】①小羊在田间跳跃。②这匹马跳跃了所有的障碍物。

亭子 tíngzi *n.* pavilion

【配】修建亭子，一座亭子

【例】①我们小区里修建了一座亭子。②公园里有很多漂亮的亭子。

停泊 tíngbó *v.* anchor, berth, moor

【配】停泊船只

【例】①这个海港可以停泊五十艘船。②那艘船已经停泊在码头上了。

【同】停靠 (tíngkào)

停顿 tíngdùn *v.* stop, halt, pause, be at a standstill

【配】注意停顿，停顿一下

【例】①生产不能停顿。②你读到这里时应该停顿一下。

停滞 tíngzhì *v.* stagnate, bog down, be at a standstill

【配】停滞状态，停滞不前

【例】①那个国家的经济处于停滞状态。②我们的思想不能停滞不前。

挺拔 tǐngbá *adj.* tall and straight

【配】挺拔的松树

【例】①小路边上有一棵挺拔的松树（sōngshù; pine tree）。②学校里到处都是挺拔的白杨（báiyáng; white poplar）树。

通货膨胀 tōnghuò péngzhàng *n.* inflation

【配】通货膨胀率，控制通货膨胀

【例】①国家正努力把通货膨胀率再降一个百分点。②政府采取了不少措施抑制通货膨胀。

通俗 tōngsú *adj.* popular, common

【配】通俗歌曲，通俗读物

【例】①在当今社会，通俗歌曲非常流行。②演讲者应该用通俗的语言讲出深奥的道理。

通用 tōngyòng *v.* be in common use, be commonly used

【配】全国通用，通用语言

【例】①这两个字可以通用。②这种电话卡在全国通用。

同胞 tóngbāo *n.* fellow countryman, compatriot, sibling

【配】同胞兄弟，海外同胞

【例】①小红是她的同胞妹妹。②海外同胞十分思念祖国。

同志 tóngzhì *n.* comrade

【配】好同志

【例】①领导说："同志们，辛苦了！"②经理说："小王是一个好同志"。

铜矿 tóngkuàng *n.* copper mine, copper ore

【配】开采铜矿

【例】①这条山路通往那个铜矿。②他们已经探测过这个铜矿了。

童话 tónghuà *n.* children's story, fairy tale

【配】童话故事，童话作家

【例】①这位作家写了很多著名的童话故事。②孩子们都喜欢童话。

统筹兼顾 tǒngchóu-jiāngù *v.* unified planning with due consideration for all concerned

【例】①城市和农村的发展要统筹兼顾。②家庭和事业要统筹兼顾。

统计 tǒngjì *v./n.* add up, count; statistics

【配】统计人数

【例】①我统计了会议的缺席人数。②小王是我们单位的统计。

统统 tǒngtǒng *adv.* all, completely, entirely

【配】统统说出来，统统完成

【例】①他把一生的精力统统献给了教育事业。②你们统统走开，我自己安静一会儿。

【同】全部

投机 tóujī *adj./v.* congenial, agreeable; speculate

【配】谈得很投机，投机活动

【例】①我们谈得很投机。②他因为投机活动进了监狱。

投票 tóupiào *v.* vote, cast a vote

【配】投票赞成，投票选举

【例】①我们投票选举班长。②这次选举采取无记名投票。

投降 tóuxiáng *v.* surrender, capitulate

【配】无条件投降，向……投降

【例】①敌人终于投降了。②我们不能向错误观点投降。

【反】反抗

投掷 tóuzhì *v.* throw, hurl, toss, fling

【配】投掷石块，投掷雪球

【例】①他们在投掷雪球，比谁投得远。②战士们在投掷手榴弹（shǒuliúdàn; hand grenade）。

秃 tū *adj.* bald, bare, barren, blunt

【配】秃头

【例】①他的头开始秃了。②这棵树早就秃了。

突破 tūpò *v.* break through, surmount, break, top

【配】突破难关（nánguān; barrier），突破包围

【例】①他终于突破难关，成功了。②突破常规（cháng-guī; convention）才能创新。

图案 tú'àn *n.* pattern, design

【配】几何图案，装饰图案

【例】①我喜欢画各种图案。②这个装饰图案很漂亮。

徒弟 túdì *n.* apprentice, disciple, pupil

【配】带徒弟

【例】①他是我的徒弟，跟我学过书法。②徒弟要听师父（shīfu; master）的话。

【反】师父

途径 tújìng *n.* avenue, way, channel, path
【配】非法途径，外交途径
【例】①赚钱应该通过合法的途径。②解决问题的途径已找到了。

涂抹 túmǒ *v.* daub, smear, paint, scribble, scrawl
【配】随笔涂抹，涂抹香水
【例】①小朋友在白纸上涂抹色彩。②她出门前，总要涂抹一些香水。

土壤 tǔrǎng *n.* soil
【配】肥沃的土壤
【例】①中国的土壤肥沃。②这里的土壤是紫色的。

团结 tuánjié *v./adj.* unite, rally; friendly, harmonious
【配】团结一致，破坏团结
【例】①团结就是力量。②这个集体很团结。

团体 tuántǐ *n.* organization, group, team
【配】群众团体，社会团体
【例】①我们班是一个大团体。②我们举行了一项团体活动。

团圆 tuányuán *v./adj.* have a reunion; round
【配】全家团圆，团圆的月亮
【例】①他和父母分开五年，今天终于团圆了。②团圆的月亮挂在空中。

推测 tuīcè *v.* infer, conjecture, guess, speculate
【配】推测后果，证实推测
【例】①我推测小王是这次比赛的第一名。②他推测错了，事情不像他说的那样。

推翻 tuīfān *v.* overthrow, overturn, topple, cancel
【配】推翻协议，推翻想法
【例】①他推翻了桌子，生气地离开了。②听了他的话，我推翻了自己原来的想法。

推理 tuīlǐ *v.* infer, reason
【配】直接推理，推理能力
【例】①他喜欢看推理小说。②你的结论缺乏严密的推理。

推论 tuīlùn *v./n.* infer, deduce; inference, deduction
【配】推论下去，合理的推论
【例】①这样推论下去，自然会引出合理的结果。②这个推论符合事实。

推销 tuīxiāo *v.* promote sales, market, peddle

【配】推销商品，推销员

【例】①那里有几个推销员在推销手机。②这个公司正在推销他们的新产品。

吞咽 tūnyàn *v.* gulp down, swallow

【配】吞咽食物

【例】①他吞咽食物的时候感觉嗓子疼。②他的话到嘴边又吞咽下去。

托运 tuōyùn *v.* consign for shipment, check

【配】托运行李，托运货物

【例】①你的行李托运了吗？②货物已经通过铁路托运了。

拖延 tuōyán *v.* delay, put off, procrastinate, postpone

【配】拖延时间

【例】①别以为你装病就可以拖延时间。②他拖延了三天才把这本书还给图书馆。

脱离 tuōlí *v.* break away from, be divorced from

【配】脱离关系，脱离实际

【例】①那个病人已经脱离危险了。②你的想法已经脱离实际。

妥当 tuǒdang *adj.* suitable, appropriate, proper

【配】办事妥当，妥当的办法

【例】①他办事很妥当。②你有妥当的方法处理这件事吗？

【同】妥善

妥善 tuǒshàn *adj.* appropriate, proper, well-arranged

【配】妥善处理，妥善安排

【例】①事情得到了妥善的处理。②商场承诺会妥善保管顾客的随身物品。

【同】妥当

妥协 tuǒxié *v.* come to terms, compromise

【配】决不妥协，向某人妥协

【例】①老板同意向工人们妥协。②他终于向父母妥协了。

【同】让步

椭圆 tuǒyuán *n.* oval, ellipse, ellipsoid

【配】椭圆形

【例】①这是个椭圆形的蛋。②老师在黑板上画了一个椭圆。

唾沫 tuòmo *n.* saliva, spittle

【配】吐唾沫，咽唾沫

【例】①他往地上吐了一口唾沫。②他咽了一口唾沫，接着往下说。

W

挖掘 wājué *v.* excavate, unearth, probe

【配】挖掘矿藏，挖掘潜力

【例】①工人正在挖掘矿藏（kuàngcáng; mineral resources）。②我们要善于挖掘自己的潜力。

娃娃 wáwa *n.* baby, child

【配】胖娃娃，泥娃娃

【例】①那个胖娃娃真可爱！②我想买一个玩具娃娃。

瓦解 wǎjiě *v.* disintegrate, collapse, crumble, disorganize, break down

【配】瓦解敌军，制度瓦解

【例】①敌人的防线（fángxiàn; line of defense）已经瓦解了。②封建制度瓦解了。

哇 wa *aux.* [used in place of 啊 after a word ending in u or ao]

【例】①你让我找得好苦哇！②咱们快走哇。

歪曲 wāiqū *v.* distort, misrepresent, twist

【配】歪曲事实，歪曲原文

【例】①你别歪曲了原文的意思。②他歪曲了事情的真相。

外表 wàibiǎo *n.* outward appearance, exterior, surface, outside

【配】外表美观，关注外表

【例】①她的外表很迷人。②评价一个人不要只关注外表。

【同】表面

外行 wàiháng *adj./n.* nonprofessional; layman

【例】①在医学方面，我很外行。②作为外行，我对你学的专业并不了解。

【反】内行（nèiháng）

外界 wàijiè *n.* external/outside world, outside

【配】外界的压力，外界的影响

【例】①对于他来说，外界的压力太大了。②不要受外界的影响，只要做自己想做的就好。

外向 wàixiàng *adj.* extroverted, export-oriented

【配】性格外向，外向型企业

【例】①他的性格很外向。②这是当地一家著名的外向型企业。

【反】内向（nèixiàng）

丸 wán *n./m.* ball, pellet, pill, bolus; [used for pills of Chinese medicine]

【配】肉丸，药丸，一丸

【例】①他喜欢吃肉丸。②这种药你每次服两丸。

完备 wánbèi *adj.* complete, perfect

【配】设施完备，手续完备

【例】①我的化妆工具很完备。②这里的设施不太完备。

【同】齐全

完毕 wánbì *v.* finish, complete, end, be done

【配】准备完毕

【例】①我的工作准备完毕。②报告完毕，请多指教。

玩弄 wánnòng *v.* dally with, play with

【配】玩弄文字游戏，玩弄手段

【例】①玩弄别人的感情是不对的。②与人相处不应该玩弄手段。

玩意儿 wányìr *n.* plaything

【例】①你手里拿的什么玩意儿？②那个商店里有好

多有趣的玩意儿。

顽固 wángù *adj.* obstinate, stubborn, headstrong, chronic
【配】性格顽固，顽固的人
【例】①那个老头很顽固。②这种病很顽固。
【同】固执

顽强 wánqiáng *adj.* indomitable, staunch, tenacious
【配】顽强拼搏
【例】①小草的生命力很顽强。②他是一个顽强的人，困难再多也不怕。
【同】坚强
【反】脆弱

挽回 wǎnhuí *v.* retrieve, redeem
【配】挽回面子，挽回损失
【例】①他极力想挽回自己的面子。②现在形势已无法挽回。

挽救 wǎnjiù *v.* save, remedy, rescue
【配】挽救生命，成功挽救
【例】①医生挽救了我的生命。②她已经没有挽救的可能了。

惋惜 wǎnxī *v.* feel sorry for sb. or about sth., sympathize for

【配】令人惋惜，感到惋惜

【例】①他的失败令人惋惜。②对于他的遭遇，我感到惋惜。

万分 wànfēn *adv.* very much, extremely

【配】万分高兴，万分感谢

【例】①见到他，我万分高兴。②对于你的帮助，我万分感谢。

网络 wǎngluò *n.* network

【配】通信网络，网络学校

【例】①如今通信网络已经很发达。②网络计算机方便了我们的生活。

往常 wǎngcháng *n.* past, former times

【配】像往常一样

【例】①他像往常一样，又去跑步了。②我往常都是开车去上班的。

【同】平常

往事 wǎngshì *n.* past events, the past

【配】童年的往事，回忆往事

【例】①一想起童年的往事，我就觉得十分开心。②爷爷喜欢回忆往事。

妄想 wàngxiǎng *v./n.* vainly hope to do sth.; vain hope, wishful thinking
【配】妄想做某事，痴心（chīxīn; crazy）妄想
【例】①敌人妄想打败我们。②他们的希望只不过是妄想。

危机 wēijī *n.* crisis
【配】处处危机，经济危机
【例】①这里处处危机，战士们决定迅速撤离（chèlí; leave）。②这个国家面临又一次经济危机。

威风 wēifēng *n./adj.* power and prestige; imposing, impressive
【配】灭威风
【例】①他失去了往日的威风。②他看起来很威风。

威力 wēilì *n.* force, power, might
【配】发挥威力，舆论的威力
【例】①这种武器威力很大。②这种新产品显示出了科学技术的威力。

威望 wēiwàng *n.* prestige
【配】崇高的威望，有威望

【例】①这位教授在学术界享有崇高的威望。②这位老人在这一带很有威望。

【同】威信

威信 wēixìn *n.* prestige, public trust

【配】威信下降，有威信

【例】①他在群众中享有很高的威信。②她在班级里很有威信。

【同】威望

微不足道 wēibùzúdào not worth mentioning, too trivial or insignificant to mention

【例】①我们为残疾人做的这点事太微不足道了。②这点帮助，微不足道，不用客气。

微观 wēiguān *n./adj.* microcosm; microcosmic

【配】微观经济

【例】①竞争分析应该在宏观和微观两个方面同时进行。②我们需要对问题进行微观分析。

【反】宏观

为难 wéinán *v.* feel embarrassed, feel awkward, make things awkward for (sb.)

【配】为难某人，使人为难

【例】①这件事情让我很为难。②他这么做是故意为难我的。

【同】刁难（diāonàn）

为期 wéiqī *n./v.* last for a certain period of time; be completed by a definite date

【配】以……为期，为期不远

【例】①这次的计划以三个月为期。②考试为期不远了，你要抓紧时间复习。

为首 wéishǒu *v.* serve as the head

【配】以……为首

【例】①这个会议以我们老师为首。②以小明为首，我们要成立一个英语学习小组。

违背 wéibèi *v.* violate, go against, run counter to

【配】违背承诺，违背条约，违背原则

【例】①他违背了自己的承诺。②谁都不能违背原则。

【同】违反

【反】遵守

唯独 wéidú *adv.* only, alone

【例】①别的事都可以放一放，唯独这件事要抓紧。②他唯独对象棋感兴趣。

维持 wéichí *v.* keep, maintain, preserve

【配】维持生活，维持秩序

【例】①他只能勉强维持生活。②警察在街上维持秩序。

维生素 wéishēngsù *n.* vitamin

【配】维生素 D

【例】①人体需要维生素。②水果含有丰富的维生素。

维修 wéixiū *v.* keep in (good) repair, service, maintain

【配】维修汽车，维修工，设备维修

【例】①他的房子正在维修中。②那几个工人正在维修汽车。

【同】修理

伪造 wěizào *v.* forge, counterfeit, fabricate

【配】伪造签名（qiānmíng; autograph），伪造护照

【例】①他伪造了老师的签名。②我们不能擅自伪造历史。

【同】捏造（niēzào）

委员 wěiyuán *n.* committee member

【配】委员会，宣传委员

【例】①她是我们班的宣传委员。②我们每个社区都有一个社区委员会。

卫星 wèixīng *n./adj.* satellite, made satellite; sth. having the function of a satellite
【配】人造卫星，卫星城市
【例】①月球是地球的卫星。②这一带都是卫星城市。

未免 wèimiǎn *adv.* rather too, a bit too
【例】①这样做未免过分了点。②你这样对待客人，未免太不礼貌了。

位于 wèiyú *v.* be located, be situated, lie
【配】位于山脚下
【例】①韩国位于中国东边。②房屋位于河附近。

畏惧 wèijù *v.* fear, awe, dread
【配】无所畏惧，畏惧困难，使某人畏惧
【例】①他对老师产生了畏惧心理。②我们不应该畏惧困难。

胃口 wèikǒu *n.* appetite, liking
【配】胃口好，没胃口，合胃口
【例】①他今天胃口很好，吃了不少。②这部小说不合他的胃口。

慰问 wèiwèn *v.* express sympathy and solicitude for
【配】慰问灾区（zāiqū; disaster area）人民，慰问病人

【例】①总理去灾区慰问人民了。②领导去基层
(jīcéng; basic level) 慰问了志愿者。

温带 wēndài *n.* temperate zone

【配】北温带，南温带，温带地区

【例】①中国大部分地区位于北温带内。②温带地区
气候温和。

温和 wēnhé *adj.* (of personality) gentle, (of climate)
mild, moderate

【配】态度温和，气候温和

【例】①他的态度很温和。②我喜欢温和的阳光。

文凭 wénpíng *n.* diploma

【配】获得文凭，中学文凭

【例】①我获得了大学文凭。②他有才华，但是没有
文凭。

文物 wénwù *n.* cultural relic, historical relic

【配】文物保护，出土 (chūtǔ; be unearthened) 文物

【例】①这一地区出土了大量的文物。②文物应该受
到保护。

文献 wénxiàn *n.* document, literature

【配】科技文献，历史文献

【例】①这门学科的文献极为丰富。②我喜欢读历史文献。

文雅 wényǎ *adj.* elegant, refined, cultured, polished
【配】举止（jǔzhǐ; bearing）文雅，文雅大方
【例】①她的举止特别文雅。②我喜欢文雅大方的女孩儿。

文艺 wényì *n.* literature and art
【配】文艺作品，文艺演出，文艺片
【例】①我喜欢读文艺作品。②大家正坐在一起观看文艺演出。

问世 wènshì *v.* be published, come out
【配】即将问世，问世不久
【例】①一部新汉英词典即将问世。②那本书问世不久。

窝 wō *n./v./m.* (of birds, insects and other animals) nest, den, lair; harbour, stay (at home, etc.); litter, brood
【配】酒窝，窝藏，一窝
【例】①他的酒窝很漂亮。②他一天到晚窝在家里不出门。③这一窝兔子真可爱。

乌黑 wūhēi *adj.* pitch-black, jet-black

【配】乌黑的头发

【例】①她有一头乌黑的头发。②她那一双大眼睛乌黑发亮。

诬蔑 wūmiè *v.* slander, defame

【配】诬蔑他人

【例】①他诬蔑我，说我偷了他的手机。②你不要在这里造谣（zàoyáo; start a rumour）生事，诬蔑他人。

【同】诬陷

诬陷 wūxiàn *v.* frame a case against sb., frame (up), make a false charge against sb.

【配】诬陷某人

【例】①谁都知道他是被诬陷的。②他的对手诬陷他。

【同】诬蔑

无比 wúbǐ *v.* be beyond comparison, be without an equal

【配】威力无比，无比幸运

【例】①那个男孩英勇无比。②他中了一等奖，无比幸运。

无偿 wúcháng *adj.* free, gratis, gratuitous

【配】无偿劳动，无偿献血

【例】①他无偿为我们提供服务。②学校组织学生无偿献血。

无耻 wúchǐ *adj.* shameless, brazen, impudent

【配】无耻谎言，无耻之徒

【例】①他是一个无耻之徒，不讲信用。②他无耻的行为被当众揭穿（jiēchuān; expose）了。

无从 wúcóng *adv.* have no way (of doing sth.), not be in a position (to do sth.)

【配】无从下手，无从知道

【例】①不了解情况，就无从解决这类问题。②我心里有好多话，可是一时无从说起。

无动于衷 wúdòngyúzhōng aloof and indifferent

【配】对……无动于衷

【例】①听到消息后，我尽量表现得无动于衷。②他对什么事都无动于衷。

无非 wúfēi *adv.* no more than, simply

【配】无非是

【例】①这个计划无非就是时间问题。②我来找你，无非是想请你帮个忙解决这件事。

无精打采 wújīng-dǎcǎi in low spirits, out of sorts

【配】无精打采的一笑

【例】①小明看起来无精打采。②他无精打采地靠在沙发上。

【反】兴高采烈

无可奉告 wúkěfènggào no comment

【例】①关于那次事件，我无可奉告。②关于谈判过程，我无可奉告。

无可奈何 wúkěnàihé resign oneself to (doing sth.)

【例】①哭闹的女儿让她无可奈何。②她无可奈何地摇了摇头。

无赖 wúlài *adj./n.* blackguardly; blackguard

【例】①没想到他会这样无赖。②他是个无赖，我可惹不起。

无理取闹 wúlǐ-qǔnào make trouble wilfully

【例】①他这么做简直是在无理取闹。②我希望你能讲道理，但如果你仍然无理取闹，我马上去报警。

无能为力 wúnéng-wéilì can do nothing about

【例】①对于这件事我实在无能为力。②我无能为力，只好选择放弃。

无穷无尽 wúqióng-wújìn endless, inexhaustible

【配】无穷无尽地延伸

【例】①在这家公司，这样的机会是无穷无尽的。
②群众的创造力是无穷无尽的。

无微不至 wúwēibúzhì meticulously

【配】无微不至地照顾，无微不至的关心

【例】①她无微不至地照顾孩子。②老师对孩子们的
关怀无微不至。

无忧无虑 wúyōu-wúlǜ be free from all anxieties

【配】无忧无虑的日子，无忧无虑的童年

【例】①我向往无忧无虑的日子。②她总是无忧无
虑，简单快乐地生活着。

无知 wúzhī *adj.* ignorant

【配】无知的话，无知的少女

【例】①他这样说是出于无知。②她还是无知的小孩
儿，请原谅她。

武侠 wǔxiá *n.* chivalrous swordsman

【配】武侠小说，武侠漫画

【例】①他是一位著名的武侠小说作家。②最近新上映（shàngyìng; show）了一部武侠电影。

武装 wǔzhuāng *n./v.* army uniform, armed forces; equip or supply with arms

【配】武装斗争，用……武装

【例】①政府平定了一起武装叛乱（pànluàn; revolt）。②我们应该用知识武装头脑。

侮辱 wǔrǔ *v.* insult

【配】忍受侮辱，莫大的侮辱

【例】①他一辈子都没受过这样的侮辱。②不许侮辱弱者（ruòzhě; the weak）！

舞蹈 wǔdǎo *n./v.* dance

【配】舞蹈学校，舞蹈表演

【例】①他从小就开始练习舞蹈。②她在舞蹈时，往往有音乐伴奏。

勿 wù *adv.* [used in prohibitions, admonitions, etc.] not, never

【配】请勿，切勿

【例】①危险！勿走近！②勿因小失大。

务必 wùbì *adv.* be sure to

【配】务必小心，务必完成

【例】①这次演讲请您务必到场。②今天会议很重要，请大家务必要参加。

务实 wùshí *adj./v.* pragmatic; deal with/discuss concrete matters

【配】工作务实

【例】①他工作很务实。②领导要求大家既要务实，也要务虚。

物美价廉 wùměi-jiàlián cheap but good

【配】物美价廉的商品，物美价廉的超市

【例】①这家公司的产品物美价廉。②在这家商店，你总是能买到物美价廉的东西。

物资 wùzī *n.* goods and materials

【配】物资储备，物资流通

【例】①这些车是用来向灾区（zāiqū; disaster area）运送物资的。②他开了一家物资公司。

误差 wùchā *n.* error

【配】测量误差，仪器误差

【例】①你介绍的情况跟实际有误差。②因为仪器有误差，所以我们的实验结果不同。

【同】偏差

误解 wùjiě *v./n.* misread, misunderstand; misunderstanding

【配】误解某人

【例】①你误解我了。②这不是他的本意，而是你的误解。

【同】误会

夕阳 xīyáng *n.* setting/evening sun

【配】夕阳红，美丽的夕阳

【例】①夕阳映红了天空。②夕阳使山谷更加秀丽（xiùlì; beautiful）。

【反】朝阳 (zhāoyáng)

吸取 xīqǔ *v.* absorb, draw

【配】吸取教训，吸取经验

【例】①植物从泥土中吸取水分。②你应该从这件事中吸取教训。

昔日 xīrì *n.* former days/times

【配】昔日的风光，昔日的朋友

【例】①这部电影使他想起了昔日的美好时光。②他们谈起了昔日的校园生活。

【同】往日（wǎngrì）

牺牲 xīshēng *v.* sacrifice oneself

【配】英勇牺牲，牺牲利益

【例】①他在战争中牺牲了。②他牺牲了个人的利益，保全了集体利益。

溪 xī *n.* brook

【配】小溪，溪流

【例】①这条小溪流入了大河。②他们跃过小溪，继续朝大山走去。

熄灭 xīmiè *v.* die/go out

【配】熄灭香烟，熄灭炉火

【例】①路灯慢慢熄灭了。②他熄灭了蜡烛。

膝盖 xīgài *n.* knee

【配】膝盖骨折（gǔzhé; fracture）

【例】①她爬山时擦伤了膝盖。②这件连衣裙刚过膝盖。

习俗 xísú *n.* custom

【配】北方习俗，欧洲习俗

【例】①古老的非洲部落（bùluò; tribe）有很多独特

的习俗。②春节贴春联（chūnlián; Spring Festival couplets）是中国人的习俗。

【同】风俗

袭击 xíjī *v.* assault/attack by surprise

【配】遭到袭击，背后袭击

【例】①台风袭击了这座城市。②我们的部队遭到了敌人的突然袭击。

媳妇 xífù *n.* daughter-in-law, wife of a relative of the younger generation

【配】娶媳妇，新媳妇

【例】①她是一个好媳妇，长辈们都很喜欢她。②他的孙媳妇又勤快又漂亮。

喜闻乐见 xǐwén-lèjiàn be delighted/love to see and hear

【配】喜闻乐见的形式

【例】①这是一部为群众所喜闻乐见的文艺作品。②这部小说为青少年所喜闻乐见。

喜悦 xǐyuè *adj.* delighted

【配】喜悦的眼泪，胜利的喜悦

【例】①我的内心充满喜悦。②母亲流下了喜悦的泪水。

【反】悲伤（bēishāng）

系列 xìliè *n.* series

【配】系列报道，系列作品

【例】①政府为了治理河流污染采取了一系列措施。②她为了完成论文进行了一系列调查研究。

细胞 xìbāo *n.* cell

【配】一个细胞，植物细胞

【例】①他的专业是细胞生物学。②科学家用显微镜 (xiǎnwēijìng; microscope) 观察细胞。

细菌 xìjūn *n.* germ

【配】细菌感染，消灭细菌

【例】①经常洗手能抑制细菌生长。②他的伤口感染了细菌。

细致 xìzhì *adj.* careful, meticulous

【配】考虑细致

【例】①他为这次活动做了大量而细致的工作。②这本书细致地描绘了中国的乡村风光。

峡谷 xiágǔ *n.* canyon

【配】海底峡谷，深山峡谷

【例】①小溪缓缓 (huǎnhuǎn; slowly) 流过峡谷。②这条大路一直穿过峡谷。

狭隘 xiá'ài *adj.* narrow, (of mind, views, etc.) narrow and limited

【配】心胸狭隘，狭隘的山道

【例】①她心胸狭隘。②他的观念相当狭隘。

狭窄 xiázhǎi *adj.* narrow

【配】狭窄的走廊，狭窄的小路

【例】①这条人行道很狭窄。②他的知识面比较狭窄。

【反】宽敞

霞 xiá *n.* rosy clouds

【配】霞光，彩霞

【例】①傍晚，天空中飘着晚霞。②我们迎着朝霞出发了。

下属 xiàshǔ *n.* subordinate

【配】下属部门，下属机构

【例】①他常常教育下属要好好工作。②这个公司是我们的下属单位。

夏令营 xiàlìngyíng *n.* summer camp

【配】学校夏令营，参加夏令营

【例】①我在夏令营认识了很多新朋友。②暑假我参加了学校的英语夏令营。

先进 xiānjìn *adj./n.* advanced; advanced individual or group

【配】先进分子，先进技术

【例】①我们应该引进国外的先进技术。②这个单位是多年的先进了。

【反】落后

先前 xiānqián *n.* early/previous days

【配】先前的经历，先前听说

【例】①那首歌我先前听过。②这种情形先前存在吗?

纤维 xiānwéi *n.* fibre

【配】植物纤维，人造纤维

【例】①芹菜（qíncài; celery）中含有大量的植物纤维。②这种布料是由人造纤维制成的。

掀起 xiānqǐ *v.* raise, surge

【配】掀起巨浪，掀起衣服

【例】①风在海面上掀起一层层巨浪。②校园里掀起了学习法语的热潮（rècháo; upsurge）。

鲜明 xiānmíng *adj.* bright, clear-cut

【配】色彩鲜明，主题鲜明

【例】①这两个学生形成了鲜明的对比，一个勤奋，一个懒惰。②在这件事上，他的态度很鲜明。

闲话 xiánhuà *v./n.* chat; digression, gossip

【配】闲话家常，说闲话

【例】①他们俩正在闲话家常。②这些人似乎爱传闲话。

贤惠 xiánhuì *adj.* virtuous

【配】贤惠的妻子

【例】①她是一位贤惠的妻子。②她不仅贤惠美丽，而且心灵手巧。

弦 xián *n.* string, crescent, spring of a clock

【配】弦乐器，琴弦

【例】①他一拨动小提琴（xiǎotíqín; violin）的琴弦，就响起了美妙的音乐。②他正在给闹钟上弦。

衔接 xiánjiē *v.* link up, connect, join

【配】衔接语篇

【例】①大桥把两条公路衔接起来。②写文章时要注意上下文的衔接。

嫌 xián *v./n.* dislike, complain (of); grudge

【配】嫌麻烦，避嫌

【例】①她嫌这件衣服颜色太暗。②警方认为他有贪污之嫌。

嫌疑 xiányí　*n.* suspicion

【配】嫌疑犯，毫无嫌疑

【例】①这个人有作案的嫌疑。②他是这起案件的犯罪嫌疑人。

显著 xiǎnzhù　*adj.* notable, remarkable

【配】成绩显著，成效显著

【例】①通过努力学习，这学期他的成绩显著提高。②这种药对治疗感冒有显著的成效。

现场 xiànchǎng　*n.* site, scene

【配】现场报道，现场记者

【例】①活动当天，现场一片混乱。②案发后，警察们立即进行了现场调查。

现成 xiànchéng　*adj.* ready-made

【配】现成的材料，现成的饭菜

【例】①这个问题没有现成的答案。②这儿有现成的饭菜，你吃了再出发吧。

现状 xiànzhuàng *n.* status quo, present situation

【配】 改变现状，保持现状

【例】 ①我们应关心时事，从而了解国家的现状。②我们应努力改变落后的现状。

线索 xiànsuǒ *n.* clue

【配】 提供线索，追查线索

【例】 ①他向警方提供了很多有用的线索。②这篇文章的叙述线索很难把握。

宪法 xiànfǎ *n.* constitution

【配】 国家宪法，宪法规定

【例】 ①国家宪法是不容违背的。②宪法是具有最高法律效力（xiàolì; effect）的根本大法。

陷害 xiànhài *v.* frame up

【配】 遭到陷害，被陷害

【例】 ①他遭到了坏人的陷害。②不是我的错，我是被陷害的！

陷入 xiànrù *v.* sink into, be lost in

【配】 陷入困境，陷入麻烦

【例】 ①听着音乐，他陷入了回忆中。②由于缺乏足够的资金，公司陷入了困境。

馅儿 xiànr *n.* stuffing, something hidden

【配】露馅儿，饺子馅儿

【例】①沉住气，可别露馅儿。②我喜欢吃白菜馅儿的饺子。

乡镇 xiāngzhèn *n.* villages and towns

【配】乡镇企业，乡镇工业

【例】①乡镇企业带动了当地经济的发展。②这个乡镇的粮食产量比去年增长了一倍。

相差 xiāngchà *v.* be different

【配】相差甚微，相差很大

【例】①两队的人数相差很大。②他们之间相差六岁。

相等 xiāngděng *v.* be equal

【配】数量相等，大小相等

【例】①这两道数学题的结果相等。②两队的人数相等。

相辅相成 xiāngfǔ-xiāngchéng complement each other

【例】①健康与欢乐相辅相成。②和平与发展是相辅相成的。

相应 xiāngyìng *adj.* appropriate, corresponding

【配】相应的措施，相应的改变

【例】①为了解决这个问题，我们应该立即采取相应的措施。②为了适应形势的变化,她对计划作出了相应的调整。

镶嵌 xiāngqiàn *v.* inlay, set, mount

【配】镶嵌宝石

【例】①国王的皇冠(huángguān; imperial crown)上镶嵌了很多宝石。②墙上镶嵌着一面镜子。

响亮 xiǎngliàng *adj.* loud and clear

【配】响亮的口号,响亮的歌声

【例】①人们都喜欢给自己的孩子起一个响亮的名字。②山上传来了响亮的歌声。

响应 xiǎngyìng *v.* respond

【配】响应号召,响应提议

【例】①群众积极响应政府的号召,自觉保护环境。②他的建议没有人响应。

想方设法 xiǎngfāng-shèfǎ try all/every means

【例】①他想方设法安慰她。②他们想方设法克服困难。

向导 xiàngdǎo *v./n.* lead the way; guide

【配】安装向导,旅游向导

【例】①这条路我不熟,你来向导。②王先生真是一位好向导,带我们游玩了这么多美丽的地方。

向来 xiànglái *adv.* always

【配】向来如此

【例】①王先生向来不吸烟。②他说话向来算数。

【同】从来

向往 xiàngwǎng *v.* look forward to

【配】向往爱情，向往幸福

【例】①人人向往真正的自由与平等。②我依然向往田园（tiányuán; countryside）生活。

巷 xiàng *n.* alley

【配】小巷，后巷

【例】①小巷里有一家商店。②这是一个死巷，前面无路可走了。

消除 xiāochú *v.* remove, dispel

【配】消除误会，消除疑虑

【例】①他的解释消除了我的疑惑。②她用了很多办法来消除内心的恐惧，但是都没有成功。

消毒 xiāodú *v.* disinfect, sterilize

【配】高温消毒，消毒杀菌

【例】①医生手术时应该注意消毒。②伤口包扎（bāozā; wrap up）前，要做好消毒工作。

消防 xiāofáng *v.* fire fight

【配】消防用具，消防演习

【例】①这条街上有很多消防龙头。②消防队员们正在进行消防演习。

消耗 xiāohào *v.* consume

【配】消耗体力，消耗精力

【例】①运动能消耗多余的脂肪。②这个项目消耗了他很多精力。

消极 xiāojí *adj.* negative, passive

【配】态度消极，消极影响

【例】①自从经历那件事情之后，他就变得十分消极。②最近他的情绪很消极。

【反】积极

销毁 xiāohuǐ *v.* destroy

【配】销毁证据，销毁档案

【例】①他们正企图销毁犯罪的证据。②他把过期的信用卡销毁了。

小心翼翼 xiǎoxīn-yìyì with the greatest care

【例】①他小心翼翼地开着车。②她小心翼翼地迈着步子，怕惊动了别人。

肖像 xiàoxiàng *n.* portrait
【配】画肖像，一张肖像画
【例】①这枚奖章（jiǎngzhāng; medal）上有女王的肖像。②她很擅长画人物肖像。

效益 xiàoyì *n.* benefit
【配】生态效益，讲究效益
【例】①这项措施具有很大的社会效益。②这家工厂的效益很好。

协会 xiéhuì *n.* association
【配】科学协会，协会成员
【例】①最近，她加入了动物保护协会。②所有成员都应该遵守协会的规章制度。

协商 xiéshāng *v.* consult
【配】协商解决，充分协商
【例】①两家企业进行了友好协商。②这个问题需要与对方进行多次协商才能得到解决。
【同】磋商

协议 xiéyì *n./v.* agreement; negotiate
【配】签订协议，三方协议
【例】①两家公司终于签订了合作协议。②两国协议建立友好关系。

协助 xiézhù *v.* assist

【配】协助破案，协助调查

【例】①她的工作就是协助新员工办理相关手续。②为了协助残疾人就业，政府专门成立了这个部门。

携带 xiédài *v.* carry

【配】携带病毒，携带武器

【例】①请看好你们随身携带的物品。②旅客每人可以携带 20 公斤的行李。

写作 xiězuò *v.* write

【配】新闻写作，写作技巧

【例】①小明很擅长写作。②这些年，他一直忙于写作。

泄露 xièlòu *v.* disclose

【配】泄露计划，泄露秘密

【例】①那位秘书泄露了公司的商业机密。②她不小心泄露了自己内心真实的想法。

泄气 xièqì *v./adj.* lose heart; disappointing

【配】泄气话，泄气的想法

【例】①他虽然不断失败，但并未泄气。②这么简单的事都做不好，真泄气！

屑 xiè *n./adj./v.* crumbs; trifling; consider worthwhile

【配】面包屑，琐屑（suǒxiè; trivial），不屑一顾

【例】①鸟儿正在啄（zhuó; peck）面包屑。②她天天忙于处理琐屑小事。③他对敌人的恐吓不屑一顾。

谢绝 xièjué *v.* decline

【配】谢绝品尝，谢绝来访

【例】①本店食品谢绝品尝。②她谢绝了我的邀请。

心得 xīndé *n.* perception, understanding

【配】学习心得，心得体会

【例】①老师请学生谈谈学习这篇课文的心得。②同学们在交流读书心得。

心灵 xīnlíng *n.* soul

【配】心灵纯洁，美丽心灵

【例】①她幼小（yòuxiǎo; young and small）的心灵难以承受这么大的打击。②美妙的音乐能净化（jìnghuà; purify）人的心灵。

心态 xīntài *n.* state of mind

【配】良好心态，摆正心态

【例】①她心态很好，一点儿也不紧张。②在挫折面前，我们要保持良好的心态。

心疼 xīnténg *v.* love dearly, feel sorry

【配】心疼你，很心疼

【例】①奶奶最心疼我了。②她受伤了，丈夫很心疼。

心血 xīnxuè *n.* painstaking effort

【配】浪费心血，花心血

【例】①玛丽花了很多心血，终于完成这部作品。②妈妈在孩子身上费了不少心血。

心眼儿 xīnyǎnr *n.* intention, mind, cleverness, tolerance

【配】缺心眼儿，心眼儿好，打心眼儿里

【例】①她这个人心眼儿很好。②妈妈看到女儿的成绩，打心眼儿里高兴。

辛勤 xīnqín *adj.* industrious, hardworking

【配】辛勤劳动，辛勤工作

【例】①蜜蜂在花园里辛勤地采蜜（mì; honey）。②他是一位辛勤的老师。

【同】勤劳

欣慰 xīnwèi *adj.* gratified

【配】感到欣慰，欣慰的笑容

【例】①老师对同学们的进步感到很欣慰。②妈妈看着我，露出了欣慰的笑容。

欣欣向荣 xīnxīn-xiàngróng thriving, prosperous
【配】欣欣向荣的景象 (jǐngxiàng; scene)
【例】①春天的花园里呈现出欣欣向荣的景象。②如今爸爸的事业欣欣向荣。

新陈代谢 xīnchén-dàixiè metabolism
【例】①植物通过新陈代谢排除体内毒素 (dúsù; poison)。②新陈代谢是人体的一项机能 (jīnéng; function)。

新郎 xīnláng *n.* bridegroom
【配】一位新郎，帅气 (shuàiqì; handsome) 的新郎
【例】①她的新郎长得很帅气。②新郎新娘正在交换戒指。

新娘 xīnniáng *n.* bride
【配】一位新娘，美丽的新娘
【例】①她是一位幸福的新娘。②新娘得到了大家的祝福。

新颖 xīnyǐng *adj.* novel, new and original
【配】设计新颖，构思新颖

【例】①她的设计很新颖。②这是一部构思新颖的作品。

薪水 xīnshui *n.* wages, salary, pay

【配】领薪水，微薄（wēibó; meagre）的薪水

【例】①今天公司发薪水。②他靠微薄的薪水生活。

【同】工资

信赖 xìnlài *v.* trust

【配】信赖我，对……很信赖，值得信赖

【例】①他深受大家信赖。②她很诚实，值得信赖。

【同】信任

信念 xìnniàn *n.* belief, faith

【配】共同的信念，信念宗教

【例】①他们有着坚定不移的信念。②我们要坚守自己的信念。

信仰 xìnyǎng *n./v.* faith, belief; believe in

【配】我的信仰，信仰宗教

【例】①在任何情况下，我们都不能丢掉自己的信仰和理想。②公民有信仰宗教的自由。

信誉 xìnyù *n.* prestige, credit

【配】赢得信誉，良好的信誉

【例】①这家公司信誉很好。②良好的信誉来源于优质（yōuzhì; high quality）的服务。

兴隆 xīnglóng *adj.* prosperous
【配】生意兴隆，买卖兴隆
【例】①祝你生意兴隆！②这家店的买卖日渐兴隆。

兴旺 xīngwàng *adj.* prosperous, flourishing
【配】人丁（réndīng; population）兴旺，国家兴旺
【例】①我们家族人丁兴旺。②国家的兴旺主要依靠年轻一代的不懈奋斗。

腥 xīng *adj./n.* fishy; fishy smell; raw meat/fish
【配】腥味，去腥
【例】①厨房里有一股腥味儿。②我好久没沾腥了。

刑事 xíngshì *adj.* penal
【配】刑事案件，刑事责任
【例】①这是一起刑事纠纷。②他将依法被追究刑事责任。

行政 xíngzhèng *n./v.* administration; administrate
【配】行政总裁，依法行政
【例】①总裁有一个能干的行政助手。②相关部门应依法行政。

形态 xíngtài *n.* form, shape, pattern

【配】物质形态，形态变化

【例】①地球上的生命有很多形态。②水的形态会随着温度的变化而变化。

兴高采烈 xìnggāo-cǎiliè excited, jubilant

【配】兴高采烈地笑

【例】①大家兴高采烈地讨论着假期的安排。②听说这个好消息后，大家都兴高采烈。

【反】无精打采

兴致勃勃 xìngzhì-bóbó *adj.* be full of spirit

【配】显得兴致勃勃，兴致勃勃地说

【例】①王老师的课讲得非常精彩，学生们听得兴致勃勃。②明天就要去动物园春游了，孩子们显得兴致勃勃。

幸好 xìnghǎo *adv.* fortunately

【配】幸好有你

【例】①幸好你来了，要不然我真不知道该怎么办。②幸好有玛丽，事情才得以解决。

【同】幸亏

性感 xìnggǎn *adj.* sexy

【配】很性感，性感的美女

【例】①她是个性感的女孩子。②这件衣服非常性感。

性命 xìngmìng *n.* life

【配】性命攸关（yōuguān; vital）

【例】①这件事性命攸关，你一定要注意。②他爱冒险，这一回差点儿把性命都丢了。

性能 xìngnéng *n.* function（of a machine, etc.）

【配】机器的性能，良好性能

【例】①这台机器的性能很好。②这样操作可以使仪器保持最佳性能。

性情 xìngqíng *n.* disposition, temperament

【配】性情大变，性情温和

【例】①小明的性情像他父亲。②读书可以陶冶（táoyě; cultivate）性情。

凶恶 xiōng'è *adj.* ferocious, fiendish

【配】很凶恶，凶恶的表情

【例】①那是一条凶恶的狗。②歹徒对她露出凶恶的表情。

【同】凶狠（xiōnghěn）

凶手 xiōngshǒu *n.* murderer

【配】杀人凶手，捉拿凶手

【例】①警方正在全力追捕 (zhuībǔ; pursue and capture) 凶手。②凶手终于被送进了监狱。

胸怀 xiōnghuái *n./v.* mind, heart; have in mind

【配】广阔的胸怀，胸怀世界

【例】①他是一个胸怀宽广的人。②他胸怀百姓，是一位伟大的诗人。

胸膛 xiōngtáng *n.* breast, chest

【配】拍胸膛，挺起胸膛

【例】①他拍了拍自己的胸膛，显得很有把握的样子。②她挺起胸膛向我走来。

雄厚 xiónghòu *adj.* tremendous, rich

【配】雄厚的资产，实力雄厚

【例】①这家公司凭着雄厚的实力在激烈的市场竞争中胜出了。②爸爸的公司拥有雄厚的资产。

休养 xiūyǎng *v.* recuperate, convalesce

【配】休养所，休养生息

【例】①你的身体刚刚恢复，要注意好好休养。②每年夏天他都会去海边的休养所。

修复 xiūfù *v.* repair, restore

【配】口腔修复，修复系统

【例】①玛丽正在做口腔修复手术。②你能帮我修复一下计算机系统吗？

修建 xiūjiàn *v.* build, construct

【配】修建大桥，修建公路

【例】①大桥修建好了吗？②这里要修建一条新的高速公路。

修理 xiūlǐ *v.* repair, fix

【配】修理自行车，汽车修理

【例】①爸爸开了一家汽车修理厂。②他正在修理电视机。

【同】维修

修养 xiūyǎng *n.* accomplishment, training

【配】有修养，良好的修养

【例】①他是一位有修养的绅士。②她在各方面都表现出良好的修养。

羞耻 xiūchǐ *adj.* shameful

【配】不知羞耻，感到羞耻

【例】①他对自己考试作弊的行为感到羞耻。②人人都有羞耻之心。

绣 xiù *v.* embroider

【配】绣花，刺绣（cìxiù; needle）

【例】①她从小就会绣花。②姐姐擅长刺绣。

嗅觉 xiùjué *n.* (sense of) smell

【配】灵敏的嗅觉

【例】①狗的嗅觉很灵敏。②老人的嗅觉功能不断退化。

须知 xūzhī *n./v.* notice; one should know that

【配】考生须知

【例】①墙上贴了一张访客须知。②在决定创业之前，你须知以后可能遇到的困难。

虚假 xūjiǎ *adj.* false, sham

【配】虚假消息，虚假报道

【例】①这是一则虚假新闻。②我们要杜绝虚假广告。

虚荣 xūróng *n.* vain, vanity

【配】爱慕（àimù; adore）虚荣，虚荣的人

【例】①她是一个十分爱慕虚荣的女孩子。②我不喜欢虚荣的人。

虚伪 xūwěi *adj.* sham, false, hypocritical

【配】虚伪的人，很虚伪

【例】①他比以前更虚伪了。②她是个虚伪的人。

【反】真挚

需求 xūqiú *n.* demand, requirement

【配】需求量，市场需求

【例】①这种新机器在市场上需求量大。②公司会尽力满足大家的需求。

许可 xǔkě *v.* permit, allow

【配】他的许可，获得许可

【例】①请假必须首先获得老师的许可。②天气许可的话，我们明天出去玩吧!

序言 xùyán *n.* preface, foreword

【配】一篇序言，写序言

【例】①这篇序言是一位著名作家写的。②这位学者终于同意为咱们的书写序言了。

畜牧 xùmù *v.* raise livestock

【配】畜牧业，畜牧场

【例】①这个国家的畜牧业很发达。②老师带领学生们参观了畜牧场。

酗酒 xùjiǔ *v.* indulge in excessive drinking

【配】禁止酗酒，酗酒伤身

【例】①他失业以后就开始酗酒。②你喝得太多了，小心酗酒伤身。

宣誓 xuānshì *v.* take/swear an oath

【配】宣誓仪式，宣誓就职

【例】①校园里正在举行入党宣誓仪式。②他宣誓就任公司的总经理。

宣扬 xuānyáng *v.* publicize, advertise

【配】宣扬好人好事，宣扬事迹

【例】①他做的好事很快就被宣扬出去了。②你不应该到处宣扬自己的成绩。

悬挂 xuánguà *v.* hang, suspend

【配】悬挂国旗，悬挂画像

【例】①商店门口悬挂着一面国旗。②彩虹悬挂在天空中。

悬念 xuánniàn *n./v.* suspense; be concerned (about sb.)

【配】一个悬念，悬念在心

【例】①作者在小说的结尾部分留给大家一个悬念。②你的安危（ānwēi; safety and danger）我一直悬念在心。

悬崖峭壁 xuányá-qiàobì steep cliff, sheer precipice
【例】①悬崖峭壁之间有一个大峡谷。②他们在黄山看见了许多悬崖峭壁。

旋律 xuánlǜ *n.* melody
【配】一首旋律，生活旋律
【例】①这是一首难忘的旋律。②北京拥有快节奏的生活旋律。

旋转 xuánzhuǎn *v.* revolve, gyrate, rotate, spin
【配】顺时针（shùnshízhēn; clockwise）旋转，旋转餐厅
【例】①地球围绕着太阳旋转。②一阵风把落叶刮得旋转起来。

选拔 xuǎnbá *v.* select, choose
【配】选拔运动员，选拔人才
【例】①他们正在选拔运动员。②他通过了优秀员工选拔考试。

选手 xuǎnshǒu *n.* athlete
【配】篮球选手，参赛选手
【例】①他是一名优秀的篮球选手。②参赛的共有四十多名选手。

削弱 xuēruò *v.* weaken

【配】削弱力量，削弱地位

【例】①我们的进攻大大削弱了敌人的力量。②金融危机削弱了这家公司的经济实力。

学历 xuélì *n.* record of formal schooling

【配】学历证书，高中学历

【例】① 2010 年，他获得了大学本科学历。②找工作时学历很重要。

学说 xuéshuō *n.* theory, doctrine

【配】进化学说，确立学说

【例】①大多数学者都同意他的学说。②我不了解这个学说。

学位 xuéwèi *n.* (academic) degree

【配】学位论文，获得学位

【例】①他获得了博士学位。②学校授予我硕士学位。

雪上加霜 xuěshàng-jiāshuāng snow plus frost — exacerbate

【例】①这对他的处境来说，无疑是雪上加霜。②这一地区去年刚遭受了地震灾害，今年又遇到洪水灾害，真是雪上加霜。

【反】锦上添花 (jǐnshàng-tiānhuā)

血压 xuèyā *n.* blood pressure

【配】血压表，血压计

【例】①你的血压是多少？②医生正在给病人测量血压。

熏陶 xūntáo *v.* nurture, cultivate

【配】受熏陶

【例】①他从小就受到了艺术的熏陶。②在父母的熏陶下，她从小就喜欢音乐。

寻觅 xúnmì *v.* seek, look for

【配】寻觅知音（zhīyīn; understanding friend），四处寻觅

【例】①他们苦苦寻觅解决问题的方法。②他为公司的发展寻觅机会。

【同】寻求（xúnqiú）

巡逻 xúnluó *v.* go on patrol, patrol

【配】巡逻兵，巡逻车

【例】①警察在街上巡逻。②士兵们正在执行巡逻任务。

循环 xúnhuán *v.* circulate, circle

【配】血液循环，构成循环

【例】①资金的循环很关键。②经常锻炼身体有利于促进血液循环。

循序渐进 xúnxù-jiànjìn proceed step by step

【例】①学习要循序渐进。②知识的积累是循序渐进的。

Y

压迫 yāpò *v.* oppress, repress

【配】压迫感，被压迫

【例】①哪里有压迫哪里就有反抗。②他时常感到胸部有种压迫感。

压岁钱 yāsuìqián *n.* money given to children as a lunar New Year gift by seniors

【例】①今年春节他收到了很多压岁钱。②长辈过年要给孩子们压岁钱。

压缩 yāsuō *v.* compress, condense, reduce, cut down

【配】压缩空气，压缩资金

【例】①这是一种不能被压缩的液体。②会议的时间由三天压缩为一天。

压抑 yāyì *v./adj.* constrain, depress; oppressed

【配】受到压抑，压抑的气氛

【例】①听到这个消息，他压抑不住内心的激动。②在这样的环境下工作，他的心情很压抑。

压榨 yāzhà *v.* press, squeeze, exploit

【配】压榨果汁，压榨穷人

【例】①妈妈正在压榨橙汁。②工人们受尽了资本家 (zīběnjiā; capitalist) 的压榨。

压制 yāzhì *v.* suppress, stifle

【配】压制愤怒，压制手段

【例】①他的观点一开始就受到了压制。②老师不应压制学生的创造性。

押金 yājīn *n.* cash pledge, deposit

【配】交押金

【例】①我在办卡时交了 100 元押金。②病人住院时要先付押金。

亚军 yàjūn *n.* second place, runner-up, silver medal

【配】获得亚军

【例】①我在比赛中得了亚军。②这次篮球比赛的亚军是哪支队伍呢？

烟花爆竹 yānhuā-bàozhú fireworks

【配】燃放 (ránfàng; let off) 烟花爆竹

【例】①过年要放烟花爆竹，才显得热闹。②烟花爆竹是危险品，要安全保存。

淹没 yānmò *v.* submerge, flood, inundate, drown

【配】淹没农田

【例】①轮船被海水淹没了。②洪水淹没了农田。

延期 yánqī *v.* postpone, defer, put off

【配】延期付款，延期开学

【例】①我们的讨论将延期进行。②展览会延期两天结束。

延伸 yánshēn *v.* extend, stretch, elongate

【配】向前延伸，延伸到

【例】①平原一直延伸到海边。②笔直的马路向前延伸。

延续 yánxù *v.* continue, go on, last

【配】延续时间，延续性

【例】①生命不断延续。②会议将延续两个星期。

【反】中断

严寒 yánhán *adj.* severely/bitterly cold

【配】严寒气候，严寒天气

【例】①这一地区气候严寒，很少有人居住。②这个城市遭到了严寒的袭击。

【反】炎热

严禁 yánjìn *v.* strictly forbid

【配】严禁抽烟，严禁作弊

【例】①运输公司规定，严禁乘客携带危险品上车。
②这里严禁乱倒垃圾。

严峻 yánjùn *adj.* stern, severe

【配】严峻的目光，形势严峻

【例】①我们面临着严峻的挑战。②总而言之，目前
形势很严峻。

严厉 yánlì *adj.* stern, severe

【配】严厉措施，目光严厉

【例】①他的行为应该受到严厉惩罚。②这位老师对
学生很严厉。

严密 yánmì *adj./v.* tight, close, strict; tighten up

【配】推理严密，严密纪律

【例】①这间屋子封闭得很严密。②老师决心严密班
级的组织纪律。

言论 yánlùn *n./v.* opinion on public affairs; argue

【配】发表言论，言论一番

【例】①公民的言论自由依法得到保障。②你把这些
道理跟他言论一番。

岩石 yánshí *n.* rock

【配】岩石层

【例】①这块岩石很坚硬。②海浪拍打着岩石。

炎热 yánrè *adj.* scorching, blazing, burning hot

【配】忍受炎热，炎热难耐

【例】①现在是中午十二点，天气非常炎热。②漫长炎热的夏季开始了。

【反】严寒

沿海 yánhǎi *n.* costal areas

【配】沿海岛屿，沿海城市

【例】①沿海地区经济发展迅速。②沿海城市有很丰富的资源。

【反】内地（nèidì）

掩盖 yǎngài *v.* cover, conceal, overspread

【配】掩盖事实，掩盖真相

【例】①大雪掩盖了田野。②他们试图掩盖事实真相。

掩护 yǎnhù *v./n.* shield, screen, cover; (trees, hills, etc. used as) blindage

【配】掩护某人，以……为掩护

【例】①在夜幕（yèmù; curtain of night）的掩护下，

他悄悄离开了。②战士们以丛林（cónglín; jungle）为掩护。

掩饰 yǎnshì *v.* cover up, gloss over
【配】掩饰行为，掩饰意图
【例】①她用笑声来掩饰内心的紧张。②他无法掩饰自己的痛苦。

眼光 yǎnguāng *n.* sight, foresight, eye
【配】有眼光，历史眼光
【例】①他很有审美眼光。②大家的眼光都集中到他身上。

眼色 yǎnsè *n.* meaningful glance, ability of using one's discretion
【配】使眼色，有眼色
【例】①他总爱看上级的眼色办事。②经理向我使了个眼色。

眼神 yǎnshén *n.* expression in one's eyes, eyesight
【配】忧郁的眼神，期望的眼神
【例】①他的眼神让我感到害怕。②这位老人的眼神儿越来越差了。

眼下 yǎnxià *n.* at the moment, here and now

【配】眼下的情况，眼下很忙

【例】①眼下资金有些短缺。②我眼下有很多事要做。

演变 yǎnbiàn *v.* develop, evolve

【配】演变史，演变为

【例】①万事万物都在不断演变。②任何误解都有可能演变为争吵 (zhēngchǎo; quarrel)。

演讲 yǎnjiǎng *v./n.* give a lecture, make a speech; speech

【配】为……演讲，做演讲

【例】①他正在大会上演讲。②这位学者为大学生做了一系列演讲。

演习 yǎnxí *v.* manoeuvre, exercise, drill, practise

【配】演习计划，举行演习

【例】①战士们正在演习海上救护。②消防演习很重要。

演绎 yǎnyì *v./n.* narrate in detail, develop; deduction

【配】尽情演绎，精彩演绎

【例】①他的文章是从一位学者的观点中演绎出来的。②他对这个问题进行了精彩的演绎推理。

演奏 yǎnzòu *v.* give an instrumental performance

【配】演奏会，演奏厅

【例】①乐队（yuèduì; band）演奏得很出色。②他用钢琴演奏了一首曲子。

厌恶 yànwù *v.* detest, abhor, abominate, be disgusted with

【配】厌恶工作，感到厌恶

【例】①他厌恶了城市生活。②她厌恶家务活。

【同】厌烦（yànfán）

验收 yànshōu *v.* check and accept

【配】验收单，验收过程

【例】①这次工程已经验收了。②这座新楼已经通过验收。

验证 yànzhèng *v.* test and verify, put to the proof

【配】验证结论，通过验证

【例】①你需要验证这个结论。②只有实践才能验证理论。

氧气 yǎngqì *n.* oxygen, oxygen gas

【配】氧气瓶，氧气罐

【例】①氧气是空气的组成部分。②氧气对于人体来说必不可少。

样品 yàngpǐn *n.* sample, specimen
【配】检查样品，赠送样品
【例】①商场向顾客赠送化妆品样品。②这些样品需要检测（jiǎncè; test）。

谣言 yáoyán *n.* rumour, groundless allegation
【配】传播谣言，听信谣言
【例】①谣言是不可信的。②我们不能传播谣言。

摇摆 yáobǎi *v.* sway, swing, rock, vacillate
【配】前后摇摆，摇摆不定
【例】①小船前后摇摆。②他在两种观点之间摇摆不定。

摇滚 yáogǔn *n./v.* rock and roll; shake
【配】摇滚音乐
【例】①我喜欢摇滚音乐。②被击中的飞机摇滚着坠落（zhuìluò; fall）下来。

摇晃 yáohuàng *v.* rock, sway, shake
【配】随风摇晃，走路摇晃
【例】①大树在狂风中摇晃着。②这座桥有点儿摇晃。

遥控 yáokòng *v.* keep remote control, control

【配】遥控车，受人遥控

【例】①遥控车很受孩子们喜欢。②他正在远程遥控计算机操作系统。

遥远 yáoyuǎn *adj.* distant, remote, faraway

【配】遥远的古代，遥远的未来

【例】①美好的未来不会太遥远。②这两个地方之间的距离太遥远了。

咬牙切齿 yǎoyá-qièchǐ gnash one's teeth

【配】气得咬牙切齿

【例】①听说这件事，妈妈气得咬牙切齿。②"出去！"她咬牙切齿地说。

要不然 yàoburán *conj.* otherwise, or else

【例】①回家去吧，要不然，妈妈会担心的。②快点，要不然你要迟到了。

要点 yàodiǎn *n.* main points, key stronghold

【配】领会要点，设计要点

【例】①你这篇文章的要点是什么？②他没有领会领导说话的要点。

【同】重点

要命 yàomìng *v./adj.* drive sb. to death, kill; terrible

【配】真要命，累得要命

【例】①这种病不至于要命。②我现在口渴得要命。

要素 yàosù *n.* essential factor, key element

【配】基本要素，生活要素

【例】①语言是一切文学作品的基本要素。②这本书具有受读者欢迎的一切要素。

耀眼 yàoyǎn *adj.* dazzling

【配】耀眼光辉，耀眼的阳光

【例】①阳光太耀眼了，咱们把窗帘拉上吧。②那盏灯发出耀眼的白光。

野蛮 yěmán *adj.* uncivilized, savage, cruel

【配】野蛮人，野蛮时代

【例】①这些居民仍处于野蛮状态。②侵略者在这个国家犯下了野蛮的罪行 (zuìxíng; crime)。

野心 yěxīn *n.* wild ambition, careerism

【配】有野心，侵略野心

【例】①他是一个有野心的人。②她否认自己怀有政治野心。

衣裳 yīshang *n.* clothing, clothes

【配】穿衣裳，美丽的衣裳

【例】①箱子里装满了衣裳。②他们都穿蓝衣裳。

依次 yīcì *adv.* in proper order, successively

【配】依次检验，依次出场

【例】①老师要求我们依次发言。②贵宾们依次就座 (jiùzuò; take one's seat)。

依旧 yījiù *v./adv.* remain the same; as before, still

【配】风采依旧，依旧艰难

【例】①他风采依旧。②他依旧固执。

【同】依然

依据 yījù *v./n./prep.* base sth. on; basis according to; in the light of

【配】依据事实，提供依据

【例】①这个调整依据上级通知。②你需要提供科学依据。③警察正在依据事实进行推理。

依靠 yīkào *v./n.* rely on, depend on; support

【配】依靠父母，寻找依靠

【例】①我依靠工资生活。②父母是孩子的依靠。

【同】依赖

依赖 yīlài *v.* rely on, be dependent on, can't be separated

【配】减少依赖，依赖性

【例】①我们不能总依赖父母。②他们俩相互依赖。

【同】依靠

依托 yītuō *v./n.* rely on, depend on; backing

【配】无所依托，以……为依托

【例】①我们依托这个机构进行产品推广。②这个地区以海洋为依托，积极发展水产业（shuǐchǎnyè; fishery）。

一度 yídù *adv.* once, on one occasion

【配】一年一度

【例】①我们举行一年一度的会议。②这部小说一度很受欢迎。

一贯 yíguàn *adj.* consistent, persistent

【配】一贯努力，一贯反对

【例】①她一贯反对任何新鲜事物。②他一贯积极负责。

【同】一向

一律 yílǜ *adj./adv.* same, alike, uniform; without exception

【配】一律要求，一律平等

【例】①着装不要强求一律。②出入校门，请一律出示学生证。

一目了然 yímù-liǎorán be clear at a glance

【例】①这个案件的结果是一目了然的。②他的能力一目了然。

一向 yíxiàng *adv./n.* always; a period of time in the past

【配】一向喜欢，前一向

【例】①他儿子一向喜欢读书。②前一向我身体不太好。

【同】一贯

一再 yízài *adv.* time and again, again and again, repeatedly

【配】一再要求，一再感谢

【例】①他一再撒谎。②她一再向我们表示感谢。

仪器 yíqì *n.* instrument, apparatus

【配】仪器厂，安装仪器

【例】①厂里新装了一台测量仪器。②精密仪器需要好好保管。

仪式 yíshì *n.* ceremony, rite, function

【配】欢迎仪式，升旗仪式

【例】①我们举行隆重的仪式欢迎贵宾。②总统的宣誓仪式很庄重。

遗产 yíchǎn *n.* legacy, inheritance, heritage

【配】遗产继承，遗产税

【例】①他继承了大笔遗产。②老人去世后，留下了一笔遗产。

遗传 yíchuán *v.* pass on to the next generation

【配】遗传病

【例】①他遗传了父亲的病。②她的蓝眼睛是母亲遗传给她的。

遗留 yíliú *v.* leave behind, hand down

【配】遗留问题

【例】①旧体制遗留下了不少问题。②本届政府将着手解决历史遗留问题。

遗失 yíshī *v.* lose

【配】遗失证件，遗失护照

【例】①他在寻找遗失的身份证。②他遗失了一张银行卡。

【同】丢失（diūshī）

疑惑 yíhuò *v.* feel uncertain/perplexed

【配】疑惑不解，疑惑的目光

【例】①他露出了疑惑的目光。②我疑惑地看着他，不知道他在想什么。

以便 yǐbiàn *conj.* so that, in order that

【例】①他准备了些零钱，以便上车买票。②我需要戴上眼镜以便阅读。

以免 yǐmiǎn *conj.* lest

【例】①你必须仔细检查以免出错。②我们小声说话以免吵醒婴儿。

【同】免得

以往 yǐwǎng *n.* before, formerly, past

【配】以往的日子，以往的经验

【例】①她常常回想以往的岁月。②他以往从没迟到过。

以至 yǐzhì *conj.* down to, up to, so...that...

【配】以至于

【例】①他练习了十次、百次以至上千次才获得成功。②他工作太认真了，以至连饭都忘了吃了。

以致 yǐzhì *conj.* so that, with the result that

【配】以致于

【例】①小王平时训练不认真，以致这次考试没通过。②屋子里太暗，以致我没有看见她。

一帆风顺 yìfān-fēngshùn everything goes smoothly

【例】①他的人生道路一帆风顺。②祝你一帆风顺。

一举两得 yìjǔ-liǎngdé gain two ends at once

【例】①把一些用不着的书卖掉，可以一举两得。②她这次旅游，既购物又参观了博物馆，真是一举两得。

【同】一箭双雕（yíjiàn-shuāngdiāo）

一流 yìliú *adj./n.* first-rate; of the same kind

【配】一流的服务，一流货色（huòsè; stuff）

【例】①他是国内一流的作家。②他们是一流货色。

一如既往 yìrú-jìwǎng as always, just as before

【例】①爸爸妈妈一如既往地支持我。②他对事业的忠诚一如既往。

【同】自始至终（zìshǐ-zhìzhōng）

一丝不苟 yìsī-bùgǒu not be the least bit negligent

【例】①他对任何事都一丝不苟。②对工作我们要一丝不苟。

亦 yì *adv.* also, too

【配】亦步亦趋 (yìbù-yìqū; ape sb. at every step)

【例】①不要老跟着别人亦步亦趋。②节约亦是一种财富。

异常 yìcháng *adj./adv.* unusual, abnormal; extremely, exceedingly

【配】情况异常，异常沉重

【例】①他神色有些异常。②今年的雨天异常多。

抑制 yìzhì *v.* restrain, inhibit

【配】抑制发展，抑制感情

【例】①这项措施抑制了经济发展。②他努力抑制自己的感情。

意料 yìliào *v.* expect, anticipate

【配】意料之外，难以意料

【例】①小说结尾出乎我的意料。②他的回答在我意料之中。

意识 yìshí *n./v.* consciousness; be conscious/aware of

【配】有意识，意识到

【例】①人人都应该增强法律意识。②他意识到自己错了。

意图 yìtú *n.* intention, purpose, intent

【配】表明意图，创作意图

【例】①他来的意图是什么？②他隐瞒了自己的真实意图。

意味着 yìwèizhe *v.* signify, mean, imply, import

【例】①权力意味着责任。②他沉默，意味着他不同意。

意向 yìxiàng *n.* intention, purpose

【配】有意向，意向书

【例】①两家公司有合作意向。②她有投资意向。

意志 yìzhì *n.* will

【配】意志坚定，意志力

【例】①他意志坚强。②艰苦的环境磨炼（móliàn; temper oneself）了她的意志。

毅力 yìlì *n.* willpower, guts, will, stamina

【配】超常的毅力，坚强的毅力

【例】①她凭着超常的毅力完成了这次任务。②克服挫折需要时间和毅力。

毅然 yìrán *adv.* resolutely, firmly, determinedly

【配】毅然决定，毅然拒绝

【例】①他们最后毅然决定结婚。②她毅然接受了这次艰巨的任务。

翼 yì *n.* wing
【配】机翼
【例】这只鸟儿的双翼受伤了。

阴谋 yīnmóu *n./v.* plot, scheme, conspiracy; conspire
【配】阴谋家，搞阴谋
【例】①他是一个阴谋家。②他试图阴谋叛变（pàn-biàn; betray），但是失败了。

音响 yīnxiǎng *n.* sound, acoustics, audio
【配】音响设备，音响效果
【例】①音乐厅的音响效果直接影响我们今天的演出。②这间演播室（yǎnbōshì; broadcast studio）音响设备很差。

引导 yǐndǎo *v.* guide, lead
【配】引导某人，由……引导
【例】①老师应该引导学生独立思考。②校长引导我们参观了校园。

引擎 yǐnqíng *n.* engine

【配】发动引擎，修理引擎

【例】①他打开了电脑搜索引擎。②麻烦你帮我给汽车装个引擎。

引用 yǐnyòng *v.* quote, cite, recommend, appoint

【配】引用话语，引用球员

【例】①他的文章经常被人引用。②我们的队里引用了一名外籍（wàijí; foreign nationality）球员。

饮食 yǐnshí *n./v.* food and drink, diet; eat and drink

【配】饮食标准，饮食起居（qǐjū; daily life）

【例】①我们要严格遵守饮食标准。②她天天照顾老人的饮食起居。

隐蔽 yǐnbì *v./adj.* take cover; hidden (from view)

【配】迅速隐蔽，隐蔽的小路

【例】①为了不让敌人发现，战士们迅速隐蔽。②这片树林很隐蔽。

隐患 yǐnhuàn *n.* hidden trouble

【配】发现隐患，安全隐患

【例】①这套设备到底有没有安全隐患？②那家饭店有火灾隐患。

隐瞒 yǐnmán *v.* conceal, hide, cover up

【配】隐瞒事实，隐瞒真相

【例】①他隐瞒了事实真相。②他隐瞒了自己的身份。

隐私 yǐnsī *n.* privacy, personal secret

【配】隐私权，家庭隐私

【例】①他侵犯了我的隐私。②她喜欢打听别人的隐私。

隐约 yǐnyuē *adj.* instinct, faint

【配】隐约听见，隐约觉得

【例】①我隐约听到门外有脚步声。②她隐约看到屋子里亮着灯。

印刷 yìnshuā *v.* print

【配】印刷厂，印刷程序

【例】①这本书正在印刷。②印刷厂的印刷设备很多。

英明 yīngmíng *adj.* wise, brilliant

【配】英明果断，决策英明

【例】①他是位英明的领导人。②在危机时刻，他做出了一个英明的决定。

英勇 yīngyǒng *adj.* heroic, valiant, brave, gallant

【配】英勇无比，英勇行为

【例】①他在战争中表现得很英勇。②当地居民英勇地抵抗侵略者。

婴儿 yīng'ér *n.* baby, infant

【配】婴儿床，婴儿用品

【例】①她正哄着婴儿入睡。②婴儿床大小要适中（shìzhōng; moderate）。

迎面 yíngmiàn *v./n.* head-on, in one's face, face to face; in front of

【配】迎面走来，春风迎面

【例】①春风迎面扑来。②迎面有一座大厦。

荧屏 yíngpíng *n.* screen, television

【配】电视荧屏

【例】①电视荧屏很清晰。②这部电视剧下周将在荧屏上与大家见面。

盈利 yínglì *v./n.* gain; profit

【配】盈利率，获得盈利

【例】①企业只有盈利，才能发展。②公司今年获得了预期的盈利。

【反】亏损

应酬 yìngchou *v./n.* engage in social activities; social engagement

【配】忙于应酬，减少应酬

【例】①客人来了，我去应酬一下。②今天晚上有个应酬。

应邀 yìngyāo *v.* accept an invitation

【配】应邀参加，应邀出席

【例】①她应邀唱了一首歌。②我应邀出席会议。

拥护 yōnghù *v.* support, uphold, endorse

【配】拥护者，得到拥护

【例】①这些政策得到了群众的拥护。②大家都拥护他当领导。

拥有 yōngyǒu *v.* possess, have, own

【配】拥有财富，拥有主权

【例】①这一地区拥有丰富的资源。②这本杂志拥有大量读者。

庸俗 yōngsú *adj.* vulgar, philistine, low

【配】庸俗化，趣味庸俗

【例】①这本书非常庸俗。②她是一个庸俗的女人。

【反】高雅（gāoyǎ）

永恒 yǒnghéng *adj.* eternal, perpetual

【配】永恒不变，永恒运动

【例】①这些美好的瞬间是她生命中永恒的回忆。
②爱情是文学作品中永恒的主题。

勇于 yǒngyú *v.* be brave/bold in, have the courage to do sth.

【配】勇于承担，勇于面对

【例】①你要勇于承认错误。②企业应该勇于创新。

涌现 yǒngxiàn *v.* emerge in large numbers, spring up

【配】大量涌现，涌现出

【例】①新生 (xīnshēng; newborn) 事物不断涌现。
②在这次救援 (jiùyuán; rescue) 过程中，涌现出许多感人事迹。

踊跃 yǒngyuè *v./adj.* leap, jump; vying with one another

【配】踊跃欢呼，踊跃参加

【例】①听到这个好消息，大家都踊跃欢呼。②会上大家都踊跃发言。

用功 yònggōng *adj./v.* hardworking, diligent, studious; work hard

【配】努力用功

【例】①他发奋写作，十分用功。②别打扰他，他正在用功呢。

用户 yònghù *n.* user, subscriber, consumer
【配】电话用户，手机用户
【例】①这款产品考虑到了各类用户的需要。②每个电脑用户都配有一个账号。

优胜劣汰 yōushèng-liètài survival of the fittest
【例】①这家企业建立了员工（yuángōng; staff）优胜劣汰的机制。②进化论认为，优胜劣汰是自然界的法则（fǎzé; law）。

优先 yōuxiān *v.* take precedence, have priority
【配】优先权，优先发展
【例】①企业优先考虑员工的住房问题。②乘车出行，妇女、儿童、老人有优先权。

优异 yōuyì *adj.* excellent, outstanding, exceedingly good
【配】成绩优异
【例】①小明的体育成绩优异。②他以优异的成绩考上了重点大学。

优越 yōuyuè *adj.* superior, advantageous
【配】环境优越，条件优越

【例】①这家超市地理环境优越。②她的社会地位很优越。

忧郁 yōuyù *adj.* melancholy, heavy-hearted, dejected

【配】目光忧郁，忧郁的心情

【例】①他目光忧郁。②听了这个消息，他心情忧郁。

犹如 yóurú *v.* be just as, be like

【例】①他待我犹如陌生人。②商场犹如战场。

【同】仿佛

油腻 yóunì *adj./n.* greasy, oily; fatty/oily food

【配】油腻的食物，满身油腻

【例】①这个食物很油腻。②在餐厅工作了一天，他满身油腻。

油漆 yóuqī *n./v.* paint, varnish; paint

【配】油漆产品，油漆一新

【例】①他用油漆刷房子。②整个房间油漆一新。

有条不紊 yǒutiáo-bùwěn in perfect order

【配】有条不紊地工作

【例】①会议的准备工作正在有条不紊地进行着。
②她是一个工作和生活都有条不紊的人。

【同】井井有条 (jǐngjǐng-yǒutiáo)

幼稚 yòuzhì *adj.* young, childish, naive

【配】幼稚的孩童，幼稚的想法

【例】①一群幼稚的孩童在草原上奔跑。②他的想法很幼稚。

诱惑 yòuhuò *v.* tempt, seduce, attract, lure

【配】诱惑力，诱惑某人

【例】①那芬芳的花香诱惑着他走入了树林深处。②这家企业的工作机会对他来说是很大的诱惑。

渔民 yúmín *n.* fisherman

【例】①这片沿海地带曾经住着一群渔民。②渔民以打渔为生。

【同】渔夫（yúfū）

愚蠢 yúchǔn *adj* stupid, foolish

【配】愚蠢的行为，愚蠢的方法

【例】①打骂孩子是愚蠢的教育方法。②他是一个愚蠢的人。

【反】聪明

愚昧 yúmèi *adj* fatuous, benighted

【配】愚昧无知

【例】①封建迷信是愚昧无知的表现。②这个地区很落后，人们生活在愚昧之中。

舆论 yúlùn *n.* public opinion
【配】舆论导向，制造舆论
【例】①这起案件一出，舆论一片哗然 (huárán; in an uproar)。②迫于舆论压力，总统决定废除这项法令。

与日俱增 yǔrì-jùzēng grow with each passing day
【例】①他已经离开半年了，但是我对他的思念与日俱增。②地球人口数量与日俱增。

予以 yǔyǐ *v.* give
【配】予以关注，予以奖励
【例】①因为他考试作弊，学校予以他记过处分。②科学技术是第一生产力，国家应予以科技产业更多关注。
【同】给予

羽绒服 yǔróngfú *n.* down garment
【例】①北京的冬季很冷，出门一定要穿上厚厚的羽绒服。②我的羽绒服很保暖。

预料 yùliào *v./n.* predict, anticipate; expectation, prediction

【配】难以预料，出乎预料

【例】①比赛胜负很难预料。②他的成绩大大出乎我们的预料。

预期 yùqī *v.* expect, anticipate

【配】预期收益，预期效果

【例】①他的英语水平比我预期的好。②她完美的演出远远超出了人们的预期。

预赛 yùsài *v.* participate in the preliminary contest

【例】①小明在小组预赛中取得了第一名的好成绩。②为了能在预赛中夺得第一名，他每天都在刻苦练习。

预算 yùsuàn *n./v.* budget; draw up a budget

【配】工程预算，预算费用

【例】①他买沙发的预算是 2000 元人民币。②经理正在预算工程的全部费用。

预先 yùxiān *adv.* in advance, beforehand

【配】预先准备，预先了解

【例】①因为明天要下雪，我预先为他准备了一件羽绒服。②关于他的病情，医生预先通知了他的家属。

【同】事先

预言 yùyán *n./v.* prophecy, prediction; prophesy, predict

【配】预言应验（yìngyàn; come true），预言未来

【例】①他的预言应验了。②没有人能预言未来会发生什么，所以我们要珍惜现在。

预兆 yùzhào *n./v.* omen, presage; be an omen

【配】不祥（bùxiáng; ominous）的预兆

【例】①乌云是下雨的预兆。②今年冬天的大雪预兆明年是个丰收年。

【同】征兆（zhēngzhào）

欲望 yùwàng *n.* desire, lust

【配】求知欲望，学习欲望

【例】①她的求知欲望很强，常常自学各种语言。②强烈的创作欲望让他写出了一首又一首好听的歌曲。

寓言 yùyán *n.* fable, allegory, parable

【配】寓言故事，讲寓言

【例】①孩子们都喜欢听寓言故事。②这则寓言试图用轻松幽默的故事告诉读者一个有趣的哲理。

愈 yù *adv./v.* the more...the more...; recover, heal

【配】愈来愈……，愈合

【例】①她愈来愈漂亮了。②几天之后，他病愈了。

冤枉 yuānwang *v./adj./n.* treat unjustly; unjust; wrongful treatment

【配】冤枉某人，冤枉钱

【例】①我们不应该冤枉好人。②我今天下午花了冤枉钱，买了一件很贵的大衣。③你有什么冤枉，尽管说吧。

元首 yuánshǒu *n.* sovereign, head of state

【例】①来自欧洲各国的元首在巴黎就石油问题进行了洽谈（qiàtán; consult）。②两个国家的元首在会议上讨论能源问题。

【同】首脑（shǒunǎo）

元素 yuánsù *n.* element

【配】化学元素，生命元素

【例】①化学老师要求我们背化学元素表。②水是生命不可缺少的元素。

元宵节 Yuánxiāojié *n.* Lantern Festival

【例】①元宵节是中国的传统节日。②在元宵节当天，中国人有赏灯的习俗。

园林 yuánlín *n.* park, garden

【配】游览园林，园林设计

【例】①苏州园林以其精致的设计吸引了世界各地的游客。②他是一位园林设计师。

原告 yuángào *n.* plaintiff (in civil cases)

【例】①法官判决原告胜诉（shèngsù; win a lawsuit）。②原告的律师要求暂时休庭（xiūtíng; adjourn a court session）。

【反】被告

原理 yuánlǐ *n.* principle, theory

【配】数学原理，科学原理

【例】①他从小就对各种机器的运行原理有着浓厚的兴趣。②只有掌握其中的科学原理，才能取得成功。

原始 yuánshǐ *adj.* original, primeval

【配】原始版本，原始社会

【例】①这一片丛林（cónglín; jungle）中还生活着原始部落。②这家工厂的生产工艺非常原始。

原先 yuánxiān *n.* former, at first

【例】①这件事情原先我不知道。②我怀念原先的老房子和邻居们。

圆满 yuánmǎn *adj.* satisfactory

【配】圆满开幕，圆满完成

【例】①在全体工作人员的辛勤工作下，这次展览会圆满闭幕（bìmù; close）了。②在他的帮助下，我们终于圆满完成任务了。

【同】完满（wánmǎn）

源泉 yuánquán *n.* fountain, source

【配】文化 / 思想 / 艺术的源泉

【例】①实践是理论创新的源泉。②意大利（Yìdàlì; Italy）文学艺术是文艺复兴运动的源泉。

约束 yuēshù *v.* restrain, bind

【配】行为约束，道德约束

【例】①一名好战士应该用纪律严格约束自己。②中国传统的封建制度严重地约束了人性和自由。

【同】束缚

乐谱 yuèpǔ *n.* music score

【例】①她的技艺（jìyì; skill）有很大进步，可以不看乐谱演奏了。②她太紧张了，竟然忘记带乐谱了。

【同】琴谱（qínpǔ）

岳父 yuèfù *n.* wife's father

【例】①我的岳父是个很有风度的男人。②他的岳父并不赞成他们的婚事。

孕育 yùnyù *v.* be pregnant with, breed

【配】孕育生命，孕育文明

【例】①她体内正孕育着一个新的生命。②长江、黄河（Huánghé; Yellow River）孕育了中华文明。

运算 yùnsuàn *v.* perform calculations

【配】数学运算，运算能力

【例】①这台运算器帮助科学家提高了研究效率。②运算能力和语言表达能力一样，都是人才的必备要素。

运行 yùnxíng *v.* be in motion

【配】运行程序，机器运行

【例】①他的电脑正在运行新的程序。②地球围绕太阳运行。

酝酿 yùnniàng *v.* be in the making, make preparations

【配】酝酿思绪，酝酿气氛

【例】①大会经过反复酝酿，提出了候选人名单。②这一切危机正酝酿着一场战争。

蕴藏 yùncáng *v.* hold in store

【配】蕴藏潜力，蕴藏资源

【例】①这群孩子们中蕴藏着极大的创造力。②海底蕴藏着丰富的资源。

熨 yùn *v.* iron, press

【配】熨衣服，熨烫

【例】①出差前，妻子总是为他熨好衣服，整整齐齐地放在行李箱中。②熨衣服要掌握热度，否则会把衣服熨坏。

Z

杂技 zájì *n.* acrobatics

【配】耍杂技，杂技表演

【例】①外婆最爱看杂技表演。②我从小就想当一名杂技演员。

杂交 zájiāo *v.* hybridize, cross

【配】杂交技术，杂交繁殖

【例】①他是水稻（shuǐdào; rice）杂交技术的主要创新者之一。②这两种动物可以杂交繁殖。

砸 zá *v.* pound, break

【配】砸东西，砸伤

【例】①她一生气就喜欢在家里砸东西。②杯子掉在地上砸了。

咋 zǎ *pron.* how, why

【配】咋了，咋样

【例】①你咋回事？为什么不接我电话？②这可咋好呢？

【同】怎么

灾难 zāinàn *n.* disaster, suffering

【配】自然灾难，遭受灾难

【例】①在自然灾难面前，人类是弱小的。②灾难面前，我们应该携起手来，共同战胜困难。

【同】灾害

栽培 zāipéi *v.* cultivate, foster

【配】精心栽培，辛苦栽培

【例】①在母亲的精心栽培下，这盆植物终于开出了小小的花朵。②他在演讲中感谢老师多年对他的辛苦栽培。

宰 zǎi *v.* slaughter, soak

【配】宰……(动物)，挨宰

【例】①现在一些地区的农民过年时还会杀猪宰羊。

②外地游客在这座旅游城市经常挨宰。

再接再厉 zàijiē-zàilì make persistent/unremitting efforts

【例】①你这次考试成绩不错，再接再厉。②只有再接再厉，才能取得更好的成绩。

在乎 zàihu *v.* depend on, care about

【配】在乎某人

【例】①走自己的路，何必在乎别人的看法。②他是一个很在乎家人的人，所以选择在离家近的城市工作。

【同】在意

在意 zàiyì *v.* take notice of, care about, mind, take to heart

【配】小心在意，毫不在意

【例】①我太在意这次比赛的结果了，忽视了比赛过程的美妙。②妈妈让我天冷加衣，我没有在意她的叮嘱，结果患了重感冒。

【同】在乎

攒 zǎn *v.* accumulate, amass, save

【配】攒钱，积攒

【例】①他是个集邮（jíyóu; collect stamps）爱好者，已经攒了三千多张邮票了。②我准备攒钱带父母去看这次音乐会。

暂且 zànqiě *adv.* for the time being, for the moment

【配】暂且如此，暂且停止

【例】①我暂且推迟去美国旅游的计划。②经理有事，咱们的会议暂且停一停吧。

【同】暂时

赞叹 zàntàn *v.* gasp in admiration, highly praise

【配】令人赞叹，赞叹不已

【例】①杂技演员们的高超技艺令人赞叹。②看到眼前的草原美景，他发出了赞叹。

【同】赞扬

赞同 zàntóng *v.* approve of, agree with

【配】得到赞同，一致赞同

【例】①这位经济学家的新理论得到了广泛的赞同。②他非常赞同你的建议。

【同】赞成

赞扬 zànyáng *v.* speak highly of, praise, commend

【配】受到赞扬，赞扬某人

【例】①我赞扬他这种诚实的行为。②他创作的音乐受到大家一致赞扬。

【同】赞叹

赞助 zànzhù *v.* support, sponsor
【配】提供赞助，赞助公司
【例】①这项活动得到了三家公司的赞助。②这家公司在这次活动中给予球队数千万元的赞助。

遭受 zāoshòu *v.* suffer, be subjected to, sustain
【配】遭受灾难，遭受损失
【例】①她在童年时遭受了家庭破裂的打击，但仍然坚强地成长。②两国在战争中都遭受了重大经济损失。

遭殃 zāoyāng *v.* suffer disaster, suffer
【例】①洪水泛滥，村民们都遭殃了。②东南亚经济危机蔓延，许多国家都遭殃了。

遭遇 zāoyù *v./n.* meet with, encounter; (bitter) experience
【配】遭遇困难，生活遭遇
【例】①今年夏天，这一地区遭遇了百年不遇的洪水。②她讲述了自己被人陷害的遭遇，大家纷纷表示同情。

糟蹋 zāotà *v.* waste, ruin, spoil

【配】糟蹋粮食，糟蹋时光

【例】①他有糟蹋粮食的坏习惯。②他整天游手好闲 (yóushǒu-hàoxián; idle about)，白白糟蹋了美好的青春时光。

造反 zàofǎn *v.* rise in rebellion, rebel, revolt

【例】①面对地主 (dìzhǔ; landlord) 的压迫，农民们纷纷造反。②为了反抗国王的残暴 (cánbào; brutal) 统治，战士们纷纷起义造反。

造型 zàoxíng *v./n.* model, mould; mould-making

【配】造型艺术，造型美观

【例】①他去美国学习造型艺术。②这几座雕像 (diāoxiàng; sculpture) 造型各不相同，成为公园里的一道风景线。

噪音 zàoyīn *n.* noise

【配】发出噪音，噪音污染

【例】①我的房间靠近高速公路，每晚被噪音吵得睡不着觉。②噪音污染是城市的主要污染之一。

【同】噪声 (zàoshēng)

责怪 zéguài *v.* blame

【配】责怪某人

【例】①妈妈正在责怪他不认真学习。②出了问题，不要总是责怪别人。

【同】责备

贼 zéi *n./adv./adj.* thief; evil, crafty, cunning; extremely

【配】窃贼，贼心，贼亮

【例】①火车站附近贼很多，你要看好自己的随身物品，以免被偷。②这家伙真贼。③这家面馆的面贼香，我天天都要去吃一碗。

增添 zēngtiān *v.* add, increase

【配】增添色彩，增添信心

【例】①他的话增添了我战胜困难的信心。②春天的到来为花园增添了许多绿色。

赠送 zèngsòng *v.* present as a gift

【配】赠送礼物，赠送仪式

【例】①他赠送了一套别墅给他的老师。②老师向他赠送了一套书。

扎 zhā *v./n./m.* prick, plunge into; draught beer; a mug of draught beer

【配】扎手，扎啤，一扎啤酒

【例】①你为什么要拿针扎我？②他进了餐馆，点了一杯扎啤。③他一口气喝了三扎啤酒。

扎实 zhāshi *adj.* sturdy, strong, solid

【配】扎实的功底，基础扎实

【例】①他具备扎实的绘画（huìhuà; painting）功底。②他工作扎实，被评为公司的优秀员工。

渣 zhā *n.* dregs, residue, broken bits

【配】豆腐渣，饼干渣儿

【例】①他用漏斗（lòudǒu; hopper）把豆渣过滤掉。②他不小心摔倒了，把饼干渣儿撒了一地。

眨 zhǎ *v.* blink

【配】眨眼睛，一眨眼

【例】①她对我眨眨眼睛，表示喜欢我。②只是一眨眼的功夫，她就换了一身新衣服出门了。

诈骗 zhàpiàn *v.* defraud, swindle

【配】诈骗钱财，诈骗罪

【例】①这个犯罪团伙一个月内共诈骗了近一百万元人民币。②他因诈骗罪被警察拘留了。

摘要 zhāiyào *n./v.* summary, abstract; make an abstract
【配】会议摘要，摘要刊登
【例】①领导让我完成会议摘要。②老师要求我们从这篇文章中摘要，并说说自己的体会。

债券 zhàiquàn *n.* bond, debenture
【配】发行债券，金融债券
【例】①这类债券由国家长期发行。②他对金融债券行业很有兴趣。

沾光 zhānguāng *v.* benefit from one's association with sb. or sth.
【例】①哥哥在超市工作，我也跟着沾光，他总能给我一些购物优惠券。②孩子有出息了，父母也跟着沾光。

瞻仰 zhānyǎng *v.* look at with reverence
【配】瞻仰伟人，瞻仰纪念碑
【例】①他在瞻仰英雄纪念碑。②孩子们到陵园（língyuán; cemetery）瞻仰了战士们的墓地（mùdì; graveyard）。

斩钉截铁 zhǎndīng-jiétiě resolute and decisive
【配】斩钉截铁地说

【例】①她斩钉截铁地拒绝了这份工作。②他斩钉截铁地说："这次一定要成功。"

展示 zhǎnshì *v.* reveal, show

【配】展示才华，展示作品

【例】①他把自己创作的画展示给朋友欣赏。②她在文艺演出中向大家展示了自己的才艺（cáiyì; talent and skill）。

【同】展现

展望 zhǎnwàng *v.* look ahead, forecast

【配】展望未来

【例】①展望未来，他充满了信心。②她爬上山顶，向四周展望。

展现 zhǎnxiàn *v.* unfold before one's eyes, emerge

【配】展现才能，展现景象

【例】①他很喜欢在别人面前展现自己的特长。②这座城市展现出一片繁荣景象。

【同】展示

崭新 zhǎnxīn *adj.* brand new

【配】崭新的房间，崭新的一天

【例】①生日那天，父亲送他一辆崭新的自行车。②他今天穿了一件崭新的衣服。

占据 zhànjù *v.* occupy, seize

【配】占据土地，占据市场

【例】①我们的军队已经占据了重要的战略地位。
②随意停放的汽车占据了人行道。

占领 zhànlǐng *v.* capture, occupy, seize

【配】占领地盘（dìpán; domain），占据市场

【例】①侵略者占领了大部分领土。②他的军队顺利
地占领了这座城市。

占有 zhànyǒu *v.* own, possess, occupy

【配】占有主动权，占有土地

【例】①大股东占有公司百分之八十的股份。②地主
占有了他的土地和房子。

战斗 zhàndòu *n./v.* fight, battle; combat

【配】战斗激烈，继续战斗

【例】①战斗进行得非常激烈。②战士们坚持和敌人
战斗到底。

战略 zhànlüè *n.* strategy

【配】战略战术，发展战略

【例】①两国在新能源开发领域是战略合作伙伴。②公司发展离不开正确的战略。

战术 zhànshù *n.* (military) tactics

【配】战略战术，战术指导

【例】①这次胜利得益 (déyì; benefit) 于正确的战术。②军队正在进行战术演习。

战役 zhànyì *n.* campaign, battle

【配】打响战役，伟大的战役

【例】①两位伟大的将军在这场战役中英勇牺牲了。②我们的军队取得了这场战役的胜利。

章程 zhāngchéng *n.* rules, regulations, constitution

【配】遵守章程，公司章程

【例】①会议通过了新的组织章程。②请你遵守公司的章程。

长辈 zhǎngbèi *n.* member of an elder generation, elder, senior

【配】尊敬长辈，服从长辈

【例】①尊敬长辈是中华民族的传统美德 (měidé; virtue)。② 我们要听从长辈的忠告 (zhōnggào; heartfelt advice)。

【反】晚辈（wǎnbèi）

帐篷 zhàngpeng *n.* tent

【配】支起帐篷

【例】①他们点起篝火（gōuhuǒ; bonfire），支起帐篷，准备在山里过一晚。②我们在公园里搭起帐篷准备休息。

障碍 zhàng'ài *n./v.* hinder; obstacle

【配】前进的障碍

【例】①人生路上有许多障碍，我们需要一个一个地克服。②路上的乱石障碍着车辆前进。

【同】阻碍

招收 zhāoshōu *v.* recruit, take in

【配】招收学生，招收计划

【例】①这个学校今年招收了 5000 名学生。②这家航空公司今年不招收新飞行员（fēixíngyuán; pilot）。

招投标 zhāo tóubiāo invite tenders

【例】①在这次招投标大会中，这家公司获得了本届展览会的主办权。②这家工厂已经开始公开招投标了。

朝气蓬勃 zhāoqì-péngbó be full of youthful spirit, be full of vigour and vitality

【例】①看着这些小学生朝气蓬勃的脸庞（liǎnpáng; face），我感慨年轻真好。②他是一个朝气蓬勃的年轻人。

着迷 zháomí *v.* be fascinated, be captivated

【配】听得着迷，为……而着迷

【例】①孩子们听故事都听得着迷了。②这首曲子令他十分着迷。

【同】入迷（rùmí）

沼泽 zhǎozé *n.* marsh

【配】沼泽地

【例】①他一不小心陷入了沼泽里。②再往前走就是一片望不到头的沼泽地。

照料 zhàoliào *v.* take care of

【配】精心照料，照料老人

【例】①这些日子，她无微不至地照料着病床上的丈夫。②护士精心照料着病人。

照样 zhàoyàng *adv./v.* be in the same old way; do sth. after a pattern

【配】照样做某事

【例】①父亲还是照样抽烟，不听母亲的话。②妈妈为她照样做了一条裙子。

照耀 zhàoyào *v.* shine, illuminate, enlighten

【配】阳光照耀

【例】①灿烂的阳光照耀着大地。②阳光照耀在海面上，泛起一阵波光。

照应 zhàoyìng *v.* coordinate, correlate

【配】前后照应，相互照应

【例】①写文章应该前后照应。②这篇小说缺乏前后照应。

折腾 zhēteng *v.* torment, toss about, do sth. over and over again

【配】反复折腾，折腾半天

【例】①噪音可把这个小区的居民折腾苦了。②你就在这儿休息一会儿吧，别再折腾回家了。

遮挡 zhēdǎng *v./n.* shelter from, keep out; cover

【配】遮挡阳光，设置遮挡

【例】①她戴着帽子，以此来遮挡强烈的阳光。②门前什么遮挡都没有。

折 zhé *v./adj./m./n.* break; twisted; scene (in a play); booklet

【配】折断，曲折，打六折，存折（cúnzhé; bankbook）

【例】①他力气很大，一下就把尺子折断了。②他的人生遭遇过很多的曲折和坎坷（kǎnkě; bumpy）。③这件衣服打六折。④他拿着存折去银行了。

折磨 zhémó *v.* torture

【配】肉体折磨，精神折磨

【例】①她被忧郁的心情折磨着。②他的病一直不见好，真够折磨人的。

侦探 zhēntàn *n./v.* do detective work; spy

【配】私家（sījiā; private）侦探，侦探小说

【例】①她雇佣私家侦探跟踪调查丈夫的行踪（xíngzōng; track）。②他喜欢看侦探小说。

珍贵 zhēnguì *adj.* valuable

【配】珍贵的珠宝，珍贵的情谊

【例】①这是他送给我的珍贵礼物。②我们应该保护珍贵文物。

【同】宝贵

珍稀 zhēnxī *adj.* rare and precious

【配】珍稀动物，珍稀物种（wùzhǒng; species）

【例】①人人都应该保护珍稀动物。②熊猫是受保护的珍稀物种。

珍珠 zhēnzhū *n.* pearl

【配】一串珍珠，珍珠项链

【例】①这串珍珠很珍贵。②我喜欢珍珠项链。

真相 zhēnxiàng *n.* truth

【配】接近真相，了解真相

【例】①真相有时是残酷的，但我们要勇敢面对。②他最终查清了事情的真相。

真挚 zhēnzhì *adj.* sincere

【配】真挚的友谊，真挚的感情

【例】①我们彼此间建立了真挚的友情。②他们之间的感情很真挚。

【反】虚伪

斟酌 zhēnzhuó *v.* deliberate, consider

【配】斟酌一下，反复斟酌

【例】①我需要斟酌一下这篇文章的词语。②我要好好斟酌一下他的意思。

阵地 zhèndì *n.* position, front

【配】坚守 (jiānshǒu; stick to)，学术阵地

【例】①多年来，他一直坚守在学术研究的阵地上。
②战士们艰难地守着这块阵地。

阵容 zhènróng *n.* battle array

【配】阵容强大，部队阵容

【例】①这部电影演员阵容强大，值得期待。②这次
晚会的阵容强大，有很多名人都会出席。

振奋 zhènfèn *v./adj.* inspire, spur on; high-spirited

【配】令人振奋，精神振奋

【例】①一大早他就听说了这个令人振奋的好消息。
②他的演讲使我们精神振奋。

振兴 zhènxīng *v.* develop vigorously

【配】振兴民族，振兴经济

【例】①他为了振兴民族，来到西方国家学习先进的
经济文化理念 (lǐniàn; notion)。②年轻人要为振兴
民族而奋斗。

震惊 zhènjīng *v.* shock

【配】感到震惊，震惊中外

【例】①听到他被这所大学录取的消息，我震惊了。

②这条新闻震惊了全世界。

镇定 zhèndìng *adj./v.* calm; calm down

【配】神情镇定，镇定情绪

【例】①他装作很镇定，其实内心非常不安。②她太激动了，咱们首先要做的是让她镇定情绪。

【同】镇静

镇静 zhènjìng *adj./v.* calm; calm (down)

【配】镇静自如

【例】①过了一会儿，他终于镇静下来了。②她需要镇静一下紧张的情绪。

【同】镇定

镇压 zhènyā *v.* repress

【配】镇压叛乱（pànluàn; revolt），镇压起义

【例】①政府出动了军队镇压叛乱。②工人运动最终被镇压下来了。

正月 zhēngyuè *n.* first month of the lunar year

【配】正月初一

【例】①正月是孩子们最喜欢的月份。②我打算正月初一回老家。

争端 zhēngduān *n.* dispute

【配】发生争端，国际争端

【例】①和平对话是解决争端的有效途径。②这两个国家发生了领土争端。

争夺 zhēngduó *v.* fight for

【配】争夺市场，争夺土地

【例】①各家电视台都在争夺这次事件的播出权。②这两个国家继续争夺那片土地的所有权。

争气 zhēngqì *v.* try to be next to none

【配】为……争气

【例】①尽管家庭贫困，但是他很争气，考上了大学。②他发誓要为父母争气。

争先恐后 zhēngxiān-kǒnghòu strive to be the first and fear to lag behind

【例】①听说这位学者要来学校演讲，同学们都争先恐后地抢占座位。②班级大扫除，同学们都争先恐后地干活儿。

争议 zhēngyì *v.* debate

【配】有争议，存在争议

【例】①关于这位文学家的出生地问题，学术界还存在着争议。②这个证据的可靠性存在争议。

征服 zhēngfú *v.* conquer

【配】征服对手，征服观众

【例】①他天天刻苦训练，就是为了在赛场上征服对手。②她的歌声征服了全场观众。

征收 zhēngshōu *v.* levy, collect, impose

【配】征服赋税 (fùshuì; taxes)，征收土地

【例】①在封建社会，统治阶级经常向农民征收沉重的赋税。②这块土地被国家征收了。

挣扎 zhēngzhá *v.* struggle

【配】苦苦挣扎

【例】①他挣扎了两下，终于站了起来。②他们为了生存痛苦地挣扎着。

蒸发 zhēngfā *v.* evaporate

【配】液体蒸发，人间蒸发

【例】①蒸发是一种物理现象。②那家公司一夜之间突然蒸发了。

整顿 zhěngdùn *v.* rectify

【配】整顿秩序，整顿作风

【例】①公司决定整顿一下内部秩序。②我们应该整顿一下班级的学习风气。

【同】整治 (zhěngzhì)

正当 zhèngdāng *v.* just when

【配】正当……时候

【例】①正当她遇到困难的时候，朋友们都纷纷赶来帮忙。②正当考试临近 (línjìn; be close to) 的时候，她不小心感冒了。

正负 zhèngfù *adj.* plus-minus, positive-negative

【配】正负极

【例】①地球有正负两极磁场 (cíchǎng; magnetic field)。②磁铁 (cítiě; magnet) 有正负极。

正规 zhèngguī *adj.* regular, standard

【配】正规经营，正规军队

【例】①这家商店是正规经营，有许可证。②这些战士们是经过正规训练的。

正经 zhèngjing *adj.* proper, serious, honest

【配】正经事儿，说正经的

【例】①说正经的，你到底去不去？②钱必须用在正经地方。

正气 zhèngqì *n.* healthy atmosphere

【配】一身正气，发扬正气

【例】①他一身正气，从不向恶势力屈服。②他很刚正（gāngzhèng; principled），充满正气。

正义 zhèngyì *n./adj.* justice; righteous

【配】主持正义，正义的力量

【例】①正义在我们这一边。②我相信正义的力量一定能战胜邪恶（xié'è; evil）。

【反】邪恶

证实 zhèngshí *v.* verify

【配】被证实……

【例】①法院证实了他是清白的。②他的判断被证实了。

证书 zhèngshū *n.* certificate

【配】荣誉证书，毕业证书

【例】①他很自豪地把荣誉证书拿到我面前。②我已经拿到了毕业证书。

郑重 zhèngzhòng *adj.* serious, solemn

【配】郑重声明

【例】①他郑重地向领导保证，一定按时完成任务。

②他郑重地对我说，让我一定保守秘密。

政权 zhèngquán *n.* political power

【配】巩固政权，统治政权

【例】①为了巩固政权，统治阶级颁布了一项新措施。②革命的根本问题是政权问题。

症状 zhèngzhuàng *n.* symptom

【配】疾病症状，感冒症状

【例】①对于这种感冒症状，一定要对症下药。②这种症状很少见。

支撑 zhīchēng *v.* support, maintain

【配】勉强支撑，苦苦支撑

【例】①这个家全靠她支撑。②高楼靠地基（dìjī; foundation）支撑。

支出 zhīchū *v./n.* pay; expenses

【配】支出费用，日常支出

【例】①我本月的话费比上月多支出了50元。②教育花费是一笔很大的支出。

支流 zhīliú *n.* branch; minor aspect

【例】①长江有许多支流。②观察形势要区别主流和支流。

【反】主流

支配 zhīpèi *v.* arrange, dominate

【配】支配时间，资金支配

【例】①别让社会舆论支配了你的思想。②在爱情中，我们有时不能支配自己的想法。

支援 zhīyuán *v.* support

【配】支援灾区（zāiqū; disaster area），支援部队

【例】①灾区收到来自社会各界的支援。②政府派出专家小组去当地支援经济建设。

支柱 zhīzhù *n.* support, pillar

【配】精神支柱，经济支柱

【例】①儿女一直是父母的精神支柱。②爸爸是我们家里的经济支柱。

枝 zhī *n./m.* branch; a [measure word for flowers with stems intact]

【配】树枝，一枝花

【例】①树枝上压满了花朵（huāduǒ; flower）。②他送给我一枝桃花（táohuā; peach blossom）。

知觉 zhījué *n.* consciousness, perception

【配】失去知觉

【例】①他眼前一黑，失去了知觉。②我两手冻得已经没有知觉了。

知足常乐 zhīzú-chánglè contentment brings happiness

【例】①人要懂得知足常乐，养成好的心态。②我的人生观就四个字——知足常乐。

脂肪 zhīfáng *n.* fat

【配】囤积（túnjī; hoard）脂肪，体内脂肪

【例】①为了过冬，动物要囤积厚厚的脂肪。②为了减去多余的脂肪，他每天坚持锻炼。

直播 zhíbō *v.* televise live

【配】现场直播

【例】①他负责这次电视节目的直播。②这场比赛是现场直播，很精彩。

值班 zhíbān *v.* be on duty

【例】①今天是星期天，可爸爸还要去公司值班。②我周末还要值班，没有时间休息了。

职能 zhínéng *n.* function

【配】政府职能

【例】①居委会（jūwěihuì; neighbourhood committee）的职能就是保障社区安全。②政府这次改革的方向

是转变政府职能。

职位 zhíwèi *n.* position
【配】一个职位，公司职位
【例】①我在公司的职位是销售部经理。②我想重新换一个职位。

职务 zhíwù *n.* post, duty
【配】担任职务，解除职务
【例】①他被解除了职务。②我的职务是行政助理。

殖民地 zhímíndì *n.* colony
【例】①英国作为传统资本主义强国，在世界各地都拥有殖民地。②这块殖民地最终获得了自由。

指标 zhǐbiāo *n.* standard
【配】达到指标，生产指标
【例】①体育成绩是衡量（héngliáng; weigh）学生综合素质的重要指标。②这家公司今年并没有完成生产指标。

指定 zhǐdìng *v.* appoint
【配】指定地点，指定日期
【例】①他们在指定地点见面了。②我们在指定日期内完成了任务。

指甲 zhǐjia *n.* nail

【配】指甲油，剪指甲

【例】①她喜欢给指甲涂上不同的颜色。②你的指甲该剪了。

指令 zhǐlìng *v./n.* instruct; instruction

【配】指令某人，发出指令

【例】①他指令部队立即发起进攻。②我们时刻等着上级的指令。

【同】指示

指南针 zhǐnánzhēn *n.* compass

【配】一个指南针

【例】①指南针是中国古代四大发明之一。②在咱们出发之前，我要去买一个指南针。

指示 zhǐshì *v./n.* indicate, point out, instruct; directive

【配】指示方向，接到指示

【例】①领导指示我们，一定要按时完成任务。②我们没有接到上级的指示。

【同】指令

指望 zhǐwàng *v./n.* look to; hope

【配】指望某人，有指望

【例】①我不指望你能准时到达。②你找工作的事有指望了吗?

指责 zhǐzé *v.* criticize

【配】指责某人,过分指责

【例】①面对舆论的指责,他只是保持沉默。②他因为我的失误而指责我。

志气 zhìqì *n.* aspiration

【配】有志气

【例】①他是个有志气的孩子,很有上进心。②他虽人小,但志气大。

制裁 zhìcái *v.* impose sanction (on), punish

【配】军事制裁,严厉制裁

【例】①他最终受到了法律的制裁。②第二次世界大战后,联合国 (Liánhéguó; United Nations) 对日本进行了制裁。

制订 zhìdìng *v.* map out

【配】制订规则,制订方案

【例】①他们制订了暑假出行的方案。②学校制订了新校规。

【同】制定

制服 zhìfú *v./n.* bring sb. under control; uniform

【配】制服罪犯，穿制服

【例】①两市警察一起行动，共同制服了罪犯。②我不喜欢穿制服。

制约 zhìyuē *v.* restrict

【配】制约发展

【例】①这一落后的指导方针严重制约了社会的发展。②交通制约着这个城市的经济发展。

制止 zhìzhǐ *v.* stop

【配】及时制止，上前制止

【例】①我及时制止了他的消费冲动。②他上前制止了我不理智的行为。

治安 zhì'ān *n.* public order

【配】社会治安，社区治安

【例】①近几年，社会治安得到很大改善，人民安居乐业。②我们小区的治安很好。

治理 zhìlǐ *v.* administer

【配】治理国家，治理环境

【例】①新市长把这座城市治理得很好。②政府正在治理环境污染。

致辞 zhìcí *v.* make a speech
【配】毕业致辞，典礼致辞
【例】①校长在毕业典礼上的致辞令人难忘。②他在婚礼上向大家致辞。

致力于 zhìlìyú *v.* devote oneself to
【例】①新市长上任后，一心致力于城市建设。②他一生致力于语言学研究。

致使 zhìshǐ *v./conj.* cause; so as to
【例】①那次地震致使几万人失去生命。②他粗心大意，致使考试成绩不及格。
【同】导致

智力 zhìlì *n.* intelligence
【配】智力测验，智力游戏
【例】①老师组织孩子们进行智力测验。②他的智力超过了平常人。
【同】智商

智能 zhìnéng *n.* intellectual ability
【配】人工智能，智能手机
【例】①这款产品运用了先进的智能技术。②市场上有很多智能手机。

智商 zhìshāng *n.* intelligence

【配】高智商

【例】①要想成为一名优秀的人才，智商高是远远不够的，还需要具备良好的情商（qíngshāng; emotional quotient）。②他的智商很高。

【同】智力

滞留 zhìliú *v.* be held up

【配】滞留机场，滞留海外

【例】①一场台风使得大批旅客滞留机场。②我们因交通堵塞在路上滞留了好几个小时。

中断 zhōngduàn *v.* break off

【配】信号中断，会议中断

【例】①地震使得电视信号暂时中断。②由于事故，交通中断了。

【反】延续

中立 zhōnglì *v.* be neutral

【配】保持中立，中立立场

【例】①对于这件争论，他始终保持中立。②在这场战争中，这个国家保持中立态度。

中央 zhōngyāng *n.* centre, middle, centre of power

【配】马路中央，中央大厅

【例】①她坐在花丛中央，笑得很灿烂。②第一届中央代表大会在这里举行。

忠诚 zhōngchéng *adj.* loyal, faithful

【配】忠诚的战士，态度忠诚

【例】①忠诚是一名战士最重要的品德。②这只小狗对主人很忠诚。

忠实 zhōngshí *adj./v.* loyal, truthful; be true to

【配】忠实的听众，忠实于

【例】①我是这个节目最忠实的听众。②这部电影忠实于原著（yuánzhù; original work）。

终点 zhōngdiǎn *n.* destination

【配】到达终点

【例】①他虽然受伤了，但仍坚持跑到了终点。②谁先到终点，谁就取得了最后的胜利。

【反】起点（qǐdiǎn）

终究 zhōngjiū *adv.* all in all

【例】①自己的路，终究要自己走。②他终究没能走出那个小山村。

终年 zhōngnián *n.* all the year round, age at which one dies
【例】①这个房子很暗，终年见不到阳光。②他去世了，终年 87 岁。

终身 zhōngshēn *n.* all one's life
【配】终身大事，终身荣誉
【例】①他被英国电影学院授予终身教授。②他终身未婚。

终止 zhōngzhǐ *v.* terminate
【配】终止合同，终止比赛
【例】①他终止了与公司的合同。②裁判终止了这场比赛。

衷心 zhōngxīn *adj.* heartfelt, wholehearted
【配】衷心祝福，衷心感谢
【例】①我衷心地祝福你一切顺利。②我衷心感谢父母对我的养育（yǎngyù; bring up）之情。

肿瘤 zhǒngliú *n.* tumour
【配】脑肿瘤，良性（liángxìng; benign）肿瘤
【例】①她脑子里长了一个肿瘤，需要做手术。②良性肿瘤只要及时治疗，并不可怕。

种子 zhǒngzi *n.* seed

【配】种子发芽（fāyá; sprout），种子选手

【例】①这颗种子发芽了。②他是一名种子选手。

种族 zhǒngzú *n.* race

【配】不同种族，种族战争

【例】①人类是一个不分种族的大家庭。②世界上有许多种族。

众所周知 zhòngsuǒzhōuzhī as everyone knows

【例】①众所周知，他是一位好老师。②他是羽毛球冠军，这是众所周知的事情。

重心 zhòngxīn *n.* centre of gravity, core

【配】重心不稳，工作重心

【例】①他感到重心不稳，一阵头晕。②经济建设问题是政府当前的工作重心。

舟 zhōu *n.* boat

【配】龙舟，小舟

【例】①每当端午节，人们都要赛龙舟。②他独自一个人坐在小舟上。

【同】船

州 zhōu *n.* zhou [an administrative division in former times], autonomous prefecture, state

【配】自治（zìzhì; autonomy）州，州长

【例】①中国有许多少数民族自治州。②美国有多少个州？

周边 zhōubiān *n.* surrounding area

【配】周边城市，学校周边

【例】①这次地震，周边的省市都受到了影响。②孩子们喜欢在学校周边玩。

周密 zhōumì *adj.* careful, thorough

【配】周密部署，周密的计划

【例】①在行动前，我已经做了周密的部署。②他的计划很周密。

周年 zhōunián *n.* anniversary

【配】周年纪念日

【例】①今天是我们结婚一周年的纪念日。②今年是我们学校建校 60 周年。

周期 zhōuqī *n.* cycle, period

【配】生理周期，运行周期

【例】①这种动物新陈代谢的周期很长。②太阳运行

的周期为一年。

周折 zhōuzhé *n.* twists and turns

【配】经受周折，大费周折

【例】①几经周折，她们母女终于相见了。②我们终于拿到了这份合同，真是大费周折。

周转 zhōuzhuǎn *v.* turn over

【配】资金周转

【例】①他周转了很多城市，终于买到了这批货物。②这家公司最近资金周转不灵了。

粥 zhōu *n.* porridge

【配】小米粥，喝粥

【例】①我很喜欢喝小米粥。②他不想吃菜，就想喝粥。

昼夜 zhòuyè *n.* day and night

【配】昼夜不停，不分昼夜

【例】①他昼夜不停地学习。②他工作不分昼夜，把身体都累坏了。

皱纹 zhòuwén *n.* wrinkle

【配】布满皱纹

【例】①她已经 70 岁了，脸上布满了皱纹。②爷爷脸上的皱纹越来越深了。

株 zhū *n./m.* plant; [used for plants or trees]

【配】植株，一株树

【例】①他在后院种了一棵幼株。②我家门前有一株苹果树。

诸位 zhūwèi *pron.* [used in addressing a group of people] ladies and gentlemen

【配】诸位来宾，诸位领导

【例】①欢迎诸位光临。②诸位能来，我非常高兴。

【同】各位（gèwèi）

逐年 zhúnián *adv.* year and year

【配】逐年成长，逐年扩大

【例】①孩子们逐年成长。②我们都在逐年变老。

主办 zhǔbàn *v.* sponsor, host

【配】主办单位，主办城市

【例】①中央电视台主办了这次春节联欢会。②这个讲座由我们学校主办。

主导 zhǔdǎo *v./n.* lead; leading

【配】以……为主导，主导地位

【例】①这家公司的产品主导了整个市场。②学校工作应该以教学工作为主导。

主管 zhǔguǎn *n./v.* person in charge; be in charge of
【配】部门主管，由……主管
【例】①他是这个部门的主管。②这里的一切工作由他主管。

主流 zhǔliú *n.* mainstream
【配】社会主流，主流思想
【例】①诚实是社会主流道德观之一。②分析形势要看主流。
【反】支流

主权 zhǔquán *n.* sovereignty
【配】国家主权，领土主权
【例】①国家主权高于一切。②两国因为领土主权问题发生了争议。

主题 zhǔtí *n.* main topic
【配】主题思想，讨论主题
【例】①这次展览会的主题是爱护自然。②这篇课文的主题是保护环境。

拄 zhǔ *v.* lean on (a stick, etc.)

【配】拄拐

【例】①奶奶年纪大了，走路时需要拄着拐杖。②他左腿受伤了，只能拄拐走路。

助理 zhùlǐ *n./v.* assistant; assist

【配】经理助理，由……助理

【例】①他在这家企业担任经理助理。②这个项目由他助理。

助手 zhùshǒu *n.* assistant

【配】得力助手

【例】①她是我工作上的得力助手。②经理需要一名助手。

住宅 zhùzhái *n.* residence

【配】住宅区，住宅楼

【例】①住宅区内，不得乱扔垃圾。②这里的住宅很豪华。

注射 zhùshè *v.* inject

【配】注射药物，体内注射

【例】①在手术前，医生为她注射了麻醉剂。②我生病了，医生在我体内注射了药物。

注视 zhùshì *v.* stare at

【配】深情注视，密切注视

【例】①她深情地注视着丈夫的眼睛。②我们正密切注视事态的发展。

【同】凝视

注释 zhùshì *v./n.* explain with notes; (explanatory) note

【配】注释详细，做注释

【例】①这篇古文注释得很详细。②请给这个句子做注释。

【同】注解（zhùjiě）

注重 zhùzhòng *v.* lay stress on

【配】注重文化建设，注重形象

【例】①这位领导很注重公司的文化建设。②他很注重个人形象。

驻扎 zhùzhā *v.* be stationed

【配】驻扎军队，驻扎在此

【例】①他率领部队暂时驻扎在这座山里。②他们打算在此驻扎，休息一晚。

著作 zhùzuò *n./v.* work, book; write

【配】文学著作，著作多

【例】①他一生出版了数十部著作。②这位作家一生著作很多。

铸造 zhùzào *v.* cast, found

【配】铸造车间，铸造工艺

【例】①那名工匠（gōngjiàng; craftsman）铸造了一把剑（jiàn; sword）。②艰难的岁月铸造了他坚强的品质。

拽 zhuài *v.* pull, drag

【配】拽住，拽拉

【例】①她拽了拽我的衣角，希望我等等她。②她拽住妈妈的衣服不放。

专长 zhuāncháng *n.* specialty

【配】有专长

【例】①每个人都有自己的专长。②我的专长是画画。

【同】特长

专程 zhuānchéng *adv.* on a special trip

【配】专程看望，专程参加

【例】①我听说你病了，专程赶到你家看望你。②我是专程来找你的。

专科 zhuānkē *n.* special field of study, college for professional training

【配】专科医院，专科学校

【例】①你需要去口腔专科看病。②他没有上大学，上了所专科院校。

专利 zhuānlì *n.* patent

【配】申请专利，专利权

【例】①她为自己的发明申请了专利。②我们公司拥有这款产品的专利权。

专题 zhuāntí *n.* special topic

【配】专题报道，社会专题

【例】①她是一名记者，常在报纸上发表专题报道。②社会专题是我经常关注的部分。

砖瓦 zhuānwǎ *n.* brick

【例】①高楼大厦是由砖瓦建造起来的。②院子里堆满了木头和砖瓦。

转达 zhuǎndá *v.* pass on, convey

【配】转达问候，转达祝福

【例】①他让我向你转达歉意（qiànyì; apology）。②请向叔叔转达我的问候。

转让 zhuǎnràng *v.* transfer the ownership of

【配】转让房子，转让财产

【例】①我打算转让这台电视机。②他已经把房子转让给他弟弟了。

转移 zhuǎnyí *v.* transfer, shift

【配】转移注意力，转移视线

【例】①天气预报说台风马上要来了，村子里的人迅速转移了。②他很伤心，只有工作才能转移他的注意力。

转折 zhuǎnzhé *v.* turn in the course of events

【配】转折点

【例】①那一年我经历了人生中最痛苦的转折。②这是我事业上的一个转折点。

传记 zhuànjì *n.* biography

【配】名人传记，历史传记

【例】①像他这样伟大的诗人，许多史学家都争相 (zhēngxiāng; try to be the first) 为他写传记。②我喜欢看名人传记。

庄严 zhuāngyán *adj.* solemn

【配】庄严的气氛，场面庄严

【例】①会场庄严肃穆（sùmù; solemn and quiet）。②会议的场面庄严而隆重。

庄重 zhuāngzhòng *adj.* grave

【配】庄重的仪式，庄重大方

【例】①教堂里正在举行一个庄重的仪式。②为了参加这次宴会，大家都打扮得很庄重。

装备 zhuāngbèi *n./v.* equipment; equip

【配】登山装备，用……装备

【例】①他有一套登山装备。②我们应该用现代化技术装备军队。

装卸 zhuāngxiè *v.* load and unload

【配】装卸工，装卸货物

【例】①他是个工人，负责在码头装卸货物。②他懂得机器的装卸和维修。

壮观 zhuàngguān *adj./n.* grand; grand sight

【配】壮观的场面，景色壮观

【例】①节日的天安门广场显得非常壮观。②一登上长城，我就感受到了景色的壮观。

壮丽 zhuànglì *adj.* magnificent

【配】壮丽河山，风景壮丽

【例】①我爱祖国的壮丽河山。②这里的风景壮丽。

壮烈 zhuàngliè *adj.* heroic

【配】壮烈牺牲

【例】①在这场战争中，他壮烈牺牲了。②他是一名英雄，死得很壮烈。

幢 zhuàng *m.* [used for houses or buildings]

【配】一幢楼，一幢大厦

【例】①新校区建起了一幢幢高楼。②这幢楼非常高。

【同】栋（dòng）

追悼 zhuīdào *v.* mourn over a person's death

【配】追悼会，追悼伟人

【例】①在丈夫的追悼会上，她哭得非常伤心。②大家都在追悼那位伟人。

追究 zhuījiū *v.* look into, find out

【配】追究原因，追究责任

【例】①生产环节出了问题，领导正在追究事故原因。②我们不会再追究你的责任了。

准则 zhǔnzé *n.* principle

【配】社会准则，行为准则

【例】①学生要遵守学校规定的行为准则。②所有公司员工都要遵守相关的准则。

卓越 zhuóyuè *adj.* excellent

【配】卓越的人才，成绩卓越

【例】①在教育领域，她才能卓越。②他的成绩十分卓越。

着手 zhuóshǒu *adv.* set about

【配】着手进行，着手准备

【例】①这个项目我已经着手进行了，下个月应该就能完成。②他已经开始着手解决这个问题。

着想 zhuóxiǎng *v.* consider (the interests of sb./sth.)

【配】为某人着想

【例】①我提出的这些建议都是为你着想。②请你多为他人着想。

着重 zhuózhòng *v.* emphasize

【配】着重强调，着重了解

【例】①在会议上，领导着重强调了两个问题。②老师着重说了一下考试的要求。

琢磨 zhuómó *v.* consider

【配】有待琢磨，反复琢磨

【例】①这篇文章还可以再琢磨。②这篇书稿还有待琢磨完善。

姿态 zītài *n.* posture, pose
【配】姿态优美，放低姿态
【例】①她走路的姿态很优美。②做人应该放低姿态，和大家好好相处。

资本 zīběn *n.* capital
【配】资本市场，资本主义
【例】①这几年赚的钱使他有资本开一个大商场。②我没有足够的资本开公司。

资产 zīchǎn *n.* property, capital, assets
【配】个人资产，固定资产
【例】①个人的资产受法律保护。②我的资产还不足以还清贷款。

资深 zīshēn *adj.* senior
【配】资深学者，资深记者
【例】①她是资深的教育专家，对这一领域很有研究。②他是一名资深教授。

资助 zīzhù *v.* aid financially
【配】资助贫困儿童，资助费用

【例】①他资助了三名贫困学生。②李老师资助我读完了大学。

滋味 zīwèi *n.* taste, experience

【配】好滋味，生活的滋味

【例】①这杯饮料的滋味好极了。②他尝到了艰苦生活的滋味。

滋长 zīzhǎng *v.* grow, develop

【配】万物滋长，滋长坏情绪

【例】①春天是万物滋长的季节。②老师教导我们不可盲目滋长乐观的情绪。

子弹 zǐdàn *n.* bullet

【配】一发子弹

【例】①他的肩膀被子弹击中了。②他打了一发子弹。

自卑 zìbēi *adj.* self-abased

【配】自卑心理

【例】①因为个子矮，他一直陷于深深的自卑中。②你要自信，不要自卑，其实你很优秀。

自发 zìfā *adj.* spontaneous

【配】自发斗争，自发捐款

【例】①群众自发组织了为灾区（zāiqū; disaster area）人民捐款的活动。②工人们自发投入了这场罢工。

自力更生 zìlì-gēngshēng do sth. by relying on one's own strength

【例】①他不依靠任何人，自力更生，终于拥有了自己的事业。②我们要学会自力更生。

自满 zìmǎn *adj.* complacent

【配】骄傲自满，自满情绪

【例】①我们绝不能一有成绩就骄傲自满。②自满使人退步。

【同】骄傲

【反】谦虚

自主 zìzhǔ *v.* act on one's own

【配】婚姻自主，自主经营

【例】①这项科技是我公司自主研发的。②他自主经营一家小商店。

字母 zìmǔ *n.* letter

【配】字母表

【例】①英语有 26 个字母。②每种语言的字母都不完全相同。

宗旨 zōngzhǐ *n.* aim

【配】服务宗旨，管理宗旨

【例】①这个组织的宗旨是传播优秀的文化。②这家饭店的服务宗旨是顾客至上。

棕色 zōngsè *n.* brown

【配】棕色大衣，棕色头发

【例】①我喜欢棕色的大衣。②他把头发染成了棕色。

踪迹 zōngjì *n.* trail

【配】留下踪迹，不知踪迹

【例】①根据雪地上的踪迹，我们终于找到了探险者(tànxiǎnzhě; explorer)。②最近不见小王的踪迹，不知道他去哪儿了。

总而言之 zǒng'éryánzhī in short

【例】①总而言之，大家都为公司付出了辛勤的努力，做出了贡献。②总而言之，这件事是我做错了。

总和 zǒnghé *n.* sum

【配】销售总和，成绩总和

【例】①公司这个季度的销售总和是 1000 万。②这两次成绩的总和就是你这学期的总成绩。

纵横 zònghéng *adj./v.* vertical and horizontal; sweep over

【配】纵横交错，纵横商场

【例】①乡下田野纵横交错，像一幅美丽的风景画。
②他纵横商场多年，非常有经验。

走廊 zǒuláng *n.* corridor

【配】教室走廊，公司走廊

【例】①我们常常在教室前的走廊上聊天。②教学楼
里的走廊十分安静。

走漏 zǒulòu *v.* leak out

【配】走漏消息，走漏风声（fēngshēng; rumor）

【例】①不知是谁走漏了消息，敌人已经知道了我们
的踪迹。②有人走漏了风声，我们的秘密泄露了。

走私 zǒusī *v.* smuggle

【配】非法走私，走私活动

【例】①政府严厉打击走私活动。②这些货物是走私
来的，已经被扣压（kòuyā; withhold）了。

揍 zòu *v.* beat

【配】揍一顿，挨揍

【例】①他没按时完成作业，妈妈揍了他一顿。②那
个小偷挨了他一顿揍。

租赁 zūlìn *v.* rent

【配】房屋租赁，租赁生意

【例】①他做起了房屋租赁的生意。②他租赁了整套房子。

足以 zúyǐ *v.* be enough to

【例】①他的怀疑足以破坏我们之间的友情。②我的工资足以养活我自己了。

阻碍 zǔài *v.* hinder

【配】阻碍前进

【例】①他的猜忌阻碍了我们之间的交流。②骄傲自大是你前进路上的阻碍。

【同】阻挡 (zǔdǎng)，障碍

阻拦 zǔlán *v.* hinder

【例】①他的母亲阻拦他，不让他进病房探望父亲。②父母一再阻拦，不许我出国。

【同】阻挡 (zǔdǎng)

阻扰 zǔrǎo *v.* hinder

【例】①他的疾病阻扰了他科学研究的脚步。②警察阻扰了他逃跑的企图。

组 zǔ *n.* consist, team
【配】小组，组成
【例】①我管理我们这个科研小组。②社会由各种各样的矛盾组成。
【同】构成

祖父 zǔfù *n.* grandfather
【例】①我的祖父是一位将军。②我很爱我的祖父。

钻研 zuānyán *v.* study intensively
【配】刻苦钻研，钻研技术
【例】①他对经济学很感兴趣，常常钻研各类经济学问题。②他最近在钻研这个数学问题。

钻石 zuànshí *n.* diamond
【配】一枚钻石，钻石项链
【例】①他举起一枚钻石戒指向女朋友求婚。②她新买了一条钻石项链。

嘴唇 zuǐchún *n.* lip
【配】咬着嘴唇
【例】①约会前，她特意在嘴唇上涂了些口红（kǒuhóng; lipstick）。②那个女孩紧张地咬着嘴唇。

尊严 zūnyán *n./adj.* dignity; solemn

【配】维护尊严，神情尊严

【例】①每个人都有自己的尊严，因此请你尊重他人。
②他的神情十分尊严。

遵循 zūnxún *v.* follow

【配】遵循规律，遵循章程

【例】①生老病死是人类要遵循的自然规律。②我们
要遵循公司的办事章程。

左右 zuǒyòu *n./v.* left and right sides, or so; master

【配】左右手，陪伴左右

【例】①护士日夜守在病人左右。②他利用权力左右
别人的意见。

作弊 zuòbì *v.* cheat

【配】考试作弊，严禁作弊

【例】①学校严禁考场作弊。②作弊反映出一个学生
严重的道德问题。

作废 zuòfèi *v.* become invalid

【配】成绩作废，合同作废

【例】①因为作弊，他的考试成绩作废了。②因为谈
判失败，两家公司之前的合作条约作废了。

作风 zuòfēng *n.* style

【配】工作作风，生活作风

【例】①几年来，她始终保持艰苦朴素的作风。②他因生活作风问题受到了领导的批评。

作息 zuòxī *v.* work and rest

【配】作息时间表，生活作息

【例】①你应该调整你的作息时间表，养成早睡早起的习惯。②他的作息很合理。

座右铭 zuòyòumíng *n.* motto, maxim

【例】① "有志者事竟成 (yǒuzhìzhě shì jìng chéng; where there is a will, there is a way)"，这句座右铭鼓舞着他度过最艰难的时光。②座右铭的力量是强大的，它可以鼓励人朝着希望不断前进。

做东 zuòdōng *v.* play the host, host sb.

【配】由……做东

【例】①这顿饭由他做东。②来我家做客吧，我做东！

做主 zuòzhǔ *v.* decide, back up

【配】由……做主

【例】①我选择什么样的职业由我自己做主。②在旧社会，不少婚姻大事都是由父母做主的。